全球特许金融科技师资格证书（CFtP）系列教程

金融科技入门必备

全球特许金融科技师资格证书（CFtP）系列教程编委 ◎ 编著

上海财经大学金融学院

上海财经大学出版社
SHANGHAI UNIVERSITY OF FINANCE & ECONOMICS PRESS

图书在版编目(CIP)数据

金融科技入门必备/全球特许金融科技师资格证书(CFtP)系列教程编委编著. —上海：上海财经大学出版社，2023.11
　全球特许金融科技师资格证书(CFtP)系列教程
　ISBN 978-7-5642-4103-2/F·4103

Ⅰ.①金… Ⅱ.①全… Ⅲ.①金融-科学技术-技术培训-教材 Ⅳ.①F830

中国版本图书馆 CIP 数据核字(2022)第 240627 号

□ 责任编辑　台啸天
□ 封面设计　贺加贝

金融科技入门必备

全球特许金融科技师资格证书(CFtP)系列教程编委　编著

上海财经大学出版社出版发行
(上海市中山北一路369号　邮编 200083)
网　　址：http://www.sufep.com
电子邮箱：webmaster @ sufep.com
全国新华书店经销
上海新文印刷厂有限公司印刷装订
2023 年 11 月第 1 版　2023 年 11 月第 1 次印刷

787mm×1092mm　1/16　16.25 印张　416 千字
定价：56.00 元

全球特许金融科技师资格证书（CFtP）系列教程编委会

主　编	李国权（David LEE Kuo Chuen）　赵晓菊
编委会机构	上海财经大学金融学院
	上海财经大学上海国际金融中心研究院
	新加坡李白金融学院
编委会成员	白士泮（Pei Sai Fan）　邓　辛
	Joseph LIM　Kok Fai PHOON
	刘莉亚　柳永明
	闵　敏　王　珏
	闫　黎　曾旭东
	张　琪　张盛丽

前　言

商业和经济环境已经并正在发生重大变化。金融是支持商业资金流的核心，并处于这些变化的最前沿。科技使交易的便利性和速度发生了巨大的改变，同时金融中介的介入也使交易方式发生了翻天覆地的变化。科技进一步为服务不足者提供了资金，并更好地分配了这些资金，在许多情况下还提高了资金的流动性。

金融和科技之间的这种接口需要一批专业人才来衔接，他们了解如何将金融和关键技术应用于促进金融服务，在某些情况下，甚至需要他们来打破提供此类服务的传统方式。金融科技不仅是字面上的金融和科技相结合。虽然数字化意味着通过数字化创造新的商业模式，但是金融科技却更进一步且不断地扩展新客户，不断地提供新的服务。对于这些横跨金融和技术领域并占据两者交叉点的专业人才，他们需要一个系统性的包含两个领域的重要概念和知识的框架，以了解如何将概念付诸实践。本系列丛书旨在帮助读者有序地理解金融科技及其应用。

目 录

第一部分　道德与治理

第一章　道德与治理 /1
 1.1　引言 /1
 1.2　道德框架 /1
 1.3　道德原则——CFtP 道德原则 /5
 1.4　专业实践——CFtP 实践标准 /7
 1.5　总结 /10
 参考文献/拓展阅读 /11
 练习题 /12

第二章　治理 /13
 2.1　引言 /13
 2.2　治理与监管框架 /13
 2.3　治理与监管准则 /15
 2.4　治理与监管的领域 /16
 参考文献/拓展阅读 /17
 练习题 /19

第二部分　统计学

第三章　概率分布 /23
 3.1　引言 /23
 3.2　概率分布 /23
 3.3　离散型概率分布 /26
 3.4　连续型概率分布 /30

参考文献/拓展阅读/31
练习题/33

第四章　抽样与统计/36
4.1　抽样/36
4.2　参数估计与置信区间/38
参考文献/拓展阅读/46
练习题/47

第五章　假设检验/50
5.1　引言/50
5.2　假设检验/55
参考文献/拓展阅读/58
练习题/58

第六章　多元线性回归/60
6.1　线性回归模型/61
6.2　线性模型和方差分析 ANOVA/77
6.3　线性回归模型的困难/81
参考文献/拓展阅读/82
练习题/82

第三部分　量化分析法

第七章　布尔代数与逻辑门/87
7.1　布尔代数/87
7.2　逻辑门/92
参考文献/拓展阅读/93
练习题/93

第八章　数制/95
8.1　进制/95
8.2　十进制/96
8.3　二进制/96

8.4　八进制/97

　　8.5　十六进制/97

　　参考文献/拓展阅读/983

　　练习题/98

第九章　模运算/99

　　9.1　模运算/100

　　9.2　模运算的定义和计算/102

　　参考文献/拓展阅读/109

　　练习题/109

第十章　矩阵运算/111

　　10.1　矩阵/112

　　10.2　我们为什么要学习矩阵/115

　　参考文献/拓展阅读/120

　　练习题/120

第十一章　聚类分析/122

　　11.1　什么是聚类/123

　　11.2　基本聚类方法/123

　　11.3　邻近度测量/124

　　11.4　层次聚类的算法/126

　　11.5　划分法/127

　　参考文献/拓展阅读/127

　　练习题/128

第四部分　金融创新

第十二章　第四次产业革命/131

　　12.1　引言/132

　　12.2　挑战和机遇/133

　　12.3　工业4.0和劳动力/136

　　12.4　展望未来/137

　　参考文献/拓展阅读/138

练习题/141

第十三章　金融科技与金融普惠/142

13.1　金融科技概述/142

13.2　金融普惠性/143

13.3　金融科技的应用/144

13.4　LASIC 准则/147

参考文献/拓展阅读/150

练习题/151

第十四章　新兴技术/152

14.1　人工智能/153

14.2　区块链/154

14.3　加密货币与比特币/156

14.4　云计算/156

14.5　大数据/157

14.6　物联网/158

参考文献/拓展阅读/159

练习题/159

第五部分　区块链、加密货币和投资

第十五章　区块链技术/162

15.1　区块链概述/162

15.2　区块链的特征及应用/167

参考文献/拓展阅读/175

练习题/177

第十六章　密码学/179

16.1　密码学概述/180

16.2　密码学和区块链/186

参考文献/拓展阅读/190

练习题/190

第十七章　共识/192
　　17.1　分布式系统及其特点/192
　　17.2　共识的动机/193
　　17.3　主要的共识算法/194
　　参考文献/拓展阅读/199
　　练习题/200

第十八章　加密货币、钱包和通证经济/201
　　18.1　电子货币、加密货币和通证/201
　　18.2　钱包的种类/208
　　18.3　通证经济/211
　　参考文献/拓展阅读/213
　　练习题/215

第十九章　贸易、市场和投资/217
　　19.1　交易和市场/218
　　19.2　加密货币项目的投资/222
　　参考文献/拓展阅读/229
　　练习题/229

附录/231
　　练习题参考答案/231

第一部分
道德与治理

第一章 道德与治理

道德与治理是不太被人注意的领域,其相关的内容一般不是直接在学校里获得的,而是在工作中不断获得的,但每一个人都应该认真对待。遵守道德规范和治理的要求是每一个称职专业人士的必要条件,否则会对专业人士的声誉和实践能力造成严重后果。

本模块的范围很广。为了使读者易于掌握,我们把重点放在基础内容上。对某些特定领域感兴趣的读者,可以查阅相关参考文献来拓展知识和加深理解。

1.1 引 言

道德与治理在企业事务中至关重要。任何违反道德标准或行业规范的行为都很可能通过社交媒体被揭露出来,从而对公司产生不利影响。在学校里,我们通常很少涉及这个重要的领域,但 CFtP 执照持有人不能以不了解相关内容为借口而逃避责任。因此,CFtP 特别强调对此类问题的全面学习以及对道德规范和治理原则的深入理解。

在 CFtP 课程的背景下,无论是对个人还是对公司,道德与治理都与行为和动机息息相关。我们可以观察其行为,但可能无法知晓其行为背后的动机。道德可以确保专业人士行动的背后有正确的动机。

什么是治理?它是公司治理相关事务的政策和程序组成的框架,在这样的框架下,治理行动能使公司与员工组成统一战线,遵守国家的法律法规,并且使公司免受不必要的风险。违反公司治理的要求可能会产生不良后果,导致法律问题、财务损失以及损害声誉和商誉的发生。

糟糕的治理可能会导致负面后果,但优良的治理可以通过激发利益相关者对公司政策和决策的信任和信心,从而带来收益,并通过降低融资和交易成本来增加股息。公司良好的治理声誉也能使其在争取业务方面拥有竞争的优势。

1.2 道德框架

学习目标

理解道德框架。

主要内容

要点

- 认识存在道德问题的情景、需要熟悉的道德原则及其在现实情境中的应用。
- 了解相关事实对做出明智的决定至关重要。
- 人们不应拘泥于某一特定的行动方案,而应对其他方案持开放态度。
- 测试所做的决策,但要考虑其他专业人士会如何看待它。
- 执行决策必须经过深思熟虑。

一个真正的金融科技专业人士的标志是什么?(注:在本模块的其余内容中,"专业人士"即指"金融科技专业人士"。)本书认为应该是道德和能力。道德能激发公众的信任和信心,相信专业人员将提供与之相匹配的服务与最大的诚信,他们的能力可以保证工作或服务符合行业的最高实践标准。

我们通过提供一个框架来思考道德行为所面临的问题和挑战,从而为讨论道德奠定了基础。然后我们讨论各种道德原则,这些原则可以指导我们做出有道德水准的决定。道德行为来自专业人士的信念,即做"正确的事情",这有利于客户、同事和整个社会的和谐和进步,诚信应该贯穿于专业人员工作的各个方面。

除了道德行为外,金融科技专业人士还必须在专业行为方面达到公众的期望,这与他所提供的工作和服务的质量有关。金融科技专业人士的行为不仅体现了自己的能力,也促进了公众的信任。对于金融科技专业人士来说,要不断将自身的工作与最佳的实践相比较,因为往往自我才是对自身专业表现的最佳评判者。

道德行为取决于我们判断行为的道德标准或原则。就我们的目的而言,这种行为仅限于专业领域。一个人在工作环境之外的表现会对职业声誉产生影响。然而,非专业环境下的行为问题超出了我们期望的专业人士的行为范围,因为它们可能涉及道德和其他价值的判断。

道德判断是困难和复杂的,我们对道德的理解通常是不够的。我们需要的是一个将道德问题纳入决策过程的系统性框架。

1.2.1 道德决策框架[①]

道德决策框架有五个步骤:认识道德问题,获得事实依据,评估备选方案,制定决策并加以测试,执行决策并总结。

(1)认识道德问题

专业人士想要认识到在什么情况下可能存在道德问题,这就要求其熟悉道德原则以及如何将这些原则应用于各种情况。虽然人们可以在 CFtP 这样的课程或项目中学习这些原理,但应用这些原理的能力只能通过实践来实现。通过案例研究来间接学习,可以让专业人员了解更多的情况,并能够提高专业人士及早发现潜在的道德问题的能力。就像任何技能一样,缺乏实践会变得迟钝。因此,道德学将成为 CFtP 继续教育的一个常规特征。

---

① 本节改编自圣克拉拉大学马库拉应用伦理中心开发的"道德决策框架"。

该框架的第一步的主要难点是道德问题超出了法律和监管的规定。法律法规明确了什么不能做，什么必须做。但是，什么是合乎道德的，什么是不合乎道德的，有时并不能分清界限。解决这个问题的一种方法是先考虑以下问题。

- 决策或情境是否对另一方不利？
- 有哪些潜在选择？是在一个好的和一个坏的之间选择，还是在两个坏的或两个好的之间做出决策？
- 情境或问题是否超出了法律范畴？
- 这是效率的问题吗？

（2）获得事实依据

相关事实是分析情境或问题的重要因素。基于事实的决策往往具有更大的客观性、信任度，从而被决策的各方所接受。需要考虑以下问题。

- 现有事实足以做出决定吗？我们还需要知道什么？
- 该情境或问题的各方利益是什么？某些利益更重要吗？
- 有哪些方案可以选择？是否与有关各方讨论了这些问题？

（3）评估备选方案

获得事实依据之后，专业人士需要提出各种建议来解决问题。对于专业人士来说，重要的是不要拘泥于某个特定的方案，而是要对其他方案持开放态度。在提出备选办法时，应考虑以下事项。

- 哪种方案对双方都公平？
- 好与坏之间的权衡（如果存在）是什么？
- 选择的方案是否考虑了除直接参与情况或问题的各方之外的其他利益相关者？

（4）制定决策并加以测试

选择最好的行动方案并不容易，因为哪一个方案是最好的通常并不明显。无论哪种方案是最契合当前的问题，所选择的方案都不应与道德原则相冲突。测试决策合理性的一个好方法是考虑你的同行会如何看待你所选择的方案。

（5）执行决策并总结

做了一个好的决策，如果执行得不好，就可能不会产生预期的结果。我们必须考虑利益相关者的关切点，因为最终很大程度上是他们对公平的看法决定了执行的结果。

对专业人士来说，总结所做的决策及其结果总是好的，这样就可以从经验中吸取教训。理想情况下，专业人士不会把学到的经验留给自己，而是努力与更广泛的同事分享。这将有助于该专业人士迈向更高的道德实践标准，并证明公众对他们的信任是合理的。

1.3 道德原则——CFtP 道德原则

学习目标

讨论四项道德原则及其含义。

主要内容

要点
- 诚信是信任专业人士工作的基础。
- 公平要求专业人员的行动和决策是包容性的,而不是局限于少数人。
- 在开展工作时,专业人员应履行和注意相关义务,以避免由于疏忽造成的不利结果。
- 尊重他人权利的专业人士不会滥用自己因其职位或特权而产生的信息优势。

1.3.1 诚信

诚实守信

当专业人士为人诚实守信、有强烈的是非道德观时,他就是正直的。他的言行是一致的,他不会轻易被与他的道德价值观对立的言论或威胁所左右,这使他被视为一个值得信赖的人。

专业人士拥有的知识和技能常常使他处于比客户更有利的地位。专业人士应"将自己的诚信和客户的利益置于自己的利益之上"①,以确保工作和服务的诚信。在这方面,专业人士应披露任何"预期可能会损害他们的独立性和客观性,或干扰自己对客户、潜在客户和雇主的职责"②的利益冲突。

CFtP道德准则是一套所有CFtP执照持有人必须坚持的道德原则。当涉及利益冲突时,持有人必须做出艰难的决策时,这些原则会影响他们的决策。做出正确的决策需要扎实地学习这些原则,以及在复杂情况下应用这些原则的技能。

1.3.2 公平

不要歧视

公平原则包括"平等、宽容、尊重他人和正义的价值观"③。这一原则要求专业人员包容、不歧视、抛开个人偏好和倾向。就客户而言,专业人士必须"在专业活动中公平、客观地处理各类事情"。④

1.3.3 注意义务

(1) 避免损害工作

①消极的后果

专业人员在执行其工作时,应当履行注意义务。这要求一个专业人员应有能力呈现出高标准的工作。在完成工作的过程中稍不小心,最终专业人士就可能损害工作。

②间接的或无意的后果

---

① CFA协会道德和职业行为准则:道德准则。
② CFA协会职业行为标准:利益冲突,A. 披露利益冲突。
③ ACM道德规范和职业行为部分的一般道德原则,第1.4条。
④ CFA协会职业行为标准:对客户的责任,b条款公平交易。

不注意练习可能会产生间接的或无意的后果。专业人员的疏忽可能会带来直接成本（例如客户的损失）与间接成本（玷污公司的声誉）的损失。

（2）报告可能损害工作的失效迹象或风险的责任

专业人士的注意义务是报告可能造成伤害的迹象或风险。专业人士受过良好的培训，拥有发现潜在风险和失败的知识和技能。他的专业知识可以很好地为公司服务，因为大部分公司的风险专家并不多。

1.3.4 尊重他人的权利

（1）尊重隐私

尊重他人的权利的一个重要部分就是尊重他们的隐私。这在今天是非常重要的，因为"技术使个人信息的收集、监控和交换等流程……通常都不需要受影响的人的知情"。[1]

（2）尊重知识产权和他人的贡献

除了个人领域的隐私，我们还需要尊重知识产权和他人的贡献。这意味着专业人士应该"赞扬创意、发明、工作和文物的创造者，并尊重版权、专利、商业秘密、许可协议和其他保护作者的作品"。[2]

（3）保密

由于能够接触到私人信息并处于信任的地位，该行业需要保护其所知信息的机密性。除了必须向有关当局披露的信息外，其他信息都必须要保密。

（4）尊重社会关切

除了专业人士的直接影响范围外，还有必要了解整个社会。可持续性的概念已经在企业议程中扎根，尊重他人的权利也直接或间接地延伸到其他利益相关者。例如，在 2016 年，新加坡交易所（Singapore Exchange）就为其交易所上市的公司推出了基于"遵守或解释"的可持续发展的报告。

1.4 专业实践－CFtP 实践标准

学习目标

讨论 CFtP 实践标准及其含义。

主要内容

要点

- 专业能力要求在道德价值观指导下的知识和技能，以实现高质量的工作。
- 专业人士应该不要做自己专业领域以外的工作。
- 专业人士应确保从事该工作的人员有能力实现高标准的工作。
- 具备相关法律法规的知识是确保其合规的必要条件。

---

[1] ACM 道德规范和职业行为部分的一般道德原则，第 1.6 条。
[2] ACM 道德规范和职业行为部分的一般道德原则，第 1.5 条。

● 通过他们的工作,专业人员可能拥有敏感信息,他们有义务严格保密,并确保信息的安全。

● 作为专业人士,要对其利益的相关方负责,要在三个方面发挥领导作用:工作本身,下属的福利和尊严,以及专业工作对社会利益的影响。

● 维护CFtP的声誉是所有持有人的责任。

专业实践关心的是专业人员应该如何着手做他的实际工作。良好专业实践的基础是能力。如果没有能力,工作标准可能无法达到一个专业人员所期望的标准。由于一种职业的地位通常是由当局制定的,因此该专业人员必须熟悉其工作领域的法律和法规。此外,专业人士经常处理敏感信息,其中一些是私人信息,因此保密是职业实践的另一个方面。最后,在讨论专业实践时很少提到的一个领域是领导力。由于专业人士受到高度的尊重,他们在工作和社会上经常被要求发挥领导作用,因此必须强调领导所必须承担的责任。

1.4.1 专业能力

合格的专业人士是那些拥有知识、技能和道德价值观、"在专业工作的过程和产品中实现高质量"[1]的人。他们"保持和提高他们的专业能力,并努力保持和提高他们的同行专业人员的能力"[2]。

(1) 知识

知识可以通过学校的课程学习或通过CFtP这样的认证项目获得。此外,由于新技术和创新在世界上发生了快速的变化,专业人员需要持续学习。CFtP要求执照持有人通过其继续教育项目不断地学习。

(2) 技能

专业人员所拥有的技能来自将所获得的知识用于解决专业领域内的实际问题。可以在会议和案例研究中通过与其他专业人员的互动来提高技能。

(3) 道德价值

道德行为在本模块的道德部分进行了广泛的讨论。道德行为再怎么强调也不过分。除非专业人士在实践中使用其知识和技能时受到道德价值观的指导,否则不能被视为真正的专业人士。

(4) 工作范围

CFtP成员只在其能力范围内开展工作。他们要评估工作的可行性和可取性,做出关于工作分配是否在专业人士能力范围内的判断。如果在工作任务之前或期间,专业人士发现自己缺乏必要的专业知识,他们必须向雇主或客户透露这个信息。[3]

1.4.2 工作标准

高水平的工作通过团队和个人需要承担责任以确保他们对工作是称职的。[4] 然而,工作

---

[1] ACM道德规范和职业行为部分的职业责任,第2.1条。
[2] CFA协会道德规范和职业行为标准:道德规范。
[3] ACM道德规范和职业行为部分的职业责任,第2.6条。
[4] ACM道德规范和职业行为部分的职业责任,第2.2条。

能力只是高质量水平的先决条件。专业人员必须遵循正直、公平和对客户和雇主尽职尽责的道德原则。考虑到时间的限制和盈利能力,制作出令人满意的高质量的作品实在是不容易。全力以赴不仅仅是一种责任,也是一种职业自豪感。

1.4.3 法律法规知识

除了专业知识之外,专业性还要求具备治理专业人员工作领域的法律法规知识。专业人员必须理解并遵守任何政府、监管组织、许可机构或治理其专业活动的专业协会的所有适用法律、规则和法规……包括CFtP道德规范和职业实。在发生冲突时,成员……必须遵守更严格的法律、规则或规定。①

1.4.4 保密和安全

专业人士应该意识到保护知识产权和工作机密的重要性。② 任何违规行为都可能造成巨大的损失,因为专业人士及其雇主可能会因此受到当局的制裁或面临被影响方的诉讼。此外,这样的破坏可能会对专业人士的业务产生影响。被影响方的竞争对手可能会从披露的机密信息中获得优势,公司的声誉将会受损,导致一些现有客户由于对公司缺乏信心和信任而离开。这种负面宣传也可能使其难以获得新客户。

数据泄露可能违反数据保护法。在数字和信息经济时代,数据是一种极其重要的资源,应该得到很好的保护。这意味着"在设计和实现系统时,强安全性应该是首要考虑的因素"并且受数据泄露影响的各方将被及时和明确地通知,做出适当的指导和补救措施。③ 在与客户打交道时,需要"对当前、过去和潜在客户的信息保密,除非这些信息涉及非法活动,或法律要求披露,或被客户或潜在客户允许披露"。④

1.4.5 领导力

在工作的专业领域之外,专业人员也被要求在她/他的组织和整个社区中提供领导。应该行使领导能力的领域和环境在ACM道德和职业行为准则的专业领导原则部分有一些详细的阐述。我们在这里强调一些原则。

(1)人员治理

提高工作和生活质量,促进专业成长。

工作与生活的平衡及员工的专业发展受到越来越多的员工的关注。"领导者应该提高而不是降低工作和生活质量……(并)考虑个人和职业发展……以及所有员工的尊严。"⑤

(2)社交能力

作为领导者,专业人员必须确保"公共利益是所有专业工作的中心"⑥,而且,对于IT专

---

① CFA协会道德规范和职业行为标准:职业行为标准,第一节专业性,A. 法律知识,以及ACM道德规范和职业行为规范,职业责任,第2.3条。
② ACM道德规范和职业行为部分的一般道德原则,第1.7条。
③ ACM道德规范和职业行为部分的职业责任,第2.9条。
④ CFA协会职业行为标准:对客户的责任,E. 保密。
⑤ 同上,第3.3条和第3.5条。
⑥ 同上,第3.1条。

业人员来说,"识别并特别注意那些集成到社会基础设施中的系统"。[①]

1.4.6 维护 CFtP 和行业的声誉

CFtP 是一个成员花费大量精力来保护的名称。成员的任何不良行为都有可能损害 CFtP 的形象和声誉,以及整个行业的声誉。因此,每个成员都有责任维护自己的声誉,任何成员违反了道德和职业实践守则,都可能损害 CFtP 的称号和颁发机构在全球金融科技行业的声誉。

1.5 总结

对金融科技专业人士的道德行为的要求,似乎与其他职业的要求没有太大区别。然而,也有一个例外。在金融科技领域,所涉及的技术可能会产生深远的影响。数字技术的问题是众所周知的,CFtP 二级课程讨论了其中一些问题。在这个总结中,我们首先强调金融科技道德。以下是一些相关问题。

在人工智能领域,机器在许多功能上取代了人类。特别值得注意的是将决策授权给人工智能,我们能授权多少?谁会为错误的决策负责?是软件开发者吗?是帮助实现软件的顾问吗?还是用户?

鉴于区块链交易的匿名性,以及缺乏一个中央协调实体,谁要为滥用区块链的这一特性负责?使用区块链洗钱或从事非法活动是否会限制其使用?政府在试图控制区块链活动时,偶尔会使用一些生硬的监管手段,如彻底禁止。金融科技的专业人士应该如何对待这些好的或者坏的问题?

对于安全专家来说,网络安全是一个非常严重的问题。与无法远程访问的实体设备不同,数字世界的本质允许来自世界任何地方的访客入侵。当网络安全遭到破坏时,会造成很大的损害。金融科技专业人士必须充分意识到网络安全问题。

个人数据保护已成为另一个突出的问题,如身份信息被盗窃、个人数据被滥用和对弱势群体的利用。金融科技专业人士常常不得不在安全性和效率之间进行权衡。

金融科技专业人士将如何在不断变化的复杂网络世界中导航,并做出良好的道德决策?我们重申了一些道德原则,并提供了一些指导方针。

1.5.1 以道德原则为基础

(1)诚实守信。禁止以个人利益为先。
(2)公平公正。包容实践,禁止歧视。
(3)行使注意义务。避免做出损害结果的事,注意负面或意想不到的结果。
(4)尊重他人的权利。尊重隐私,保守秘密。

1.5.2 解决金融科技的道德问题

金融科技对商业和金融世界以及日常生活造成的许多扰乱行为负有责任。我们如何看待有可能打破现状的新兴技术?

[①] CFA 协会职业行为标准:对客户的责任,第 3.7 条。

要做出明智的决定,需要有充分的证据和公认的先例为基础知识。其他领域的顾问和专家可以提供他们的观点。另一个来源是普通人的智慧。

虽然技术和创新有改善的希望,但金融科技专业人士应该意识到负面或意想不到的后果。如果引进技术弊大于利,那就根本不应该引进。然而,我们所说的好与坏是什么意思呢?

如果科技能改善社会,人们就会积极看待它。例如,如果这项技术带来了更高的效率,那么它就是好的。然而,如果技术对某些群体不利,我们并不能认为它一定是有害的。如果某一群体是现任者,而新技术导致该群体处于竞争劣势,这不能被认为是一种伤害。有了创新,就会有赢家和输家。例如,随着汽车的出现,马车工业也随之消亡;内燃机的出现,使得蒸汽机工程师的技术变得有些过时。

科技有时也会给社会带来的伤害。例如,核反应堆的引入减少了燃烧化石燃料的发电站产生的污染气体的排放,然而,这种"好"却带来了意想不到的"伤害"。2011年,日本福岛核反应堆发生的辐射泄漏,导致其周围的大片土地在相当长的一段时间内无法居住。放射性冷却水排放到海里导致鱼被污染。如何解决这个难题呢?

金融科技专业人士不需要独自解决这些问题。治理当局和监管机构面临着来自利益相关者的利益冲突。他们将处于做出判断的最佳位置,因为政治是需要解决影响社会的问题。毕竟,民选官员代表了社会大多数人的愿望。

参考文献/拓展阅读

因为这个模块的主题很多,而且每个主题本身的范围都很广,所以我们只能讨论基本的内容。这里为考生提供了与他们的工作领域相关的参考材料,并更深入地涵盖了不同司法管辖区的应用程序、法律和法规。

道德框架和原则

[1] Association for Computing Machinery (2018). ACM Code of Ethics and Professional Conduct. https://www.acm.org/code-of-ethics.

[2] CFA Institute (2014). Code of Ethics and Standards of Professional Conduct. https://www.cfainstitute.org/-/media/documents/code/code-ethics-standards/code-of-ethics-standards-professional-conduct.ashx.

[3] IESBA. (2019). International Code of Ethics for Professional Accountants. https://www.ethicsboard.org/international-code-ethics-professional-accountants.

[4] Indeed (2021). 10 characteristics of professionalism. https://www.indeed.com/career-advice/career-development/the-ultimate-guide-to-professionalism.

[5] Markula Center for Applied Ethics at Santa Clara University (2015). A framework for ethical decision-making. https://www.scu.edu/ethics/ethics-resources/ethical-decision-making/a-framework-for-ethical-decision-making/.

[6] National Society of Professional Engineers (NSPE). (2019). NSPE Code of Ethics for Engineers. https://www.nspe.org/resources/ethics/code-ethics.

[7] Vivian, W. (2008). Illinois Institute of Technology Center for the Study of Ethics in the Professions. http://ethics.iit.edu/teaching/professional-ethics.

练习题

请选择最合适的选项。

习题一

以下_____最不可能被要求遵守 CFtP 的《道德规范和业务标准》。

A. CFtP 考生

B. GFI 准会员

C. CFtP 持证人的下属

习题二

对于 CFtP 考试的考生来说，最不可取的做法是_____。

A. 在与竞争对手打交道时诚信行事

B. 对客户保持透明

C. 平衡雇主的利益与职业诚信的需要

习题三

汤姆是 CFtP 持有人，负责多个项目。对于其中一个项目，他需要向当局提交文件以满足监管要求。汤姆没有时间咨询这一领域的专家，他决定自己做备案。不幸的是，汤姆不知道规定已经改变，公司不得不为错误的备案支付罚款。汤姆违反了 CFtP 惯例标准中的_____。

A. 专业能力和领导力

B. 专业能力和法律法规知识

C. 领导力和法律法规知识

习题四

约翰是 CFtP 的持有人，他手下的许多员工抱怨每天都要工作到很晚，而且每个周末都要工作。工作与生活的平衡是_____。

A. 公司的责任

B. 人力资源部的责任

C. 约翰在领导方面的责任

第二章 治 理

2.1 引 言

监管指在社会活动中由国家提出要求或禁止做某种行为的干预措施。在一个存在利益冲突的社会中,相对而言更加广泛的社会利益可能会受到一些人行为的影响,无论这些个人行为是有意的或者无意的。通过制定管理公司和个人交易的规则,可以使经济和社会整体更有效地满足其成员的需要。

由于一个经济体参与者的利益通常是多元的,我们不可能同时满足每个人的需要。在认识到这一事实的基础上,人们自然而然地想到了"监管"这种折中的办法,它有助于确保人们将社会利益最大化作为关键的考虑因素。

在具体实践中,专业人员会对现有法规或正在制定的法规开展审查,以确保这些法规与社会实际相关,并使社会利益最大化。因此,对专业人员而言,他们必须了解监管目标以及监管机构在起草监管条例时所考虑的因素。只有在了解监管流程后,他们才能着手从专业知识、技能和道德价值观的角度来评价政策并对政策产生影响。

那么治理有何含义?治理与监管有何不同?对于这个问题有一个简单的答案:治理比监管的含义要广泛得多。鉴于它们二者各自的性质,法律和监管终究总是比治理更有效力。法律和监管通常考虑的是人们有没有违反它,但治理有时则是一个关于程度的问题,即人们通常会讨论一项治理究竟是好的还是差的。

2.2 治理与监管框架

学习目标

理解金融监管和治理框架中的关键要素。

主要内容

要点

- 金融监管有三个组成部分:激励、威慑和实施。
- 激励的本质是推动、促进期望发生的行为。

- 在某一个国家的管辖范围之外，法律法规的执行效率很低甚至根本不起作用，互联网领域的实践就是一个很好的例子。
- 许多跨境交易受到统一守则或国际公约的管辖。
- 由于跨境交易是数字化的，监管制度效果甚微，执行起来也很困难，因此自我监管是唯一的选择。

对金融科技的监管通常包括两个部分——金融活动监管和IT活动监管。在某种程度上，这是两条分开运作的工作线。然而，现有法规存在着一个漏洞，即每一条工作线很少考虑其自身对另一条工作线的影响。随着金融科技逐渐融入社会经济活动，我们可能需要采取更全面的监管方法，就像如今在加密货币和支付系统领域中看到的那样。

在CFtP项目中，我们不会采用整体性的监管方法。这样做的原因在于许多金融科技活动都是最近才发展起来的，很少有监管和法律问题已在法庭上获得了检验，或者说利益相关者尚未对其中一些问题的解决方法达成共识。因此，我们不会试图统一上述两条工作线，而是对每一条作单独讨论。此外，由于地方法规通常会考虑到各司法管辖区的独特情况，因此，我们所引用的示例仅用作说明，体现各个司法管辖区通常如何解决监管问题。

2.2.1 一般框架

监管包括激励、威慑和实施这三个组成部分。

激励旨在促进那些期望发生的行为，威慑旨在威慑那些不期望发生的行为。反之，如果监管不能通过制裁或惩罚不受期望的行为并得到实施方面的支持，那么监管就是无效的。

从基本概念上讲，只有在当局对居住在该管辖区内的人和实体具有法律支配权时，强制执行才具有效力。当身处一个跨境交易普遍存在的全球化世界中时，法律的作用往往不足以延伸到国界之外，因此对执法问题的考虑又要增加一个维度。而在互联网世界中，执法问题会变得更加复杂。

许多资产、货物或服务的跨境交易可能受某些国际公约的管辖，而这些公约通常将世界上大多数国家视为签署国。例如《联合国国际货物销售合同公约》，该公约为管理国际商务提供了一个框架。此外，如果跨境交易不受统一的守则或公约管辖，有关各方需要就适用的管辖法律和争端解决机制问题做出决定。

在跨境交易数字化的情况下，监管的执行难度加大，也因此具有更大的挑战性。当监管体制无法正常发挥效力时，唯一有效的方式就是自我监管。自我监管强调把监管的重点放在激励上。例如，目前数字监管领域的一些成果就是在其设计中嵌入了激励机制。

在前面关于CftP道德规范和实践标准的章节中，我们注意到，违反规范和标准的行为可能会受到专业机构的制裁。然而，在现实情况下，专业机构对某一成员开展制裁的权力相当有限，其中最严厉的制裁只不过是将其从专业机构中除名。除非专业机构成员的名号对于证明专业人员的实践能力十分重要，否则仅靠驱逐出境这样的制裁措施，可能不会有太大的威慑力来确保成员遵守规范和道德标准。

法律法规允许执法机构实施比专业机构更严厉的处罚。这意味着专业人士不能轻视遵守道德守则和行为标准的重要性，且对于他们而言，如果能够接纳相关准则和标准并严格遵守，那么他们几乎是不可能会触犯法律的。

2.2.2 治理的对象

与人类验证合规性的传统治理不同,金融科技创新性地引入了一种新的验证模式:以区块链作为代表的技术可以被应用于验证过程,而不再需要人工主动验证。这样的技术能够简化验证过程并提高效率。使用技术来确保合规的另一个好处是实时性,而这样做的好处是巨大的——因为实时监控能够及时发现渎职行为,并在造成潜在损害之前及时采取纠正行动。

图2—1展示了技术如何将合规性的验证扩展到一个新的维度,关于这方面的更详细的讨论将在CFtP 2级课程中展开。

监管的对象	技术(区块链)	链上治理(硬性编码限制、权限或决策机制)	区块链治理(即我们正在讨论的内容)
	人员	用作协调或管理工具的区块链	法律法规

图2—1 技术及合规

2.3 治理与监管准则

我们会发现,有些治理和监管的原则可能与先前制定的道德规范和实践标准所依据的道德原则有所重叠,例如有关公平的原则和尊重他人权利的原则。基于这样的现实,如果在前述道德部分讨论过某些原则,我们现在将仅从监管的角度讨论它们的应用。

学习目标

讨论治理和监管的一般原则。

主要内容

要点

- 监管和治理要求专业人员负责执行监管行动,以及避免那些法规禁止的行动。
- 在IT的语境下,公平公正要求专业人员考虑其工作对社会所产生的更广泛的潜在影响,这种影响可能会超越其组织的范围,甚至超越其工作所在的国家。
- 展示软件设计的透明性能够赢得用户的信任。

(1)问责制

问责原则基于这样的一种观念:个人对于履行条例规定的某些行为负有责任,并对不履行条例禁止的行为负有责任。更进一步的,问责制有时还会超越个人的层面——如果有人正接受专业人士的管理,那么专业人士也要对他们是否遵守规定负责。

(2)公平/公正

我们认为,所有持有CFtP证书的人都需要坚持公平的道德原则。在信息技术的背景下,像人工智能这样的系统和软件具有"普遍、深远的全球性影响,正在改变社会、经济部门和整个工作世界"。考虑到信息技术具有如此广泛的社会性潜在所在影响,公平准则意味着专业人士在思考问题时应该超脱于自己的组织范围,甚至是自己工作的国家。

公平准则要求专业人员考虑如下几点。

①个体层面

考虑个体隐私权以及被给予的包容度:个人权利是决策过程的一部分吗?个人的隐私应该受到保护吗?个人是否会因身份、残疾或收入水平而受到歧视?

②社会层面

社会中是否会有一部分人由于其特殊情况而被排除在外,例如那些受教育程度较低、信息技术素养较低,或者那些不懂编程语言的人?软件和系统能引领社会的发展和进步吗?软件和系统的发展是否考虑了可持续性发展的问题?

(3)透明度

在现实中,由于开发商总喜欢把自己隐藏在神秘的面纱后,以避免来自竞争对手和其他各方的窥探,因此,软件和系统通常被人认为是神秘的黑匣子。由于这样的不透明性,用户往往会受到系统漏洞和一系列隐藏特性的摆布。

秉持透明原则的专业人士将在受专有知识产权约束的情况下,尽可能多地披露软件或系统信息。这样一来,用户的信任度就能够大大提升,且由于信息不对称而导致的效率低下的问题也会得到显著缓解。在当今的应用中,开放软件在设计中就包含了这一透明原则。

2.4 治理与监管的领域

2.4.1 技术方面

技术创新的快速发展给治理和监管者带来了一些必须面对的问题,主要包括以下几个方面。

(1)治理和监管者需要花费时间来理解新技术,尤其是其中一些法规的技术性,具有时间更长的学习曲线。

(2)治理和监管者会发现自己无法从其他领域改编并移植现成的治理守则和条例。若从头开始起草守则和条例,则需要充分地讨论和协商,而这可能需要大量的时间。

(3)治理和监管者需要在更多的使用案例中探索由新技术带来的影响。

CFtP课程将涵盖四个技术领域,它们的首字母刚好是字母表的ABCD:人工智能、区块链、网络安全和数据保护/隐私,我们会CFtP二级教材的2.1节"道德与治理"中详细讨论这些话题。

2.4.2 金融方面

鉴于金融业潜在的系统性风险及其在国民经济中的重要性,金融业通常会受到高度监管。无论是否有意为之,我们都需要承认金融科技领域的许多创新都造成了对金融行业的干扰。由于金融科技领域的专业人员会在金融和科技的交叉领域工作,这就要求他们了解一些金融法规。

在这一方面有两个关键的法规,它们分别是《多德·弗兰克法案》和《金融工具市场指令Ⅱ》。其中,第一个法案源于2008年的全球金融危机,它首先由美国颁布,旨在监管贷款人和银行,以保护消费者,并确保银行和其他金融机构的稳健性。按照这一法案的规定,银行需要增加其监管资本(又称核心资本),以降低自身倒闭的概率,而投入的资本量需要符合《巴塞尔协议Ⅲ》里的有关规定,具体取决于资产的数量和资产的风险。

《金融工具市场指令Ⅱ》与《多德·弗兰克法案》一样,也是在全球金融危机之后颁布的,旨在恢复人们对金融业的信心,它是一个涉及交易系统、交易资产和专业人士的综合法案。关于《金融工具市场指令Ⅱ》,我们会在 CFtP 二级教材中关于监管的 2.5 节中更详细地讨论。

我们将在 CFtP 课程中重点讨论关于治理的四个方面。

(1)反洗钱/打击恐怖主义融资(AML/CFT),由于它们在支付和在线投资方面有许多应用,因此与金融科技高度相关。

(2)公司治理。

(3)环境、社会和公司治理(ESG),其中包括了可持续性和公平的概念。

(4)可持续和绿色金融。

这四个话题将不在此进行讨论,而在 CFtP 二级教材的 2.1 节"道德与治理"中讨论。

参考文献/拓展阅读

由于本模块中包含许多主题,且每个主题本身所涉及的范围很广,因此我们只能讨论最基本的内容。以下为考生提供了一些与他们工作领域相关的参考材料,并深入探讨了不同司法管辖区的应用、法律和法规。

1. 概述

[1] Mckie, S. (2018). Blockchain Communities and Their Emergent Governance. https://medium.com/amentum/blockchain-communities-and-their-emergent-governance-cfe5627dcf52.

2. 人工智能领域

[2] Info-communications Media Development Authority (IMDA) and Personal Data Protection Commission (PDPC). (2020). Model Artificial Intelligence Governance Framework (2nd. Ed.). https://www.pdpc.gov.sg/-/media/Files/PDPC/PDF-Files/Resource-for-Organisation/AI/SGModelAIGovFramework2.pdf.

[3] Monetary Authority of Singapore. (2018). Principles to promote Fairness, Ethics, Accountability and Transparency (FEAT) in the Use of Artificial Intelligence and Data Analytics in Singapore's Financial Sector. https://www.mas.gov.sg/publications/monographs-or-information-paper/2018/FEAT.

[4] OECD. (2019). Recommendation of the Council on Artificial Intelligence. Retrieved from https://legalinstruments.oecd.org/en/instruments/OECD-LEGAL-0449.

[5] World Economic Forum (WEF). (2019). AI governance: A holistic approach to implement ethics into AI. https://www.weforum.org/whitepapers/ai-governance-a-holistic-approach-to-implement-ethics-into-ai.

[6] World Economic Forum (WEF). (2020). Ethics by design: An organizational approach to the responsible use of technology. https://www.weforum.org/whitepapers/eth-

ics-by-design-an-organizational-approach-to-responsible-use-of-technology.

3. 区块链领域

[7]Lapointe, C. & Fishbane, L. (2019). The blockchain ethical design framework. Innovations: Technology, Governance, Globalization, 12(3/4), 50—71. https://www.mitpressjournals.org/doi/pdf/10.1162/inov_a_00275.

4. 网络安全领域

[8]International Chamber of Commerce (ICC). (2015). ICC cybersecurity guide for business. https://iccwbo.org/publication/icc-cyber-security-guide-for-business/.

[9]Monetary Authority of Singapore. (2021). Technology risk management guidelines. https://www.mas.gov.sg/-/media/MAS/Regulations-and-Financial-Stability/Regulatory-and-Supervisory-Framework/Risk-Management/TRM-Guidelines-18-January-2021.pdf.

[10]National Institute of Standards and Technology (NIST). (2018). Cybersecurity Framework. Retrieved from https://www.nist.gov/cyberframework.

5. 数据保护/隐私领域

[11]iSight. (2021). A Practical Guide to Data Privacy Laws by Country. https://i-sight.com/resources/a-practical-guide-to-data-privacy-laws-by-country/(2021).

[12]Personal Data Protection Commission Singapore (2012). Singapore Personal Data Protection Act. https://www.pdpc.gov.sg/Overview-of-PDPA/The-Legislation/Personal-Data-Protection-Act.

6. 金融领域

[13]Anti-Money Laundering/ Combating the Financing of Terrorism (AML/CFT)

[14]AML-CFT. (2017). 6 Elements of an Effective AML/CFT Compliance Programme. https://aml-cft.net/6-elements-effective-amlcft-compliance-programme/.

[15]International Monetary Fund (IMF)(n.d.). Anti-Money Laundering/ Combating the Financing of Terrorism (AML/CFT). Retrieved from https://www.imf.org/external/np/leg/amlcft/eng/.

[16]International Finance Corporation (IFC). (2019). Anti-Money-Laundering (AML)& Combating the Financing of Terrorism (CFT) Risk Management in Emerging Market Banks. https://www.ifc.org/wps/wcm/connect/e7e10e94-3cd8-4f4c-b6f8-1e14ea9eff80/45464_IFC_AML_Report.pdf?MOD=AJPERES&CVID=mKKNshy.

7. 公司金融

[17]CFA Institute. (2018). The corporate governance of listed companies (3rd. Ed.). A Manual for Investors. https://www.cfainstitute.org/en/advocacy/policy-positions/corporate-governance-of-listed-companies-3rd-edition.

[18]Corporate Finance Institute (CFI). (n.d.). What is corporate governance?. https://corporatefinanceinstitute.com/resources/knowledge/other/corporate-governance/.

[19]Harvard Business Review. (2019). A guide to the big ideas and debates in corporate governance. https://hbr.org/2019/10/a-guide-to-the-big-ideas-and-debates-in-corpo-

rate-governance.

8. 环境、社会和公司治理（ESG）

[20] CFA Institute. (2015). Environmental, Social and governance issues in investing-A guide for investment professionals. https://www.cfainstitute.org/en/advocacy/policy-positions/environmental-social-and-governance-issues-in-investing-a-guide-for-investment-professionals.

[21] McKinsey Quarterly. (2019). Five ways that ESG creates value. https://www.mckinsey.com/business-functions/strategy-and-corporate-finance/our-insights/five-ways-that-esg-creates-value.

[22] MSCI. (n.d.). ESG101：What is ESG?. Retrieved from https://www.msci.com/what-is-esg.

9. 可持续和绿色金融

[23] Green Finance Platform. (n.d.). Explore green finance. https://www.greenfinanceplatform.org/page/explore-green-finance.

[24] World Economic Forum (WEF). (2020). What is green finance and why is it important?. https://www.weforum.org/agenda/2020/11/what-is-green-finance/.

练习题

请选择最合适的选项。

习题一

工作环境中信任的基础和依据，用以下职业素质中的_____来描述最为恰当。

A. 遵守法律和法规

B. 诚信

C. 拥有必要的知识和技能

习题二

拥有关于客户的特权信息的专业人员应该_____。

A. 为公司的利益可利用该信息

B. 尊重客户的权利，不滥用这种信息

C. 平衡雇主的利益和客户的利益

习题三

规则和条例的执行_____。

A. 由于管理机构的权力，总是有可能的

B. 取决于各方面的合作

C. 由于跨国界的问题，并不总是可能的

习题四

软件的透明性_____。

A. 是法规的要求

B. 能够建立起来自用户的信任

C. 当软件取消了技术上的"黑匣子"时，透明便总是存在的

第二部分

统计学

第三章 概率分布

3.1 引 言

统计性分析的框架包括样本空间、事件集合以及概率测度。在许多应用中,我们关注定义在样本空间中随机变量的分布。尤其是我们想要去估计某些参数的值,比如平均值或者随机变量关于其平均值的离散程度。在许多应用中,我们可以判断是否有充足的证据支撑我们的判断。

估计参数与假设检验是根据从总体中获得的一组随机样本所含的信息进行统计分析的主要两种方式。因此与随机样本分布相关的统计量知识就成为解决参数估计或假设检验问题的核心。中心极限定理的重要结果表明,对于任何具有有限方差的分布,从该分布中抽取的随机样本均值的分布,在适当归一化后会接近标准正态分布。

3.2 概率分布

概率分布是描述随机变量可能取值的函数。随机变量是我们所关注样本空间上的实值函数,它从概率测度中获得一个概率分布。与随机变量相关联的概率分布涵盖了该随机变量的所有信息。特别地,我们对于一阶矩、二阶矩格外感兴趣,并将其分别命名为分布的均值与方差。

我们将复习几种常见分布的基本性质,如均匀分布、二项分布、泊松分布以及正态分布。我们将用样本分布的特性来估计总体的参数并且检验有关整体的假设。在这一过程中,我们还将指出参数估计置信区间和研究假设的关系。

学习目标

理解概率分布的概念、性质及其方法。

主要内容

要点

● 随机变量是我们所关注的样本空间上的实值函数,从概率测度中可以获得一个概率分布。
- 与随机变量相关联的概率分布涵盖了该随机变量的所有信息。
- 回顾均匀分布、二项分布、泊松分布以及正态分布这几种常见分布的基本性质。

重点名词

概率密度函数(Probability Density Function):连续性随机变量的统计表达式,类似于离散随机变量(例如股票、ETF)的概率分布(不同结果的可能性)。

泊松分布:在统计学中,泊松分布表示在某一事件在特定时间内可能发生的次数。泊松分布适用于在给定事件间隔内以恒定速率发生的独立事件。

二项分布:在概率论与统计学中,带有参数n和p的二项分布是n个独立试验序列中成功次数的离散型概率分布。在每次独立的试验中询问"是"或"否",并且每次得到一个表示其结果的布尔值:成功、是、真或者1。

(1)定义与符号

我们首先说明关键定义,讨论概率分布时将在下文介绍使用的符号。

(2)样本空间

样本空间(Ω)是一个观察或试验过程的所有可能结果的集合。

(3)事件

事件是样本空间的子集合。样本空间(Ω)自身也是事件并且是一个确定性事件,因为所有的观测值都存在于样本区间内,所以它一定发生。另一方面,空集φ也是一个事件,并且它是不可能事件,因为它不可能发生。概率分布就是一个函数(p),它为每个事件分配一个从0到1之间的实数。对于单个事件E,数$P(E) \in [0,1]$表明E事件发生的概率。$P(E)$越接近1表明它越有可能发生。特别地,$P(\Omega)=1, P(\varphi)=0$。

(4)随机变量

随机变量X是定义在样本空间(Ω)上的实值函数,对于样本空间所有的点都存在与之对应的实数集合$\mathbb{R}$。记为$X: \Omega \rightarrow \mathbb{R}$。

例1 抛硬币

样本空间:$\Omega = \{正面, 反面\}$。

$$X(\omega) = \begin{cases} 1 & if \quad \omega = 正面 \\ 0 & if \quad \omega = 反面 \end{cases}$$

$$Y(\omega) = \begin{cases} 1 & if \quad \omega = 正面 \\ -1 & if \quad \omega = 反面 \end{cases}$$

如果$X_1, X_2, \cdots, X_n$是抛n次硬币所观察的结果,我们注意到$X_1 + X_2 + \cdots + X_n$的求和告诉了我们抛n次硬币的总正面数。那从$Y_1 + Y_2 + \cdots + Y_n$我们又可以得到什么信息呢?

例2 掷两个骰子,一个红色的和一个蓝色的,则样本空间$\Omega = \{(x,y) | x, y = 1, 2, 3, 4, 5, 6\}$。

让我们定义随机变量U、V、W如下:

$$U(x,y) = x + y$$
$$V(x,y) = |x - y|$$

$$W(x,y)=x-2y^2$$

练习 描述事件 $U=7, V=3, V=6, W=-2$ 以及 $U=2V$。

例3 掷两个骰子,一个红色的和一个蓝色的,则样本空间 $\Omega=\{(x,y)|x,y=1,2,3,4,5,6\}$。

假设蓝色和红色的骰子都是质地均匀的。也就是说掷到 1,2,3,4,5,6 是等可能的,因此 $P((1,1))=P((1,2))=\cdots=P((6,6))=1/36$。

练习

事件 $U=7, V=3, V=6, W=-2$ 以及 $U=2V$ 的概率为多少?

即计算概率 $P(U=7), P(V=3), P(V=6), P(W=-2), P(U=2V)$。

(4) 离散型随机变量

若随机变量 X 的所有可能取值 $x_1, x_2, \cdots, x_n, \cdots$ 是有限(也可以是可列个),则称随机变量 X 为离散型随机变量。以下是离散型概率分布的重要特征。

● 某一特定结果的概率在 0 到 1 之间(包含 1),即对于所有结果 $x_1, x_2, \cdots, x_n, \cdots$, $0 \leqslant P(X=x_n) \leqslant 1$

● 不同结果为互斥事件,即 $\{X=x_i\} \cap \{X=x_j\}=\emptyset$ for $i \neq j$

● 所列的结果必须穷尽所有的可能。即 $P(X=x)=0$ 对所有 $x \notin \{x_1, x_2, \cdots, x_n, \cdots\}$。因此所有事件 $\{X=x_i\}, i=1,2,3,\cdots$,发生概率之和为 1。即

$$P(X=x_1)+P(X=x_2)+\cdots+P(X=x_n)+\cdots=\sum_{i \geqslant 1} P(X=x_i)=1$$

其中,函数 $f(x_n)=P(X=x_n)$ 对于 $n=1,2,3,\cdots$,被叫做概率质量函数。

注意:大写字母 X 是随机变量,小写字母 x_i 是随机变量可能取到的一个值(是一个实数)。

设 X 为离散型随机变量,分别取值为 $x_1, x_2, x_3, \cdots, x_n, \cdots$。设 $P(X=x_i)=p_i$ 对于 $i=1,2,3,\cdots$

则 X 分布的期望值(或均值)为:

$$E(X)=x_1 p_1 + x_2 p_2 + \cdots + x_n p_n + \cdots = \sum_{i=1}^{\infty} x_i p_i$$

通常我们用 $\mu=E(X)$ 来表示随机变量 X 分布的期望值(或均值)。

X 的方差测量的是一个特定观测值与期望值 $E(X)=\mu$ 之间的离散程度,定义为

$$\text{Var}(X) = E[(X-E(X))^2] = E(X^2) - E(X)^2 = \sum_{i=1}^{\infty} x_i^2 p_i + (\sum_{i=1}^{\infty} x_i p_i)^2 = E(X^2) - \mu^2$$

通常被记作 $\sigma^2 = \text{Var}(X)$。

(5) 连续性随机变量

如果随机变量 X 有无数个值,则称 X 为连续性随机变量。为了指定 X 在某个范围内取某个值的概率,我们采用概率密度函数 f。

X 在 (a,b) 取值的概率可以表示为图 3-1。

$$P(a<X<b)=\int_a^b f(x)\,dx$$

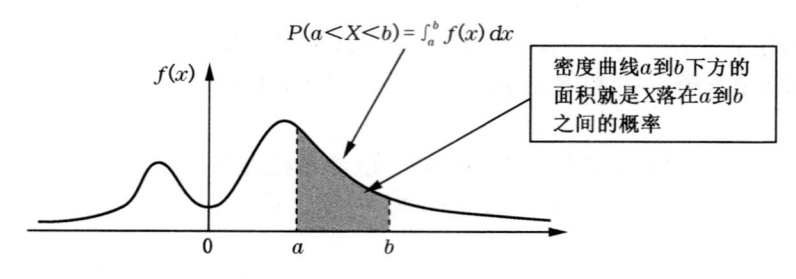

密度曲线a到b下方的面积就是X落在a到b之间的概率

图 3—1　连续性随机变量的概率分布

设 X 是连续性随机变量,密度函数为 $f(x)$,则 X 分布的期望值(或均值)为

$$E(X)=\mu=\int_{-\infty}^{\infty} x \cdot f(x)\,dx$$

X 的方差为

$$\mathrm{Var}(X)=\sigma^2=E[(X-E(X))^2]=E(X^2)-E(X)^2$$
$$=\int_{-\infty}^{\infty} x^2 \cdot f(x)\,dx - \left(\int_{-\infty}^{\infty} x \cdot f(x)\,dx\right)^2$$

随机变量的和:

设 X 和 Y 是随机变量,设其和 $S=X+Y$

变量和的均值为 $E(S)=E(X+Y)=E(X)+E(Y)$

X 和 Y 的协方差可以定义为 $\mathrm{Cov}(X,Y)=E(XY)-E(X)E(Y)$

如果 X 和 Y 是独立的,则 $\mathrm{Cov}(X,Y)=0$

那么变量和 S 的方差为

$$\mathrm{Var}(S)=E(S^2)-(E(S))^2$$
$$=E(X^2+2XY+Y^2)-(E(X)+E(Y))^2$$
$$=E(X^2)+2E(XY)+E(Y^2)-(E(X)^2+2E(X)E(Y)+E(Y)^2)$$
$$=E(X^2)-E(X)^2+E(Y^2)-E(Y)^2+2[E(XY)-E(X)E(Y)]$$
$$=\mathrm{Var}(X)+\mathrm{Var}(Y)+2\mathrm{Cov}(X,Y)$$

如果 X 和 Y 是独立的,则 $\mathrm{Var}(S)=\mathrm{Var}(X+Y)=\mathrm{Var}(X)+\mathrm{Var}(Y)$

上述结果可以推广到随机变量的任意线性组合。假设 $Y_1,Y_2,\cdots,Y_n$ 是均值 $E(Y_i)=\mu_i$,方差为 $\mathrm{Var}(Y_i)=\sigma_i^2$,$r\ i=1,2,\cdots,n$. 的随机变量。对于常数 $a_1,a_2,\cdots,a_n$ 与 b,加权总和 $S=a_1Y_1+a_2Y_2+\cdots+a_nY_n+b$ 的期望值(或均值)给出如下:

$$E(S)=E(a_1Y_1+a_2Y_2+\cdots+a_nY_n+b)=a_1\mu_1+a_2\mu_2+\cdots+a_n\mu_n+b$$

进一步,若 $Y_1,Y_2,\cdots,Y_n$ 是独立的(或不相关的),S 的方差为

$$\mathrm{Var}(S)=\mathrm{Var}(a_1Y_1+a_2Y_2+\cdots+a_nY_n+b)=a_1^2\sigma_1^2+a_2^2\sigma_2^2+\cdots+a_n^2\sigma_n^2$$

3.3　离散型概率分布

在提供了关键的定义与符号后,现在我们来回顾均匀分布、二项分布、泊松分布和正态分布及其性质。

具有离散型概率分布的随机变量 X,只能取到有限(可列个)的可能的结果 $x_1,x_2,\cdots,$

$x_n, \cdots\cdots$

常见的离散型概率分布包括二项分布、泊松分布以及形式最为简单的离散型分布之一——离散均匀分布。

掷质地均匀的骰子的结果是离散均匀分布,其结果的公式表达为:$P(X=x)=1/6, x=1,2,3,4,5$ 或者 6。

此离散均匀分布的均值为

$$\mu = \sum_{x=1}^{6} x \cdot P(X=x) = 1 \times \frac{1}{6} + 2 \times \frac{1}{6} + 3 \times \frac{1}{6} + 4 \times \frac{1}{6} + 5 \times \frac{1}{6} + 6 \times \frac{1}{6}$$
$$= 7/2 = 3.50$$

此离散均匀分布的方差可以计算得

$$\sigma^2 = \sum_{x=1}^{6}(x-\mu)^2 P(X=x) = \left(1-\frac{7}{2}\right)^2 \cdot \frac{1}{6} + \left(2-\frac{7}{2}\right)^2 \cdot \frac{1}{6} + \cdots + \left(6-\frac{7}{2}\right)^2 \cdot \frac{1}{6}$$
$$= \frac{35}{12} = 2.92$$

离散均匀分布的概率密度函数如图 3-2 所示。

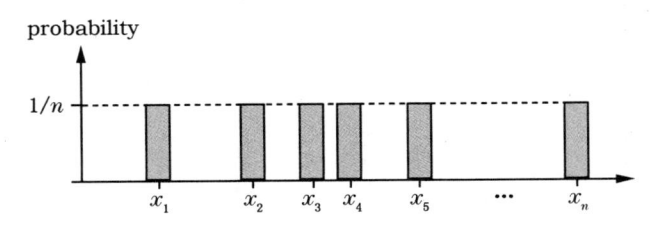

图 3-2 离散均匀分布的概率密度函数

3.3.1 二项分布

二项分布是离散概率分布中应用最广泛的一种,如应用于金融衍生品定价的二叉树模型中。

二项分布的特点如下。

一次试验的结果可被划分成两个互斥的类别——失败或成功。重复进行 n 次试验,且每次试验的结果独立于其他试验的结果。N 次试验中成功的次数 X 是一个随机变量,取值为 $0,1,2,3,\cdots,n$,若令 p 表示一次试验成功的概率,则 X 符合参数为 p 和 n 的二项分布,记作 $X \sim B(n,p)$。

让我们考虑这样一个例子,每名学生都就读于商学院或其他学院。已知有 $p=5\%$ 的学生就读商学院。假设,我们挑选 5 名同学作为随机样本。设 X 表示样本中就读商学院学生的数量,则随机变量 X 取值为 $0,1,2,3,4$,或 5,并且符合二项分布 $B(5,0.05)$。严格来说,只有在有放回抽样下,$X \sim B(5,0.05)$。但当学校中的学生数量非常大时,X 的分布可以近似为二项分布 $B(5,0.05)$。

为了确定一个二项分布,我们需要两个参数,包括试验的数量 n 以及单次成功的概率 p。

如果 $X \sim B(n,p)$，则 $x \in \{0,1,2,\cdots,n\}$ 时，$X=x$ 的概率为

$$P(X=x)=\binom{n}{x}p^x(1-p)^{n-x}$$

其中，

$\binom{n}{x}=\dfrac{n!}{x!(n-x)!}$ 表示从 n 个不同对象中选择 x 个对象方法的数量；

n 是独立试验的次数，

p 是一次试验中成功的概率。

则可以得到二项分布 $B(n,p)$ 的均值 μ 和方差 σ^2。

二项分布的均值：$\mu = np$

二项分布的方差：$\sigma^2 = np(1-p)$

图 3-3 分别描述了 $B(10,0.5)$（左）和 $B(20,0.7)$（右）的概率密度函数。

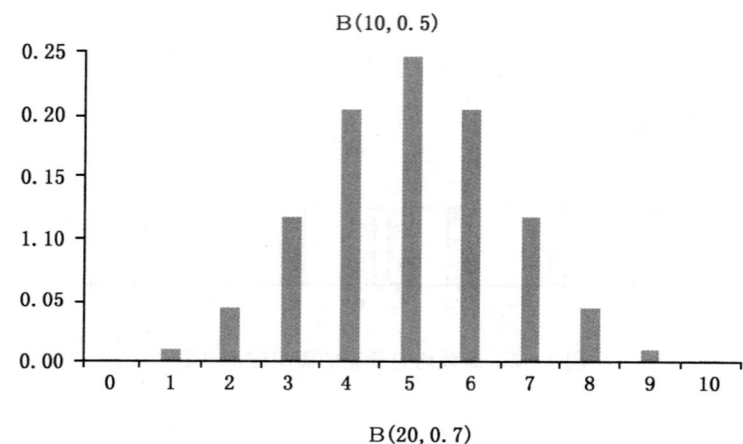

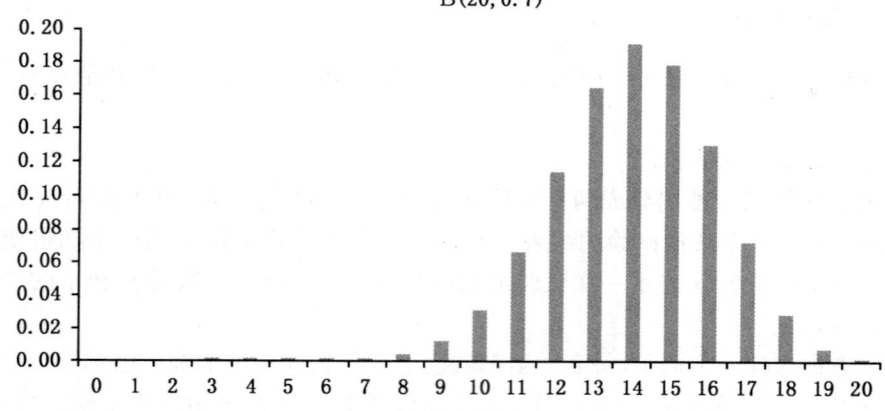

图 3-3　二项分布的概率密度函数

例 4

假设单个交易日，新加坡航空的股票价格上涨的概率为 $p=0.55$（独立于以前交易日的股票价格变化）。如果 A 表示股票价格连续 5 个交易日上涨，那么 A 发生的概率是多少？

$$P(A)=0.55\times0.55\times0.55\times0.55\times0.55=(0.55)^5=0.0503$$

假设 A 表示在 5 天的期限内股票价格上涨的天数,则 $X\sim B(5,0.55)$,X 的期望值(或均值)和方差计算为

X 的期望值(或均值):$E(X)=np=5\times0.55=2.750$

X 的方差:$\text{Var}(X)=np(1-p)=1.2375$

3.3.2 泊松分布

泊松分布是离散型概率分布的另一个例子,它描述了某一事件在特定时间、区域、体积和距离间隔内发生的次数。例如,它可以描述推销员在一周内销售的新车数量,也可以描述一家人气颇高的饺子餐厅在午餐时间段排队就餐的顾客数量。泊松分布可以完全由一个参数 λ 来精确刻画,λ 也刚好为其分布的均值。

泊松分布 $\text{Poisson}(\lambda)$ 的特点如下。

(1)随机变量 X 表示某事件发生的次数,因此 X 可能的取值为 $0,1,2,3,\cdots$,$X=x$ 事件发生的概率为

$$P(X=x)=\frac{e^{-\lambda}\lambda^x}{x!}$$

其中 λ 是常数参数,e 是自然数 2.71828。

(2)泊松分布 $\text{Poisson}(\lambda)$ 可以计算得出

泊松分布的均值:$\mu=\lambda$

泊松分布的方:$\sigma^2=\lambda$

实用技巧:如果 $X\sim\text{Poisson}(\lambda)$、$Y\sim\text{Poisson}(\eta)$ 并且它们相互独立,则它们的和 $(X+Y)$ 也是随机变量,也服从泊松分布,$\text{Poisson}(\lambda+\eta)$。因此,独立的泊松分布随机变量相加还是一个泊松分布随机变量。他们的和 $X_1+X_2+\cdots+X_n\sim\text{Poisson}(\lambda_1+\lambda_2+\cdots+\lambda_n)$。

例 5

一些分析师认为,美国股市在一年中单日股价下跌 5% 或更多的天数可以用泊松分布(Poisson distribution)来建模。这是合理的吗?一天内损失 5% 或更多是很罕见的事情。在一个典型的年份里,这表示着约 4 到 5 个标准差的变化。2020 年上半年有 6 天标普 500 指数日收益率为 -5% 或更低。从 2020 年 1 月到 8 月中旬,仍有 6 个这样的日子。我们可能有兴趣估计 2020 年这样的日子有多少。那么该怎么做呢?

首先我们需要理解这种现象。回顾历史性的信息是一个开始,但同时我们需要记住:未来的表现可能和过去非常不同,特别是对于非平稳的概率分布来说,也即分布随时间或各种因素的变化而变化。

图 3-4 显示了从 2007 年到 2020 年上半年,标准普尔 500 指数在一天内下跌 R% 或以上的天数,分别对应 $R=0,1,2,3,4,5$ 的情况。我们可以看到,在许多年里,指数下跌 5% 或更多的天数是零。2008 年和 2009 年,分别是 11 天和 2 天,反映了次贷危机带来的巨大冲击。而 2020 年上半年,有 6 个观测值是由新冠疫情大流行所致。是否有合理的假设可以帮助我们估计 2020 年下半年的此类天数?一天的损失是否独立于其他日子的收益?

这样一来,采用泊松分布模型去拟合一年中指数下跌 5% 或以上的天数就存在问题。这样的天数大部分是由于外部冲击造成的,因而我们需要理解此类冲击的本质来控制这个变量。

在 2020 年上半年的 6 个观测值之中,5 天发生在 3 月,1 天发生在 6 月。如果新冠疫情的状况得到改善或有效的治疗方法、疫苗被研发,则 2020 年下半年此类天数可能为 0。另一方面,如果疫情恶化,我们可能会看到许多这样的情况。因此,估计此类事件发生的天数需要比统计学入门课程更深入的分析。了解到我们使用的工具的局限性是十分重要的,否则,我们将会自欺欺人地认为我们获得了问题的解决方式,然而,实际上我们并没有。

	2007	2008	2009	2010	2011	2012	2013	2014	2015	2016	2017	2018	2019	1H 2020
Number of days in the year with return ≤ -5%	0	11	2	0	1	0	0	0	0	0	0	0	0	6
Number of days in the year with return ≤ -4%	0	15	6	0	4	0	0	0	1	0	0	1	0	9
Number of days in the year with return ≤ -3%	2	24	12	5	6	0	0	3	1	0	5	1	0	14
Number of days in the year with return ≤ -2%	12	41	28	10	21	3	2	5	6	5	0	15	5	21
Number of days in the year with return ≤ -1%	35	75	56	37	48	21	17	19	31	22	4	32	15	31
Number of days in the year with return ≤ 0%	114	127	112	108	114	118	105	108	133	122	108	119	102	56

图 3—4　标普 500 指数数据集

(3)泊松分布与二项分布

当二项分布 $B(n,p)$ 单次试验成功概率 p 非常小并且试验次数 n 很大时,可以用泊松分布来近似二项分布。那么泊松分布的参数 λ 应该是多少呢?如果我们希望采用泊松分布近似二项分布,自然地,两个分布的均值应该是相等的,因此,我们得到

$$\text{泊松分布 Poisson}(\lambda)\text{均值}=\lambda=np=\text{二项分布 }B(n,p)\text{均值}$$

再根据上文我们提到的二项分布概率计算公式,即

$$P(X=x)=\binom{n}{x}p^x(1-p)^{n-x}$$

为什么要用泊松分布来近似呢?问题在于对于较大的 n 和较中等的 x,$\binom{n}{x}$ 很难计算。

3.4　连续型概率分布

连续概率分布的随机变量假定可以取无限个数值。例如,一组小型发动机样本的重量为 54.3,52.7,53.1,53.9kg。这里,如果我们需要,则可以取到更为精确的数值,如第一个值可以是 54.328 3…kg。对于实际问题来说,重量可以取到任意大于 0 的实数。

常见的两种连续型概率分布分别是均匀分布和正态分布。

3.4.1　均匀分布

均匀分布是连续随机变量中形式最简单的分布。以下是均匀分布的特点。

(1)随机变量 X 的取值范围是 $[a,b]$,$a<b$ 且 a,b 为有限实数。区间的端点可以再 X

的范围内,也可以不在 X 的范围内。

(2)区间(a,b)中每个点的发生的概率相等。区间(a,b)上的密度曲线是一条水平的直线。在区间(a,b)外,密度曲线值为 0。

均匀分布的密度曲线可以得出为

$$f(x)=\begin{cases}\dfrac{1}{b-a} & a\leqslant x\leqslant b \\ 0 & 其他\end{cases}$$

均匀概率分布 $U(a,b)$ 图像表示如图 3-5 所示。

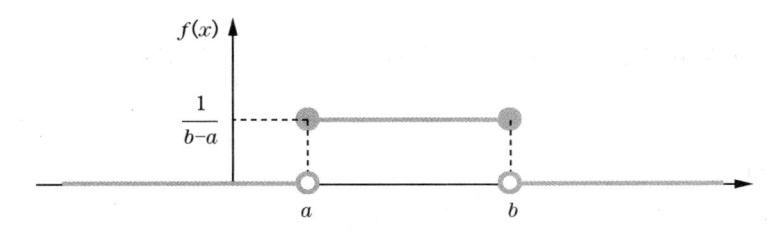

图 3-5 均匀概率分布的图像表示

均匀分布的均值: $\mu=\dfrac{a+b}{2}$

均匀分布的方差: $\sigma^2=\dfrac{(b-a)^2}{12}$

3.4.2 正态分布

正态分布是最重要的连续型概率分布。它由均值 μ 和标准差 σ 两个参数决定。若给出随机变量 X 的密度函数如下,则 X 服从正态分布 $N(\mu,\sigma^2)$。

$$f(x)=\dfrac{1}{\sigma\sqrt{2\pi}}e^{-\frac{1}{2}(\frac{x-\mu}{\sigma})^2} \quad 对于 \ -\infty<x<\infty$$

它的图形是著名的钟形曲线,图 3-6 刻画了正态分布 $N(6,20^2)$ 密度曲线。

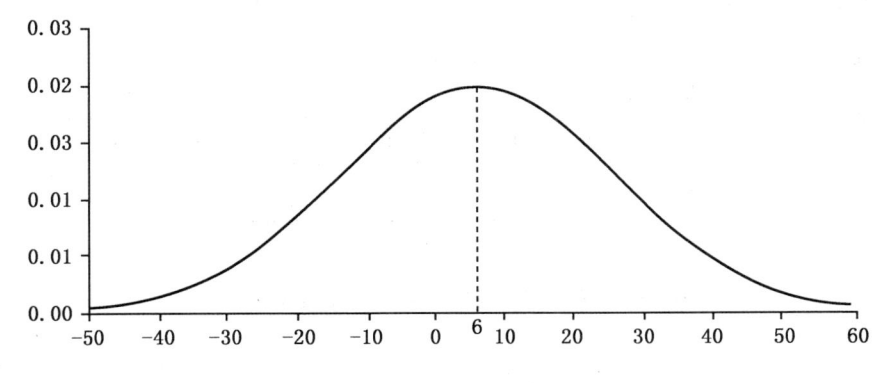

图 3-6 正态分布 $N(6,20^2)$ 密度曲线

正态分布的主要特点如下。

(1)正态分布的密度函数呈钟形,并且均值、中位数和众数全部相等,并且位于分布的中心。

(2)密度函数关于均值对称。

(3)x 趋向±∞时,密度函数 $f(x)$ 趋向于 0。

实用技巧:如果 X 和 Y 是独立的正态分布随机变量,则对于任意实数 a 和 b(a,b 不同时为 0),$S=aX+bY$ 还是一个正态分布随机变量。

3.4.3 标准正态概率分布

标准正态分布是 $N(0,1)$。

任意正态分布随机变量 $X \sim N(\mu,\sigma^2)$ 与标准正态分布有如下关系:

$$Z=\frac{X-\mu}{\sigma}。$$

很容易证明 $Z \sim N(0,1)$。

相反地,对于任意实数 a 和 b,$a \neq 0$,随机变量 $Y=aZ+b$ 符合正态分布 $N(b,a^2)$。

计算 $X \sim N(\mu,\sigma^2)$ 的经验法则

(1)密度曲线约有 68% 的区域落在均值加减 1 个标准差内。即 $P(\mu-\sigma<X<\mu+\sigma)=68\%$。

(2)密度曲线约有 95% 的区域落在均值加减 2 个标准差内。即 $P(\mu-2\sigma<X<\mu+2\sigma)=95\%$。

(3)实际应用中,均值加减 3 个标准差的范围几乎涵盖了密度曲线的所有区域。需要注意的是,$P(\mu-3\sigma<X<\mu+3\sigma)=99.73\% \cong 100\%$。

图 3-7 解释了正态分布 $N(6,20^2)$ 的法则。

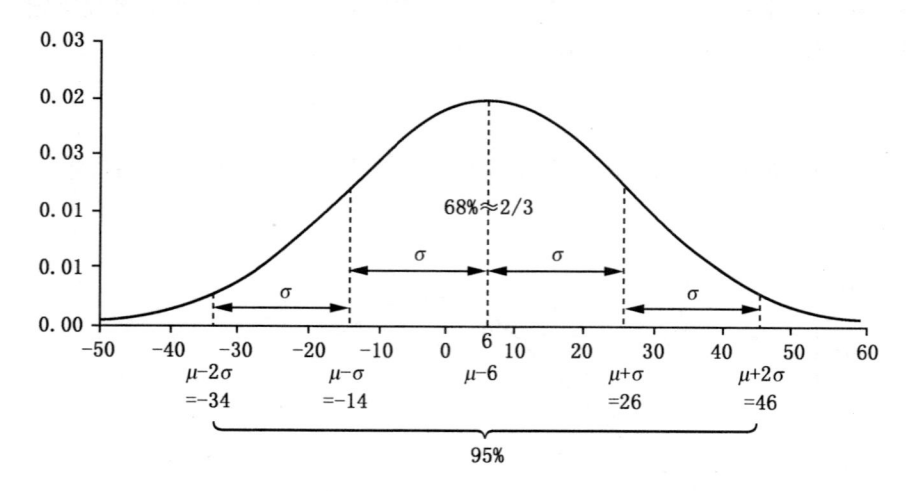

图 3-7　图示正态分布 $N(6,20^2)$ 密度曲线法则

参考文献/拓展阅读

[1] Illowsky. ,B. & Dean,S. (2013). Introductory Statistics. OpenStax.
[2] Triola,M. (2018). Elementary Statistics 13th ed. Pearson. chapter. 4－6.

练习题

请选择最合适的选项。

利用以下信息回答习题一和习题二：设 X 和 Y 表示掷两个材质均匀的骰子的独立结果。

习题一

$|X-Y|>4$ 的概率是_____。

A. $\frac{1}{6}=0.167$

B. $\frac{1}{9}=0.111$

C. $\frac{1}{18}=0.056$

习题二

$P(2X=3Y)$ 是_____。

A. $\frac{1}{36}=0.028$

B. $\frac{1}{18}=0.056$

C. $\frac{1}{9}=0.111$

利用以下信息回答习题3到习题6。

习题三

X 的期望值(或均值)是_____。

A. $E(X)=\frac{1}{2}$

B. $E(X)=\frac{2}{3}$

C. $E(X)=\frac{5}{6}$

习题四

该分布的标准差是_____。

A. 0.235 7

B. 0.500 0

C. 0.573 5

习题五

$X<0.7$ 的概率是_____。

A. 0.70

B. 0.63

C. 以上都不对

习题六

计算 X^2-5 的期望值是_____。

A. $E(X^2-5)=-2.5$

B. $E(X^2-5)=-4$

C. $E(X^2-5)=-4.5$

利用以下信息回答习题7到习题9。

设 Z_1 和 Z_2 是两个独立的随机变量。假设他们都符合标准正态分布，$N(0,1)$.

习题七

$2Z_1-Z_2$ 的期望值是_____。

A. -1

B. 0

C. 2

习题八

$2Z_1-Z_2$ 的方差是_____。

A. 1

B. 3

C. 以上都不对

习题九

$2Z_1-Z_2$ 落在区间 $(0,3)$ 上的概率是_____（提示：计算概率 $P(0<2Z_1-Z_2<3)$）_____

A. 0.41

B. 0.32

C. 0.25

利用以下信息回答习题十到习题十二：一所规模较大的学校声称其80%的学生在慈善机构做志愿者工作。一位刚刚被聘用的老师随机对7名同学进行了调查研究，结果发现只有1名同学曾在慈善机构做过志愿者。

习题十

假设学校声称的80%是可信的，那么调查获得该结果的概率是_____。

A. 0.000 013

B. 0.000 358

C. 0.002 097

习题十一

假设学校的声称是可信的，则在样本容量为7的调查中没有学生参加过志愿者工作的概率是_____。

A. 0.000 013
B. 0.000 358
C. 0.002 097

习题十二

可以从这个调查中得到一个合理的结论是_____。

A. 样本容量太小,无法进行推断,必须等于或多于30个

B. 调查的结果很可能与学校的声明是一致的,因为随机调查的情况下可能取得的是非典型性的样本

C. 如果学校的声明是可信的,则在调查中有1名或更少的同学参加过志愿者工作的几率小于0.04%,这种极小概率事件的发生表明学校所声明的比率80%过高

第四章 抽样与估计

4.1 抽样

学习目标

讨论如何从一个样本中提取总体中的有用信息。

主要内容

要点

- 我们因为各种各样的原因,需要从总体中抽取样本,并且再从样本中得出总体反映的信息。
- 中心极限定理表明:对于所有方差有限的分布来说,在其标准化后的分布中,随机抽取样本得到的样本均值的抽样分布趋近于标准正态分布。

重点名词

- 抽样误差:当并没有抽出能够代表整个总体数据的样本或者从样本中得出的信息并不能代表总体信息时出现的统计误差。
- 样本均值的抽样分布:可以看作"对于一个样本容量为 n 的样本,样本均值会服从该样本均值的抽样分布"。服从抽样分布的随机变量可以看作是来自总体的样本数量为 n 的样本的均值。

抽样是一种用于统计分析的过程,从较大总体中抽取特定数量的对象。

4.1.1 为什么要抽样

我们从总体中抽取的样本是为了从中获取有关总体特征的有效信息,例如均值和方差。

总体是指一组我们感兴趣的客体或人。比如,没有银行账户的人或者所有使用有线电话的人。

一个样本是总体的一部分、一个子集。我们通过学习样本来了解总体的确切特征。样本中的个体通常是随机抽取的,因此他们相互独立。此外,即使在某些情况下我们不知道或者并不清楚抽取样本的总体拥有什么分布,我们仍然可以利用中心极限定理对样本均值的分布做出合理的推断。

以下是一些抽样为什么非常重要的原因。

(1)调查整个总体非常耗时。

(2)研究总体中所有个体的价格通常非常高昂。

(3)调查往往会破坏调查对象。比如我们不能打开整车厢里所有的豆子罐头,以此来决定它们是否合格。

4.1.2 标准误

一般从样本中得出的结果不会和总体完全一致。例如,从五十个固定电话使用者的样本中得到的平均每人使用电话的时间,不太可能和总体的平均每人使用电话的时间完全相同。有时,样本中"突出"个体的存在,可能会导致显著的标准误,例如,样本统计量和其相对应的总体参数之间存在差异。

4.1.3 样本均值的抽样分布

令 $X_1, X_2, \cdots, X_n$ 为一个样本容量为 n 的随机样本的观测值。样本均值为这些观测值的平均:

$$\overline{X} = \frac{X_1 + X_2 + \cdots + X_n}{n}$$

假设所有可能的样本容量为 n 的随机样本都来自同一个特定的总体,并且这些样本的均值都被计算出来。这些样本均值的分布被称作样本均值 $\overline{X}$。一般的,样本均值的抽样分布可以被定义为给定样本容量后的所有可能的样本均值的概率分布。

样本均值的抽样分布有以下特点。

(1)所有样本均值的均值与总体均值相等;

(2)如果抽取样本的总体是正态分布,样本均值也会服从正态分布;

(3)如果抽取样本的总体不是正态分布但方差有限,当样本量足够大时,样本均值的抽样分布趋近于正态分布。

4.1.4 中心极限定理

中心极限定理:如果所有的样本都是从方差有限的分布中抽取的且样本容量相同,则当样本容量足够大时,样本均值的抽样分布趋近于正态分布。样本容量越大,抽样分布越趋近于正态分布。这意味着对于样本容量很大的随机样本,当合理抽样后,样本均值抽样分布的形状会接近于正态分布。运用中心极限定理,我们对于不知道或不清楚总体分布的样本均值的分布可以得出合理的估计。

4.1.5 样本均值的标准误

如果用 σ 来表示总体的标准差,那么样本均值抽样分布的标准差就应该是 $\frac{\sigma}{\sqrt{n}}$,n 表示样本中个体的总数。此处需要假设样本中的个体都是不相关的。如果所有个体都是独立的,他们就会是不相关的。我们把 $\frac{\sigma}{\sqrt{n}}$ 称为样本均值的标准误。

样本均值的标准误为 $\sigma_{\overline{X}} = \dfrac{\sigma}{\sqrt{n}}$。

其中 σ 是总体的标准差，n 是样本容量。

标准误的大小受到总体的标准差和样本容量的影响。如果总体的标准差变大，样本均值的标准误也会变大。当样本容量变大时，标准误会变小，意味着样本均值分布的变异性减小。

4.1.6 样本均值抽样分布的运用

许多商业决策都是依据抽样结果来决定的。通常我们会有一个研究总体，并且我们希望了解有关总体的一些信息，比如总体所代表的一组数据的均值。例如，我们想要估计人均可支配收入或者一个国家成年人的平均胆固醇水平。我们从总体中抽取样本，通过样本中的数据来推断总体参数。

我们区分以下两个例子。

例 1 当一个样本容量为 n 的随机样本是从服从正态分布 $N(\mu, \sigma^2)$ 的总体中抽取的，样本均值 $\overline{X}$ 的抽样分布将会服从正态分布，$N\left(\mu, \dfrac{\sigma^2}{n}\right)$。

例 2 假设总体的分布我们并不知道，但是我们可以假设其分布的方差 σ^2 不是无限的，这样当样本容量大于等于 30 时，样本均值的抽样分布将趋于正态分布。

例 1 中 $\overline{X} \sim N\left(\mu, \dfrac{\sigma^2}{n}\right)$ 精确成立，例 2 中 $\overline{X} \sim N\left(\mu, \dfrac{\sigma^2}{n}\right)$ 近似成立。

通过标准化，$Z = \dfrac{\overline{X} - \mu}{\sigma/\sqrt{n}}$，我们可以得到 $Z \sim N(0,1)$，为标准正态分布。

4.2 参数估计与置信区间

学习目标

讨论总体特征值的区间估计。

主要内容

要点

- 我们利用样本提炼出描绘总体特征的估计值。
- 当我们构造置信区间时，我们必须指定参数真实值落在区间内的概率。这个概率被表示为 $(1-\alpha)$，α 被称作置信水平。在统计学中，$1-\alpha$ 被称作置信度。
- 一个样本容量为 n 的随机样本在计算样本方差时，被认为拥有 $n-1$ 的自由度，因为一旦均值确定，只有 $n-1$ 个个体可以进行自由变动。
- 与正态分布相比，t 分布拥有厚尾的特点，但是当自由度趋近于无穷时，t 分布会趋于标准正态分布。
- 理想的参数估计值应该是无偏的（参数估计值的期望值等于总体参数真实值）、有效的（估计值拥有最小方差）和连续的（当样本容量增大时估计准确的概率也增大）。

重点名词
● 点估计：是指对于样本统计量的精确计算，比如样本均值。
● 对称：在线、面的两侧，或中心点、轴线的两侧，元素或部分在位置或形状上有这对应关系。
● 均方误差：又称估计量的标准差，通过估计未知量的过程来估计误差平方的平均值。也就是代表了估计值和真实值之间的平均差异。
● 无偏估计：当统计量抽样分布的均值能够被证明是等于被估计参数的真实值时，这个统计量称为对给点参数的无偏估计。
● 置信区间：是数轴上的一个区间，统计学家相信需要估计的总体参数的真实值会落在这个区间内。它和点估计不同，点估计得到的是唯一的、确切的数值，区间估计需要知道或者假设估计量的抽样分布。

4.2.1 参数估计

估计未知量经常是数据分析中的一个主要目标。和点估计不同，区间估计是给未知参数确定一个范围，确保未知参数会以很高的概率处于这个区间之内。

在一个样本中，我们设计估计量来描述总体的某些特征，例如总体的均值。最优估计量的期望性质是什么？无偏估计量是唯一的选择吗？通常当几个估计量都存在时，一个评判标准可能会被用来选择最佳估计量，比如最小二乘误差。

对分布的参数或者形状的估计和对其他特征量的估计是非常重要的。假设一个做市场营销的公司想要估计在新加坡更喜欢可口可乐的成年人占比为多少，我们怎样才能估算这个数据？如果我们有能力得到新加坡所有成年人的取向，那么我们就会得到一个准确的答案。但如果我们没有，那么使用一个能够代表所有成年人总体的随机样本，也可以估计出这个比例。

置信区间是数轴上的一个区间，统计学家相信需要估计的总体参数的真实值会落在这个区间内。它和点估计不同，点估计得到的是唯一的、确切的数值，而区间估计需要知道或者假设估计量的抽样分布。

4.2.2 点估计

点估计是一个统计量，通过样本进行计算，被用来估计总体参数。以下是一些点估计的例子。

(1) 样本均值 $\overline{X}$，对总体均值 μ 的点估计。
(2) 样本标准差 s，对总体标准差 σ 的点估计。

例题1 假设我们随机抽取了 1 000 个成年人。令 $i=1,2,\cdots,1\,000$，假设随机变量被定义如下。

$$X_i = \begin{cases} 1 & \text{如果第 } i \text{ 个人更喜欢可口可乐} \\ 0 & \text{如果第 } i \text{ 个人更喜欢百事可乐} \end{cases}$$

如果我们重新抽取样本，则加总 $S=X_1+X_2+\cdots+X_{1\,000}$ 服从二项分布 $B(1\,000,p)$，其中 p 是成年人更喜欢可乐的占比（或概率）。如果我们并不重新抽样，则二项分布只有在新加坡的成年人总体远大于 1 000 时,才能给出比较符合实际的估计。

样本均值

$$\hat{p} = \frac{X_1 + X_2 + \cdots + X_{1\,000}}{1\,000} = \frac{S}{1\,000}$$

是对 p 的无偏估计。

假设 529 个被调查者更喜欢可口可乐,则我们对 p 的估计为 $\hat{p} = \frac{S}{1\,000} = 0.529 = 52.9\%$。

这就是点估计。这个估计方法是否优良取决于评估的标准是什么。如果根据最小二乘方误差的标准,这个估计方法是最好的。

我们并不能认为点估计得出的 52.9% 正好等于人们更喜欢可口可乐的真实比例 p。这个比例可以等于 55% 或者 49% 吗?这是有可能的,因此,我们想要找到一个很大可能包含 p 的区间,而不是一个点来估计 p。

4.2.3 区间估计

置信区间是一系列的值,是根据样本数据进行构造的,所以总体参数会以特定的概率出现在这个区间内。

置信水平衡量了我们对于区间估计将会包含总体参数的信心程度。

我们认为 $W\%$ 的置信区间代表了这个区间至少拥有 $W\%$ 的概率,包含真实占比 p。值得注意的是,我们拥有 99.9% 的把握让参数 p 存在于 0.5% 和 98% 分位数之间,对于了解研究总体参数 p 是没有什么帮助的。我们想要的是一个能够以高概率包含参数 p 且范围非常小的区间。

(1)中心极限定律可以帮助我们通过总体均值 μ 来构造置信区间。

(2)95% 的置信区间表示所给区间能够包含实际(未知)的总体均值的概率(至少)为 95%。

(3)99% 的置信区间表示所给区间能够包含实际(未知)的总体均值的概率(至少)为 9%。

总体的标准差 σ 是未知的。

我们考虑当总体标准差 σ 是未知的时候。在这种情况下,样本标准差 s 将被用来构造 σ 的置信区间。

假设 $X_1, X_2, \cdots, X_n$ 都是相互独立且来自均值为 μ、方差为有限值 σ^2 的随机变量,我们通常使用样本方差 s^2 来估计 σ^2。定义如下。

$$s^2 = \frac{\sum_{i=1}^{n}(X_i - \overline{X})^2}{n-1}$$

我们怎么评价 s^2?这是对 σ^2 的无偏估计,因为 $E(s^2) = \sigma^2$。如果我们对观察值的分布进行假设,我们可以得到更多的结论。

假设 $X_1, X_2, \cdots, X_n$ 是来自于正态分布 $N(\mu, \sigma^2)$ 且相互独立的随机变量,n 个相互独立的标准正态分布随机变量的平方和服从自由度为 n 的卡方分布 χ_n^2。

也就是说，
$$\sum_{i=1}^{n}\left(\frac{X_i-\mu}{\sigma}\right)^2 \sim \chi_n^2。$$

注意在 s^2 的定义中我们使用样本均值 $\overline{X}$ 来代替未知的 μ。下面的式子被证明是正确的。
$$(n-1)\frac{s^2}{\sigma^2}=\sum_{i=1}^{n}\left(\frac{X_i-\overline{X}}{\sigma}\right)^2 \sim \chi_{n-1}^2$$

此处，因为我们用 $\overline{X}$ 来估计 μ，所以自由度是 $n-1$。

4.2.4　T 分布

令 $Z \sim N(0,1)$ 为服从标准正态分布的独立随机变量，$Y \sim \chi_k^2$ 为自由度为 n 的卡方分布。

因此，$t=\dfrac{Z}{\sqrt{Y/n}} \sim t_k$ 是自由度为 k 的 t 分布。

T 分布拥有以下特征。

● 和标准正态分布类似，自由度为 k 的 t 分布，t_k 是连续分布、钟形、相对垂直轴线对称的，但是，相对于标准正态分布来说，它拥有厚尾特征。

● T 分布并不是只有一种，按照自由度 k 的特征来分类，存在一个"家族"的 t 分布。所有的 t 分布的均值都为 0。当 $k>2$，t_k 的标准差为。当 $k \to \infty$，t_k 趋近于标准正态分布 $N(0,1)$。

假设 $X_1, X_2, \cdots, X_n$ 是相互独立、来自正态分布 $N(\mu, \sigma^2)$ 的随机变量。同上述情况相同，可以得到样本均值 $\overline{X}=\dfrac{X_1+X_2+\cdots+X_n}{n}$ 和样本方差 $s^2=\dfrac{\sum_{i=1}^{n}(X_i-\overline{X})^2}{n-1}$。

变形后可以得到 $Z=\dfrac{\overline{X}-\mu}{\dfrac{\sigma}{\sqrt{n}}} \sim N(0,1)$ 和 $Y=(n-1)\dfrac{s^2}{\sigma^2} \sim \chi_{n-1}^2$。此外，可以证明 Z 和 Y 是相互独立的。因此我们有

$$\frac{\overline{X}-\mu}{s/\sqrt{n}}=\frac{\dfrac{\overline{X}-\mu}{\sigma/\sqrt{n}}}{\sqrt{s^2/\sigma^2}}=\frac{Z}{\sqrt{Y/n-1}} \sim t_{n-1} \quad (*)$$

上述公式（*）将会帮助我们构造对 μ 的置信区间。

以下是构造对总体方差未知但有限的总体均值 μ 的置信区间的步骤。我们考虑两种情况。

情况 1　总体是服从正态分布 $N(\mu, \sigma^2)$ 的。

①用样本标准差 s，估计总体标准差 σ。

②使用自由度为 $n-1$ 的 t 分布。

对于自由度为 $n-1$ 的 t 分布 t_{n-1}，我们用 $t_{n-1}(\alpha)$ 来表示分布的 α 分位数，$0<\alpha<1$。也就是说，如果 $T \sim t_{n-1}$，则 $P(T \leqslant t_{n-1}(\alpha))=\alpha$

根据(*)式我们有
$$P\left(t_{n-1}(\alpha/2)<\frac{\overline{X}-\mu}{s/\sqrt{n}}<t_{n-1}(1-\alpha/2)\right)=1-\alpha$$

注意此处 $t_{n-1}(\alpha/2)=-t_{n-1}(1-\alpha/2)$ 是由于 t 分布关于垂直轴线对称的性质。把上述式子变形,可以得到
$$P(\overline{X}-t_{n-1}(1-\alpha/2)\cdot s/\sqrt{n}<\mu<\overline{X}+t_{n-1}(1-\alpha/2)\cdot s/\sqrt{n})=1-\alpha$$

因此对于总体均值 μ 的 $1-\alpha$ 的置信区间为
$$(\overline{X}-t_{n-1}(1-\alpha/2)\cdot s/\sqrt{n},\overline{X}+t_{n-1}(1-\alpha/2)\cdot s/\sqrt{n})$$

区间端点通常被表示为 $\overline{X}\pm t_{n-1}(1-\alpha/2)\cdot s/\sqrt{n}$。

情况 2　样本容量大于等于 30。

①用样本标准差 s,估计总体标准差 σ。

②近似使用 $\overline{X}\sim N\left(\mu,\dfrac{s^2}{n}\right)$。

对于总体均值 $1-\alpha$ 的置信区间为
$$(\overline{X}-Z_{1-\alpha/2}\cdot s/\sqrt{n},\overline{X}+Z_{1-\alpha/2}\cdot s/\sqrt{n})$$

此处 $Z\sim N(0,1)$,$P(Z<Z_u)=u$。

例题 2　一个制作果汁的工厂将瓶子容量定为 10 升。工程师测算果汁瓶子容量(单位为升)可以看作服从正态分布 $N(10,\sigma^2)$ 的随机变量。出于质量管控的目的,抽样检测了五瓶果汁,它们的容量(单位为升)为 7.38,10.97,9.99,9.31,9.74。

μ 的 95% 置信区间是多少?此处我们假设总体方差 σ^2 是未知的。

解:我们首先计算 $\overline{X}=\dfrac{(7.38+10.97+9.99+9.31+9.74)}{5}=9.48$

样本方差为
$$s^2=\frac{(7.38-\overline{X})^2+(10.97-\overline{X})^2+(9.99-\overline{X})^2+(9.31-\overline{X})^2+(9.74-\overline{X})^2}{5-1}=1.75$$

样本标准差 $s=1.32$

因此我们有 $\dfrac{\overline{X}-\mu}{s/\sqrt{n}}=\dfrac{9.48-\mu}{1.32/\sqrt{5}}=\dfrac{9.48-\mu}{0.59}\sim t_4$

已知 $t_4(0.025)=-2.7765$,$t_4(0.975)=2.7765$,且 $9.48-0.59\times t_4(0.975)=7.84$,$9.48+0.59\times t_4(0.975)=11.12$。

因此总体均值 μ 的 95% 置信区间为 (7.84, 11.12)。

例题 3　(可口可乐 vs 百事可乐)

我们首先找到样本均值的抽样分布
$$\hat{p}=\overline{X}=\frac{X_1+X_2+\cdots+X_{1\,000}}{1\,000}=\frac{S}{1\,000}$$

此处 X_i 是服从均值为 p,方差 $\sigma^2=p(1-p)$ 的伯努利分布。可以记作 $S\sim B(1\,000,p)$,从中可以得到均值 $E(S)=1\,000p$,方差 $\text{var}(S)=\sigma^2=1\,000p(1-p)$。

样本均值 $\hat{p}$ 拥有均值 p 和方差
$$\tau^2=\text{Var}(S)/1\,000^2=1\,000\sigma^2/1\,000^2=p(1-p)/1\,000$$

根据中心极限定理,可以得到近似估计,$\hat{p} \sim N(p, \tau^2) = N\left(p, \frac{p(1-p)}{1\,000}\right)$。

回忆一下,服从正态分布的随机变量有 95% 的概率落在离均值距离为 1.96 倍标准差之间的范围内。也就是 $P(p - 1.96\tau < \hat{p} < p + 1.96\tau) = 95\%$。

我们可以把不等式重写为

等式左边:$p - 1.96\tau < \hat{p}$ 和 $p < \hat{p} + 1.96\tau$ 相同。

等式右边:$p < \hat{p} + 1.96\tau$ 和 $p - 1.96\tau < \hat{p}$ 相同。

将这两个不等式放在一起,我们有 $P(\hat{p} - 1.96\tau < p < \hat{p} + 1.96\tau) = 95\%$。

因此,p 的 95% 的置信区间为 $(\hat{p} - 1.96\tau, \hat{p} + 1.96\tau)$。

τ 的值是多少? $\tau^2 = p(1-p)/1\,000$,我们并不知道 p 的值,但我们仍然可以得到一个有用的结论。由于 $p(1-p) \leq 1/2 \times (1-1/2) = 1/4$ 对于所有 p 都成立,所以 $\tau^2 \leq 1/4\,000$,$\tau \leq 0.0158$,因此 $1.96\tau \leq 0.031\,0$。

通过调查,样本占比 $\hat{p} = 0.529$。p 的 95% 的置信区间为 $(0.529 - 0.031\,0, 0.529 + 0.031\,0) = (49.80\%, 56.00\%)$。然而,对 τ 的约束让区间变得更大,因此,得到的区间可能会有比 95% 更大的概率包含真实值。比例 p 在 49.8% 和 56.0% 之间的概率至少为 95%。

注意:当我们拥有大样本时,我们可以通过用样本方差 $s^2 = \left(\frac{n}{n-1}\right)\hat{p}(1-\hat{p})$ 来估计总体方差,从而得到一个更窄的区间。实际上,当样本容量 n 很大时,人们一般直接用 $\hat{p}(1-\hat{p})$ 来代替方差,差异是微乎其微的。

所以,$\tau^2 = \frac{s^2}{n} = \frac{\hat{p}(1-\hat{p})}{n-1} = 0.000\,249$,$\tau = 0.015\,793 = 0.015\,8$,与我们之前例题中得到的相同。这是因为 $\hat{p} = 0.529$,非常接近于 0.5。

因此前面的估计并非不准确。总的来说,对于大样本,相比于限定总体方差为 0.25,用 s^2 当作总体方差的估计值能够给出更加准确的结果。

根据定义,我们可以构造出多种多样的置信水平为 95% 的置信区间。图 4-1 描述了构造不同的 95% 置信区间的例子。例如,

$$P(p - 1.65\tau < \hat{p} < p + 3.30\tau) = 95\%$$

通过此式,95% 的对 p 的置信区间可以为 $(50.29\%, 58.12\%)$。也就是说,p 有 95% 的可能性落在 50.29% 和 58.12% 之间。那么这个置信区间和早先计算出来的 $(49.80\%, 56.00\%)$ 的置信区间相比如何呢?两个区间都有相同的置信水平,我们应该选择哪个?

第一个置信区间的长度为 $58.12\% - 50.29\% = 7.83\%$,第二个置信区间通过 $P(\hat{p} - 1.96\tau < p < \hat{p} + 1.96\tau) = 95\%$ 来进行构造,相对于 $\hat{p}$ 是对称的。正态分布的形状特征决定了通过此种方式得到的 95% 置信区间拥有最短的长度。

区间估计和假设检验之间存在着联系。一项调查数据告诉我们:1 000 个调查者中有 529 个人更喜欢可口可乐,总体均值 p 有 95% 的概率落在 $(49.80\%, 56.00\%)$ 之间。换种说法,在 5% 的显著性水平(或 $100\% - 5\% = 95\%$ 的置信水平)下,p 可以是区间 $(49.80\%, 56.00\%)$ 内的任何值,包括 $p = 50\%$。我们并不会对数据表示惊讶,如果 $p = 53\%$ 或者 $p = 49\%$。但如果概率为 5% 或小于 5% 的事件发生的话,我们会非常惊讶。既然 $p = 50\%$ 落在区间内,我们将不会在 5% 的显著性水平下的双边检验中拒绝原假设 $H_0: p = 0.50$(此处详

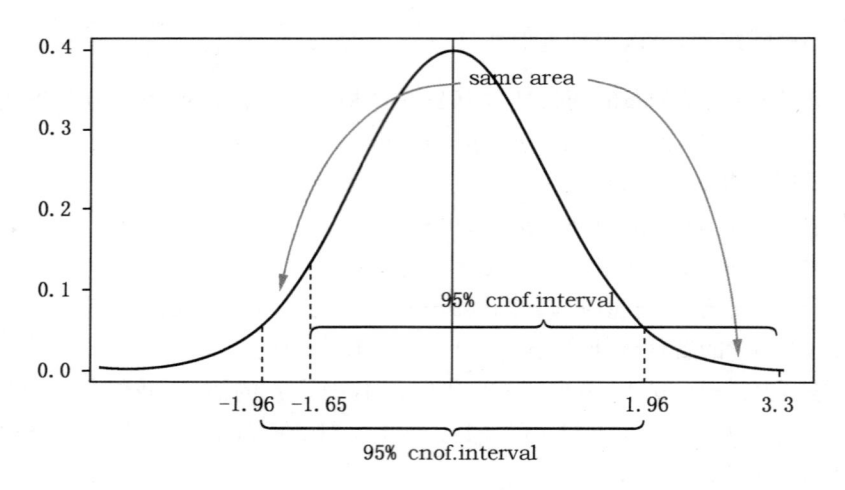

图 4—1 95％置信区间的阐述

细内容见假设检验章节）。

4.2.5 无偏估计

令 $\hat{\theta}$ 为参数 Θ 估计量。我们说 $\hat{\theta}$ 是无偏估计，如果 $E(\hat{\theta})=\Theta$。也就是说，估计量 $\hat{\theta}$ 的平均值与参数 Θ 的真实值相等。大数定理告诉我们通过使用无偏估计，有几种方法能够提升估计的准确性。例如，通过多次估计并取平均值的方法或者直接增加样本容量。

根据对参数 Θ 的估计量 $\hat{\theta}$，我们定义估计量的偏差为

$$偏差 = E(\hat{\theta}) - \Theta$$

对于无偏估计，其偏差为零。

例题 4

假设 $X_1, X_2, \cdots, X_n$ 都是相互独立且来自均值为 μ、方差为有限值 σ^2 的随机值。

样本均值 $\overline{X} = \dfrac{X_1 + X_2 + \cdots + X_n}{n}$ 和样本方差 $s^2 = \dfrac{\sum\limits_{i=1}^{n}(X_i - \overline{X})^2}{n-1}$ 都是对 μ 和 σ^2 天然的估计。对你来说，证明这两个估计量都是无偏，估计是一个很好的练习。也就是证明，$E(\overline{X}) = \mu$ 和 $E(s^2) = \sigma^2$。

对比估计量的标准

令 $\hat{\theta}$ 为参数 Θ 估计量。估计的误差表示为 $\hat{\theta} - \Theta$，$(\hat{\theta} - \Theta)^2$ 表示为误差的平方。均方误差 $\text{MSE}(\hat{\theta}) = E(\hat{\theta} - \Theta)^2$。这是估计值和真实值之间差距平方的平均值。均方误差越小，平均误差也就越小。

下列式子经证明成立。

$$MSE(\hat{\theta})=E(\hat{\theta}-\Theta)^2=E(\hat{\theta}-E(\hat{\theta}))^2+(E(\hat{\theta})-\Theta)^2=\mathrm{Var}(\hat{\theta})+误差^2$$

对于无偏估计量，MSE 就是方差。

对于参数 Θ 的两个估计量 $\hat{\theta}_1$ 和 $\hat{\theta}_2$，如果 $MSE(\hat{\theta}_1) \leqslant MSE(\hat{\theta}_2)$，我们认为 $\hat{\theta}_1$ 要优于 $\hat{\theta}_2$。

让我们考虑下面这个例子。假设 $X_1, X_2, \cdots, X_n (n>1)$ 都是相互独立且来自均值为 μ、方差为有限值 σ^2 的随机值，考虑以下对均值 μ 的估计量。

$$\hat{\mu}_1=\overline{X}=\frac{X_1+X_2+\cdots+X_n}{n}, \hat{\mu}_2=\frac{2X_1+X_2}{3} 和 \hat{\mu}_3=\frac{2X_1+X_2}{4}$$

很容易就得到，$E(\hat{\mu}_1)=\mu$，$E(\hat{\mu}_2)=\mu$ 和 $E(\hat{\mu}_3)=0.75\mu$。因此 $\hat{\mu}_1$ 和 $\hat{\mu}_2$ 都是对 μ 的无偏估计，但是 $\hat{\mu}_3$ 是有偏估计。根据均方误差的标准，我们应该怎么选择估计量？

$$MSE(\hat{\mu}_1)=\mathrm{Var}(\overline{X})+E(E(\overline{X})-\mu)^2=\mathrm{Var}(\overline{X})+0=\frac{\sigma^2}{n}$$

$$MSE(\hat{\mu}_2)=\mathrm{Var}(\hat{\mu}_2)+E(E(\hat{\mu}_2)-\mu)^2=\mathrm{Var}(\hat{\mu}_2)+0=\frac{5\sigma^2}{9},$$

$$MSE(\hat{\mu}_3)=\mathrm{Var}(\hat{\mu}_3)+E(E(\hat{\mu}_3)-\mu)^2=\frac{5\sigma^2}{16}+E(0.75\mu-\mu)^2=\frac{5\sigma^2}{16}+\frac{\mu^2}{16}。$$

由于 $MSE(\hat{\mu}_1)<MSE(\hat{\mu}_2)$ 且 $MSE(\hat{\mu}_1)<MSE(\hat{\mu}_3)$，因此样本均值 $\overline{X}=\hat{\mu}_1$ 是使用均方误差标准的情况下，这三个统计量中最优的那个。那么在 $\hat{\mu}_2$ 和 $\hat{\mu}_3$ 中，哪个更优呢？这取决于 σ 和 μ 的值。如果 $35\sigma^2<9\mu^2$，那么 $MSE(\hat{\mu}_2)<MSE(\hat{\mu}_3)$，$\hat{\mu}_2$ 是比 $\hat{\mu}_3$ 更优的估计量，反之亦然。这个例题表明有时有偏估计，例如 $\hat{\mu}_3$ 在使用 MSE 标准时可能表现得比无偏估计 $\hat{\mu}_2$ 更好，尤其是当有偏估计的偏差并不大时。

4.2.6 总结

为了构造对总体均值 μ 的置信区间，我们考虑了两种情况。在这两种情况下，我们都假设总体方差 σ^2 是有限的。

情况 1 总体是服从正态分布 $N(\mu, \sigma^2)$ 的。当 σ 已知，μ 的 $1-\alpha$ 置信区间表示为

$$(\overline{X}-Z_{1-\alpha/2} \cdot \sigma/\sqrt{n}, \overline{X}+Z_{1-\alpha/2} \cdot \sigma/\sqrt{n})$$

当 σ 未知，我们用样本标准差 s 来估计 σ。在这种情况下，μ 的 $1-\alpha$ 置信区间表示为：
$(\overline{X}-t_{n-1}(1-\alpha/2) \cdot s/\sqrt{n}, \overline{X}+t_{n-1}(1-\alpha/2) \cdot s/\sqrt{n})$

注意当 n 非常大时，t_{n-1} 分布非常接近于正态分布。

情况 2 总体分布是未知的。样本容量比较大，通常拥有超过 30 个观察值。

当 σ 已知，μ 的 $1-\alpha$ 置信区间表示为

$$(\overline{X}-Z_{1-\alpha/2} \cdot \sigma/\sqrt{n}, \overline{X}+Z_{1-\alpha/2} \cdot \sigma/\sqrt{n})$$

当 σ 未知，我们用样本标准差 s 来估计 σ。在这种情况下，μ 的 $1-\alpha$ 置信区间表示为

$$(\overline{X}-Z_{1-\alpha/2} \cdot s/\sqrt{n}, \overline{X}+Z_{1-\alpha/2} \cdot s/\sqrt{n})$$

在多数实际情况下，我们并不知道 σ。

选择用样本均值 $\overline{X}$ 来估计总体均值 μ 的样本容量。

样本容量经常是统计分析关注的问题。样本容量过大会造成时间和金钱的浪费。但是，样本容量过小会让结论没有那么可信。样本容量的选择依据于以下标准。

(1) 想要的置信水平。
(2) 研究员可以容忍的误差的最大值 E。
(3) 研究总体的可变性(用 σ 来衡量)。

对于给定的置信水平 $1-\alpha$，此处的 α 通常很小，我们希望 $P(|\text{Error}|<E)=P(|\overline{X}-\mu|\leqslant E)=1-\alpha$。

注意，$P(|\overline{X}-\mu|\leqslant E)=P\left(\dfrac{|\overline{X}-\mu|}{\sigma/\sqrt{n}}\leqslant\dfrac{E}{\sigma/\sqrt{n}}\right)=P\left(|Z|\leqslant\dfrac{\sqrt{n}E}{\sigma}\right)=1-\alpha$ 中 $Z\sim N(0,1)$。我们可以看到

$$\frac{\sqrt{n}E}{\sigma}=Z_{1-\alpha/2}$$

需要的样本容量为 $n=\left(\dfrac{\sigma Z_{1-\frac{\alpha}{2}}}{E}\right)^2$ 此处 $P(|Z|\leqslant Z_{1-\frac{\alpha}{2}})=1-\alpha$。

波动性较强的总体会需要更大的样本。E 是你愿意接受的最大误差。通过样本均值 $\overline{X}$ 加减这个值得到 $1-\alpha$ 置信区间的两端的端点值。

例题 5 回顾可口可乐 *vs* 百事可乐的调查

回顾本章最开始的例题，一个做市场营销的公司想要估计在新加坡更喜欢可口可乐的成年人占比为多少。假设市场营销经理规定我们需要有 95% 的信念让估计的误差小于 1%。需要的最小的样本容量为多少？

此处最大误差 $E=1\%$，置信水平 $1-\alpha=95\%$。这个问题中我们并不知道 σ 为多少。首先，我们需要明确 σ 的值越大，需要的样本容量就越大。所以我们可以通过估计 σ 的上限最为保守估计。之前我们推导出 $\sigma^2=p(1-p)\leqslant\left(\dfrac{1}{2}\right)^2$，因此 $\sigma\leqslant 0.5$。对于 95% 的置信区间，我们得到 $Z_{0.975}=1.96$。通过上述得到的这些结论，我们可以计算出所需样本容量最小值为

$$n=\left(\frac{\sigma Z_{1-\alpha/2}}{E}\right)^2=\left(\frac{0.5\times 1.96}{1\%}\right)^2=9\ 604$$

因为我们使用的是未知 σ 的上限，使用这个样本容量，置信水平可能要高于 95%。

通常，在整个调查或研究开始进行之前，我们需要通过估计总体标准差 σ，来得到一些关于所需样本容量的线索。以下是几种推荐的估计方法。

① 可进行对比研究，估计总体的分散程度。
② 使用基于范围的方法。如果我们知道，或者可以估计总体方差的最大值和最小值，相减得到距离差值，R。标准差可以通过 $R/6$ 来进行计算。
③ 进行预备实验。抽取小样本，通过计算 S 得到 σ 的估计量。

参考文献/拓展阅读

[1] Illowsky. ,B. &. Dean,S. (2013). Introductory Statistics. OpenStax.
[2] Triola,M. (2018). Elementary Statistics 13th ed. Pearson. chap 6 and 7.

练习题

请选择最合适的选项。

习题一

一个样本容量为 n 的样本是从正态分布 $N(\mu, 2^2)$ 中抽取的。我们想要估计总体均值 μ，需要精确到 1 位小数，置信水平至少为 95%，在此种情况下，样本容量应该是多少？下列答案中最小可以满足问题的是_____。

A. 30

B. 900

C. 1 600

以下信息适用于习题二到习题六。

Aqil 是一个大型基金公司的分析师。通过使用来自不同领域的各种类型的资产和证券，他创造了一组 20 个投资工具。这 20 个投资工具都拥有相同的风险—回报比。所有投资工具的年化收益率可以看成服从正态分布 $N(10\%, (30\%)^2)$ 的随机变量。也就是说，每一个投资工具拥有平均（连续）年化收益率 10%，其标准差（波动性）是 30%。此外，这些投资工具都是被构造的，因此他们的回报率可以被看成相互独立的随机变量。他用这些投资工具组成三个投资组合，投资组合中的所有投资工具都拥有相同的权重。

投资组合 A：包含五个投资工具，对于任一投资工具都投资 20% 的资金。

投资组合 B：包含十个投资工具，对于任一投资工具都投资 10% 的资金。

投资组合 C：包含二十个投资工具，对于任一投资工具都投资 5% 的资金。

由于每个投资组合中投资工具的权重相同，可以得到投资组合 A、B、C 的年化收益率都会是服从正态分布的随机变量，分别服从 $N\left(10\%, \dfrac{(30\%)^2}{5}\right)$、$N\left(10\%, \dfrac{(30\%)^2}{10}\right)$ 和 $N\left(10\%, \dfrac{(30\%)^2}{20}\right)$。

Alice 是一个对这些投资组合感兴趣的富有经验的投资者。

习题二

下面投资组合给 Alice 带来年化 10% 的收益率或更高的可能性更大的是_____。

A. 投资组合 B

B. 投资组合 C

C. 上述选择都不对。他们都有相同的概率获得 10% 甚至更高的年化收益率。

习题三

下面投资组合给 Alice 带来年化 9% 的收益率或更高的可能性更大的是_____。

A. 投资组合 A

B. 投资组合 B

C. 投资组合 C

习题四

投资组合给 Alice 带来年化 12% 的收益率或更高的可能性更大的是_____。

A. 投资组合 A
B. 投资组合 B
C. 投资组合 C

习题五

Alice 从她的朋友那里听说多样化是投资中一个不错的思路,因此她决定加入投资组合 C。投资组合 C 在年末拥有负收益率的可能性为_____。

A. 4.50%
B. 6.80%
C. 8.30%

习题六

由于 Alice 是一个长期投资者,她决定长期持有投资组合 C。在随后的年份里投资组合的年化收益率相互独立。她从 Youtube 论坛中了解到持有投资组合的时间越长,她能够得到的持有期间平均年化收益率将会越接近均值 10%。她应该连续持有投资组合 C 多少年,才能有 80% 的可能性使得持有期间平均年化收益率不低于 9%?最接近确切数字的是_____。

A. 15 年
B. 32 年
C. 38 年

习题七

一个游泳项目旨在帮助 10 至 12 岁的儿童提升完成 100m 游泳所需的时间。一项调查 50 个完成项目的游泳者的研究报告显示,样本中的平均时间提升量为 2.9 秒,样本标准差为 4.2 秒。总体的平均提升量的 95% 置信区间_____。

A. (1.74, 4.06)
B. (1.78, 4.02)
C. (1.92, 3.88)

习题八

一个游泳项目旨在帮助 10 至 12 岁的儿童提升完成 100 米游泳所需的时间。对于一个儿童来说,100 米游泳提升的时间可以看成服从正态分布的随机变量。一个对于 15 个完成项目的游泳者的研究显示,样本中的平均时间提升量为 2.9 秒,样本标准差为 4.2 秒。总体的平均提升量的 95% 置信区间是_____。

A. (0.99, 4.81)
B. (0.59, 5.21)
D. (0.57, 5.23)

以下信息适用于习题九到习题十一。

为了估计一个医疗解决方案的平均索赔额,一家保险公司分两批回顾了总共 70 起医疗案例。第一批总共有 30 个案例,其平均索赔额为 \$2 813,样本标准差为 \$230。第二批总共有 40 个案例,其平均索赔额为 \$2 758,样本标准差为 \$393。

习题九

估计总体的平均索赔额是_____。

A. $2 758.00
B. $2 781.57
C. $2 785.50

习题十

估计总体索赔额的标准差是_____。

A. $230.00
B. $311.50
C. $332.09

习题十一

如果你需要总体平均索赔额的95%的置信区间,你会选择下面哪一个?_____。

A. ($2 636.21, $2 879.79)
B. ($2 682.30, $2 888.70)
C. ($2 703.78, $2 859.37)

第五章 假设检验

学习目标
假设的定义；假设检验的步骤；理解原假设和备择假设的选择。

主要内容

要点
- 在得出统计学结论的过程中，有可能出现两种错误：拒绝了正确的原假设（第一类错误）或没有拒绝错误的原假设（第二类错误）。
- 如果使用单侧检验，则有一个拒绝域；若采用双侧检验，则有两个拒绝域。
- 我们讨论两种假设：原假设是需要解释的假设；备择假设是拒绝原假设时被接受的假设。

重点名词
- 统计量：基于样本计算的量，是否拒绝原假设取决于统计量的值。
- 临界值：一个统计量的临界值用于同计算得到的统计量的值作比较，以决定是否拒绝原假设。
- 显著水平：通常用 alpha 或 α 表示，代表错误地拒绝原假设的概率。比如，0.05 的显著水平，意味着有 5% 的可能性对于不存在区别的时候结果被判断为存在区别。

假设检验是一种分析人员通过总体参数来检验假设的一种统计学手段。

5.1 引 言

假设检验是使用从整体抽出的样本，检验关于一个或多个总体的判断。在样本中取得的证据的强弱将决定假设是否被拒绝。受样本影响而得出错误结论的概率由检验的显著水平决定。

我们讨论假设检验所涉及的步骤，要特别关注显著水平的概念及其与测试中错误类型的联系。

假设是关于一个或多个总体特征的陈述。比如，一个研究者可能希望讨论某种治疗或者政策是否有效。假设检验使得我们能够通过数据或样本提供的证据的强弱来得出结论。比如，一家车企宣称它生产的 Model Y 电动车在充满电后可以行驶 350km。判定一个说法是否正确可以使用图 5-1 中展示的步骤。

第一步	第二步	第三步	第四步	第五步
提出原假设和备择假设	确定显著水平	确定统计量	根据原假设下的样本分布构造决策规则	抽样，根据统计量的值决定是否拒绝原假设

图 5-1 假设检验五步法

我们用车企的声明举一个例子。用 μ 代表 Model Y 电动车充满电后的续航里程，单位是千米。

原假设，$H_0: \mu = 350$

备择假设，$H_{A1}: \mu \neq 350$

这样的设置成为双侧检验。我们将使用样本均值 $\overline{X}$ 来检验这一声明。当样本均值 $\overline{X}$ 接近 350km，我们就不拒绝原假设。但是，如果样本均值远低于或者远高于规定的 350km，我们就拒绝原假设。$\overline{X}$ 在两个区域内时，我们会拒绝原假设，$\overline{X} \ll 350$（$\overline{X}$ 远小于 350）或 $\overline{X} \gg 350$（$\overline{X}$ 远高于 350），所以，这种检验被称为双侧检验。在这个例子中，直觉上来讲消费者只会担心平均里程 μ 低于 350 公里。消费者乐于见到平均里程高于 350 公里的情况。

如果只有 350 公里的一侧让人担心，我们可能会按下述方式设置原假设和备择假设。

原假设，$H_0: \mu = 350$

备择假设，$H_{A2}: \mu < 350$

这样的设置就是单侧检验，我们只在样本均值 $\overline{X}$ 远低于 350 公里时拒绝原假设并接受备择假设。那么对于原假设来说，就只有一个拒绝域，$\overline{X} \ll 350$，也即 $\overline{X}$ 远低于 350 公里。

那么，如果按照下述方式设定假设呢？

原假设，$H_0: \mu \geq 350$

备择假设，$H_A: \mu < 350$

这样一个合理的设置中，原假设表示平均里程不小于 350 公里。这种原假设被称为复合假设，它包含的概率分布不止一个。比如，原假设 $\mu \geq 350$ 包括 $\mu = 350$ 或 $\mu = 375$ 或 $\mu = 409.2$ 等多种情况。一个复合假设可能使得假设检验变得复杂，但幸运的是在这个例子中不会出现这种情况，因为我们只需要考虑简单假设 $H_0: \mu = 350$ 就可以了。如果原假设 $\mu = 350$ 被拒绝，那么所有满足 $\mu = M$ 且 $M \geq 350$ 的原假设都会被拒绝。

5.1.1 双侧检验

现在考虑假设的双侧检验。

第一步：阐明原假设和备择假设。

原假设，$H_0: \mu = 350$

备择假设，$H_{A1}: \mu \neq 350$

第二步：选择显著水平。

显著水平取值 $\alpha = 5\%$。换言之，如果某个事件出现的概率小于 5%，我们认为这是一个显著或者说罕见的事件。5% 这个取值本身没有什么特别的地方，有人会使用 1% 或 2% 作为显著水平。为了保证客观，我们应当在看到数据之前确定显著水平，而不是调整显著水平以得到想要的结论。

第三步：确定统计量。

我们将给 n 辆 Model Y 充满电，然后测量它们的平均里程 $X_1,X_2,\cdots,X_n$。样本均值 $\overline{X}=(X_1+X_2+\cdots+X_n)/n$ 对于总体均值 μ 是一个无偏估计量。所以很自然的，样本均值 $\overline{X}$ 可以用作检验的统计量。

第四步：构造决策规则。

在假设检验的框架中，我们在做检验时，默认原假设是有效的。我们需要在假设原假设为真的条件下，确定检验统计量的抽样分布 $\overline{X}$，也就是说，假设 $\mu=350$。如果样本量 n 足够大（$n\geqslant 30$），我们可以援引中心极限定理，认为 $\overline{X}$ 是近似于正态分布 $N\left(\mu,\dfrac{\sigma^2}{n}\right)$。其中 σ^2 是总体方差。如果总体方差是未知的，我们就用样本方差 $s^2=\dfrac{\sum_{i=1}^{n}(X_i-\overline{X})^2}{n-1}$ 来估计它。

在原假设下，$\overline{X}\sim N\left(\mu,\dfrac{s^2}{n}\right)$。如果原假设为真，那么我们从这个分布中抽取样本，计算得 $\overline{X}$ 应该接近于 μ。拒绝域由显著水平 α 决定的。这是一个双侧检验，两个拒绝域分别是远低于 μ 和远高于 μ 的值。我们将显著水平平均分成两份，每个拒绝域都与概率 $\alpha/2=2.5\%$ 有关。

因此，拒绝域是 $\overline{X}\leqslant\mu+Z_{\alpha/2}\dfrac{s}{\sqrt{n}}$ 和 $\overline{X}\geqslant\mu+Z_{1-\alpha/2}\dfrac{s}{\sqrt{n}}$，其中 $Z\sim N(0,1)$，$P(Z\leqslant Z_{\alpha/2})=\dfrac{\alpha}{2}$，$P(Z\geqslant Z_{1-\alpha/2})=\dfrac{\alpha}{2}$。在 $\alpha=5\%$ 的情况下，当 $\overline{X}\leqslant 350-1.96\dfrac{s}{\sqrt{n}}$ 或 $\overline{X}\geqslant 350+\dfrac{s}{\sqrt{n}}$ 时，根据决策规则应当拒绝原假设。

我们可以将样本平均数转换为一个标准化的 Z 值：$Z=\dfrac{\overline{X}-\mu}{\dfrac{s}{\sqrt{n}}}\sim N(0,1)$ 并将其作为一个检验统计量，其中拒绝域为 $Z\leqslant Z_{\alpha/2}=-1.96$ 和 $Z\geqslant Z_{1-\alpha/2}=1.96$。

拒绝域也被称为临界域，在标准化的情况下，± 1.96 被称为临界值。

第五步：获得实验数据并得出结论。

假设我们给 45 辆充满电的 Model Y 进行实验，发现所达到的平均里程为 344.9km，样本标准差为 18.3km。

这里 $n=45$，$\overline{X}=344.9$km 和 $s=18.3$km。拒绝域为 $\overline{X}\leqslant 344.65$ 和 $\overline{X}\geqslant 355.35$。由于 $\overline{X}=344.9$，我们不拒绝原假设。

我们也可能使用 $Z=\dfrac{\overline{X}-\mu}{s/\sqrt{n}}=\dfrac{344.9-350}{\dfrac{18.3}{\sqrt{45}}}=-1.8695$ 来做决定。Z 的拒绝域是 $Z\leqslant -1.96$ 和 $Z\geqslant 1.96$。由于 $Z=-1.8695$ 在拒绝域之外，所以不能拒绝原假设。

不拒绝原假设并不等于相信它是真的。

当不拒绝原假设时，我们有时会认为是接受原假设。尽管这两个句子在逻辑上可能是等价的,但要记住,当我们接受原假设时,并不是意味着我们相信原假设是真的,而是说目前没有足够的证据拒绝它。

图 5-2 显示了 Z 值的概率密度曲线和双侧检验拒绝域。

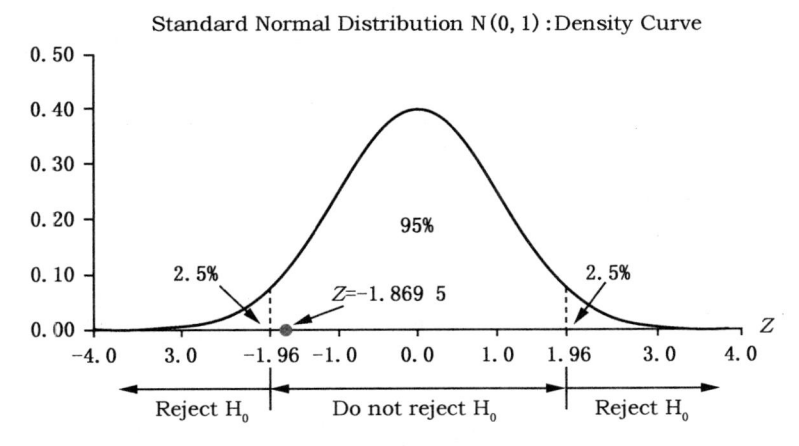

图 5-2 标准正态分布的密度曲线与 95%置信区间

(1)假设检验的 p 值

在检验中,显著水平似乎是任意选择的。如果我们在关于 Model Y 的检验中选择 7%作为显著水平,我们会拒绝原假设,因为拒绝域是 $\overline{X} \leqslant 345.06$ 和 $\overline{X} \geqslant 354.94$。为了克服显著水平选择的随意性,我们习惯于报告检验的 p 值。假设检验的 p 值是在原假设下,获得检验统计量的观察值或比统计量值更不利于原假设值的概率。在原假设 $\overline{X} \sim N\left(\mu, \dfrac{s^2}{n}\right) = N\left(350, \dfrac{18.3^2}{45}\right)$ 下,获得检验统计量为 $\overline{X}=344.9$ 或拒绝原假设的值的概率为

$$P(\overline{X} \leqslant 344.9) = P\left(\dfrac{\overline{X}-\mu}{s/\sqrt{n}} \leqslant \dfrac{344.9-350}{\dfrac{18.3}{\sqrt{45}}}\right) = P(Z \leqslant -1.869\ 5) = 0.030\ 8$$

由于这是一个双尾检验,假设检验的 p 值为 $2\times 0.030\ 8 = 6.16\%$。也就是说如果我们将显著水平设定为高于 6.16%,我们将拒绝原假设。我们看到如果 p 值低于显著水平,原假设将被拒绝。p 值越小,拒绝原假设的证据就越强。报告 p 值能让我们了解到拒绝原假设的证据的强度。

(2)假设检验和置信区间之间的联系

在关于 Model Y 电动车的里程数总体均值的假设检验中,我们使用了 45 辆汽车的样本,得到了 344.9km 的样本平均值,样本标准差为 18.3km。显著水平为 $\alpha=5\%$。我们可以用样本的数据来构建一个置信水平为 $1-\alpha=95\%$ 总体均值 μ 的置信区间。对称的 95%的置信区间的端点是

$$\overline{X} \pm Z_{\alpha/2} \times \dfrac{s}{\sqrt{n}} = 344.9 \mp 1.96 \times \dfrac{18.3}{\sqrt{45}} = 339.55 \text{ 和 } 350.25$$

因此,μ 的 95%置信区间为 $(339.55, 350.25)$。请注意 $\mu=350$ 是在这个区间内。这意味着在 5%的显著水平上,原假设的双尾检验 $\mu=350$ 将不会在 5%的显著水平上被拒绝。

另一方面，对原假设的双尾检验 $\mu=351$，在5%的显著水平上将被拒绝，因为该值 $\mu=351$ 不在置信区间内。

5.1.2 单侧检验

由于消费者关心的是里程过低而非里程过高，所以我们做单尾测试是非常合理的。

原假设，$H_0:\mu=350$

备择假设，$H_{A2}:\mu<350$

显著水平，$\alpha=5\%$

我们使用与双尾检验相同的数据集，$n=45$，$\overline{X}=344.9$ 和 $s=18.3$。

拒绝域将是 $\overline{X} \leqslant \mu + Z_\alpha \dfrac{s}{\sqrt{n}} = 350 - 1.6449 \times \dfrac{18.3}{\sqrt{45}} = 345.51$。

由于观察到的检验统计量 $\overline{X}=344.9$ 落在拒绝域内，我们拒绝原假设，接受备择假设，即 $\mu<350$。

我们也可以用 Z 值作为一个检验统计量，其中 $Z=\dfrac{\overline{X}-\mu}{s/\sqrt{n}} \sim N(0,1)$

拒绝域是 $Z<Z_\alpha=-1.6449$

根据样本数据，我们计算出 $Z=\dfrac{\overline{X}-\mu}{s/\sqrt{n}}=\dfrac{344.9-350}{\dfrac{18.3}{\sqrt{45}}}=-1.8695$。我们得出了相同的结论，即拒绝原假设。

假设检验的 p 值呢？也就是说，在原假设下，$P(\overline{X} \leqslant 344.9)$ 是多少？

回顾一下 $P(\overline{X} \leqslant 344.9) = P\left(\dfrac{\overline{X}-\mu}{s/\sqrt{n}} \leqslant \dfrac{344.9-350}{18.3/\sqrt{45}}\right) = P(Z \leqslant -1.8695) = 0.0308$。因此假设检验的 p 值是3.08%。由于 p 值小于5%的显著水平，我们可以拒绝原假设。

拒绝域、临界值和 p 值如图5-3所示。

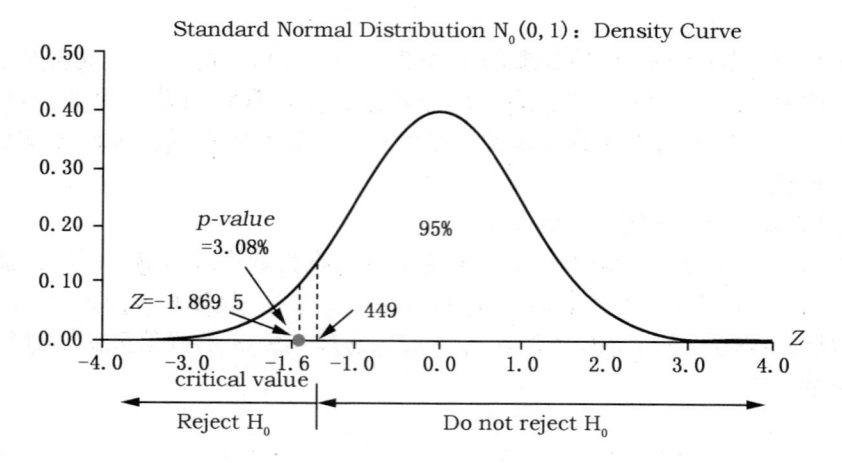

图5-3 标准正态分布与95%置信区间

让我们再次得出假设检验和总体均值 μ 的置信区间之间的联系。有了这些数据，我们就可以给 μ 构建一个单侧的置信区间，即 $(-\infty, \overline{X} + Z_{1-\alpha} \times \frac{s}{\sqrt{n}}) = (-\infty, 349.39)$。由于这个单侧置信区间不包含 $\mu = 350$，所以在 5% 的显著水平上，我们的单侧检验将拒绝原假设。

(1) 小样本处理

假设检验的过程依赖于检验统计量的抽样分布是否已知。假设收集 Model Y 电动车的数据非常昂贵或不方便，所以我们的样本量很小，只有 9 个，检验统计量还是样本均值。但因为我们不能援引中心极限定理，所以样本均值 $\overline{X}$ 的抽样分布未知。除非我们对总体做一些假设，否则我们无法继续进行下去。如果我们假设 Model Y 电动车在充满电后的里程数服从正态分布 $N(\mu, \sigma^2)$，那么我们就可以推导出假设检验统计量 $\overline{X}$ 的抽样分布。记 n 是样本大小，s 为样本标准差。那么 $T = \frac{\overline{X} - \mu}{s/\sqrt{n}} \sim t_{n-1}$ 符合自由度为 $n-1$ 的 t 分布，然后我们可以利用这一事实来进行假设检验。

(2) 小样本下的单侧检验

原假设，$H_0: \mu = 350$

备择假设，$H_{A2}: \mu < 350$

显著水平，$\alpha = 5\%$

假设 Model Y 电动车在充满电的情况下，其里程数服从正态分布 $N(\mu, \sigma^2)$。

假设我们从 9 辆车的样本中收集了以下信息：

样本大小 $n = 9$，样本均值 $\overline{X} = 346.1 \text{km}$，样本标准差 $s = 35 \text{km}$，

那么 $T = \frac{\overline{X} - \mu}{s/\sqrt{n}} \sim t_{n-1} = t_8$ 服从自由度为 8 的 t 分布。

这个单侧检验的拒绝域是 $T \leq t_8(0.05) = -1.8596$。

对于上述样本，

$$T = \frac{\overline{X} - \mu}{s/\sqrt{n}} = \frac{346.1 - 350}{35/\sqrt{9}} = -0.3343 > t_8(0.05) = -1.8596。$$

结论：不能拒绝原假设，检验的 p 值为 37.34%。

假设检验可以用于检验总体参数的假设，比如关于均值、方差或样本的四分位数，但实际上假设检验的框架也可以用于在拟合度检验中确定一个总体是否服从特定的分布。关键在于找到合适的检验统计量，这个统计量需要满足的条件是在原假设下分布已知或近似服从某个确定的分布。

5.2 假设检验

5.2.1 假设检验：两个总体均值的差

我们继续讨论 Model Y 电动车的例子。假设某个竞争公司有 Model A 电动车，并且和 Model Y 有相同的电池容量。这个竞争公司宣称 Model A 比 Model Y 有更长的平均续航里程。假设检验框架可以用于检验这样的陈述。用 μ_A 和 μ_Y 分别表示 Model A 和 Model Y

电动车充满电后的平均续航里程。

我们希望检验以下假设：

原假设，$H_0: \mu_A = \mu_Y$

备择假设，$H_A: \mu_A > \mu_Y$

显著水平，$\alpha = 5\%$

我们将收集一组 Model A 和 Model Y 的里程数，并获得两种车型的里程数的样本均值。

记 n_A 和 n_Y 分别为 Model A 和 Model Y 的观测值数量。

记 $\overline{X}_A$ 和 $\overline{X}_Y$ 分别为 Model A 和 Model Y 的里程数的样本均值。

记 s_A 和 s_Y 分别为 A 型和 Y 型汽车的样本标准差。

如果样本量都是 n_A 和 n_Y 足够大，大致上我们可以认为

$$\overline{X}_A \sim N\left(\mu_A, \frac{\sigma_A^2}{n_A}\right) \text{ 和 } \overline{X}_Y \sim N\left(\mu_Y, \frac{\sigma_Y^2}{n_Y}\right)。$$

由于样本中的观测值是相互独立的，$\overline{X}_A - \overline{X}_Y$ 将呈正态分布，即

$$\overline{X}_A - \overline{X}_Y \sim N\left(\mu_A - \mu_Y, \frac{\sigma_A^2}{n_A} + \frac{\sigma_Y^2}{n_Y}\right)$$

当两个样本的平均值独立时，有

$$\text{Var}(\overline{X}_A - \overline{X}_Y) = \text{Var}(\overline{X}_A) + (-1)^2 \text{Var}(\overline{X}_Y) = \frac{\sigma_A^2}{n_A} + \frac{\sigma_Y^2}{n_Y}$$

我们可以使用 $\overline{X}_A - \overline{X}_Y$ 作为检验统计量，或者我们可以使用 Z 值作为检验统计量，其中，

$$Z = \frac{(\overline{X}_A - \overline{X}_Y) - (\mu_A - \mu_Y)}{\sqrt{\frac{\sigma_A^2}{n_A} + \frac{\sigma_Y^2}{n_Y}}} \sim N(0,1)$$

在原假设下，$\mu_A = \mu_Y$，所以

$$Z = \frac{(\overline{X}_A - \overline{X}_Y) - (\mu_A - \mu_Y)}{\sqrt{\frac{\sigma_A^2}{n_A} + \frac{\sigma_Y^2}{n_Y}}} = \frac{\overline{X}_A - \overline{X}_Y}{\sqrt{\frac{\sigma_A^2}{n_A} + \frac{\sigma_Y^2}{n_Y}}} \sim N(0,1)$$

拒绝域由以下公式给出 $Z > Z_{1-\alpha} = Z_{0.95} = 1.6449$

假设进行了实验，实验结果如图 5-4 所示。

	模型 A	模型 Y
样本数量	32	45
样本平均里程	352.7	344.9
样本标准偏差	27.4	18.3

图 5-4 模型 A 和 Y 的样本量、样本里程和样本标准偏差

利用这些数据，我们计算出 $Z = 1.4031 < Z_{0.95} = 1.6449$，不在拒绝域内。检验的 p 值是 8.03%。

结论:证据不够充分,无法拒绝原假设。数据并不支持对手公司的说法,即 MODEL A 的平均里程数高于 MODEL Y。

5.2.2 假设检验中的错误:错误的种类

假设检验的程序如下:一旦检验统计量落在拒绝域内,原假设H_0就会被拒绝。拒绝域是在假设原假设成立的情况下构建的,检验统计量在拒绝域的概率为α。在假设检验中,我们可能会出现两种错误,即在原假设H_0有效或为真时拒绝该假设,以及当原假设H_0它不成立时未能拒绝它。这两种错误分别被称为第一类和第二类错误,如图5-5所示。

		事实	
		H_0为真	H_0为假
判断	不拒绝 H_0	正确的判断	第二类错误
	拒绝 H_0	第一类错误	正确的判断

图 5-5 第一类和第二类错误的决策矩阵

第一类错误:在原假设为真时拒绝该假设。

第二类错误:当原假设为假时,不拒绝该假设。

请注意,显著水平α是指犯第一类错误的概率。在检验假设的框架中,第一类错误通常被认为是两类错误中更严重的,因此我们设定显著水平来控制出现第一类错误的可能性。第一类和第二类错误之间有一个权衡。如果我们减少犯第一类错误的概率,我们更有可能保留原假设,即使它是假的,这意味着我们将增加犯第二类错误的概率。反之,如果我们减少了发生第二类错误的概率,我们将增加发生第一类错误的概率。提高测试有效性的方法是收集更多的观察结果,也就是拥有更大的样本。

5.2.3 假设检验:潜在的陷阱

寻找非典型样本:假设我们将检验的显著水平设定为$\alpha=5\%$。这意味着,即使原假设是真的,也有5%的可能性会被拒绝。一个好奇的研究者去测试一个真正的原假设。在很多条件下,得到了不拒绝原假设的正确结论,这些数据和尝试如果被丢弃,就没有被披露。

由于随机的机会,获得了一个非典型的样本,导致拒绝了原假设。这种拒绝被公布出来,从而给人以不正确的印象,即原假设不是真的。在5%的显著水平下,当原假设为真时,大约二十个样本或测试中有一个会导致第一类错误。

改变备择假设:假设 Model Y 电动车的制造商知道充满电后的平均里程数μ远远低于 350km。他们如何做一个测试,使他们能够保留原假设$\mu=350$km?

考虑假设检验的陈述如下。

原假设,$H_0:\mu=350$

备择假设,$H_A:\mu>350$

拒绝域被发现远高于 350。Y 电动汽车样本的里程数的样本平均值可能会低于 350km。这意味着原假设不会因为替代假设的设置方式被拒绝。

参考文献/拓展阅读

[1] Illowsky., B. & Dean, S. (2013). Introductory Statistics. OpenStax. 505-595.
[2] Triola. M. (2018). Elementary Statistics 13th ed. Pearson. chap 8.

练习题

请选择最合适的选项。

下述信息适用于习题一和习题二。

一项游泳计划旨在帮助 10 至 12 岁年龄组的儿童提高 100 米游泳的乘积。教练宣称，完成 100 米游泳所需的时间平均提高 μ 为 3 秒。为了检验原假设 $H_0:\mu=3$ 与备择假设 $H_A:\mu<3$，我们对 50 名完成该计划的游泳者进行了抽样测试。在这个样本中，平均改进 $\overline{X}$ 是 2.1 秒，样本标准差是 4.5 秒。显著水平被设定为 $\alpha=5\%$。

习题一

如果样本均值 $\overline{X}$ 作为检验统计量，这个检验的临界值是_____。

A. 1.72
B. 1.75
C. 1.95

习题二

检验的 p 值是_____。

A. 低于 6%
B. 7.86%
C. 15.73%

以下信息适用于从习题三到习题六。

一家保险公司想估计汽车损失的平均索赔金额。从 50 个索赔样本中发现，样本均值为 502 美元，样本标准差为 49 美元。从事该项目的顾问要求提供更多的数据以获得更准确的估计。第二个样本是 30 条索赔，样本平均数为 529 美元，样本标准差为 70 美元。该顾问怀疑这两个样本可能不是来自同一个总体，特别是它们来自具有不同均值的总体。用 μ_1 和 μ_2 分别表示与第一和第二样本的总体平均值。假设 $\overline{X}_1$ 和 $\overline{X}_2$ 分别表示第一和第二样本的样本平均数。用 s_1 和 s_2 分别表示第一和第二样本的样本标准差。顾问希望检验原假设 $H_0:\mu_1=\mu_2$。

习题三

鉴于所收集的数据，有三个假设：(1) $H_A:\mu_1>\mu_2$，(2) $H_A:\mu_1\neq\mu_2$，(3) $H_A:\mu_1<\mu_2$。说法中_____是正确的。

A. 只有备择假设(1)和(2)是合适的。
B. 只有备择假设(1)和(3)是合适的。
C. 只有备择假设(2)和(3)是合适的。

习题四

假设顾问测试了以下假设。

原假设:$H_0:\mu_1=\mu_2$
备择假设:$H_A:\mu_1<\mu_2$
显著水平:$\alpha=5\%$
测试的拒绝域是_____。
A. $\overline{X}_1-\overline{X}_2\leqslant-23.91$
B. $\overline{X}_1-\overline{X}_2\leqslant-25.45$
C. $\overline{X}_1-\overline{X}_2\leqslant-28.49$

习题五

假设顾问测试了以下假设。

原假设,$H_0:\mu_1=\mu_2$.

备择假设,$H_A:\mu_1\neq\mu_2$

显著水平,$\alpha=5\%$

该检验中接受原假设的取值范围是_____。
A. $-23.91<\overline{X}_1-\overline{X}_2<23.91$
B. $-25.45<\overline{X}_1-\overline{X}_2<25.45$
C. $-28.49<\overline{X}_1-\overline{X}_2<28.49$

习题六

考虑对以下假设进行检验:

原假设,$H_0:\mu_1=\mu_2$

备择假设,$H_A:\mu_1<\mu_2$

显著水平,$\alpha=5\%$

检验的 p 值是_____。
A. 7.72%
B. 5.28%
C. 3.16%

第六章　多元线性回归

学习目标

制定多元回归方程,解释系数和回归结果。

主要内容

要点

- 多元线性回归模型的一般形式为 $Y_i = b_0 + b_1 X_{1i} + b_2 X_{2i} + \cdots + b_k X_{ki} + \varepsilon_i$。
- 测试报告的 p 值越低,表示结果越显著。
- 当基本概念扩展到具有多个自变量的模型时,对简单线性模型的良好掌握使我们能够轻松地处理多无回归。
- 使用散点图对图像数据进行视觉检查可以帮助我们决定哪种方法或分析可能是合适的,它可能突出需要解决的潜在问题。
- 在使用线性回归模型预测因变量时,我们会遇到两种不确定性:一是回归模型本身的不确定性,体现在估计的标准误差上,二是对回归系数估计的不确定性。
- R^2 在自变量的数量上是非递减的,所以它作为一个多自变量回归拟合优度的衡量比在一个自变量回归中更不可靠。
- 回归分析的关键信息是总体参数的点估计和区间估计。该模型的目标是对给定 X 值的因变量 Y 进行预测。
- 线性模型可以通过比较不同的平方偏差和来进行分析,这是方差分析中的一种技术。对于简单线性模型,检验自变量是否在模型中发挥了显著的作用,相当于在方差分析框架中进行假设检验。
- 检验回归模型的残差或误差项是一个必要的步骤。残差可能揭示线性模型未能捕获到的进一步信息或结构。
- 如果回归显示显著的条件异方差,则回归程序计算的标准误差和检验统计量将是错误的,除非它们被调整为异方差。
- 在多重共线性的情况下,即使根据 f 统计量判断整体回归是显著的,回归系数也可能不是单个统计显著的。
- 如果一个回归是错误指定的,那么使用 OLS 的统计推断是无效的,估计的回归系数可能不一致。

重点名词
- 线性相关:测量由两个变量组成的坐标点在一条直线上的紧密程度。
- 置信区间:在统计学中,置信区间是根据观测数据的统计值计算出来的一种估计。这提出了一个未知参数的合理值的范围(例如,平均值)。
- 可决系数:在预测一个给定事件的结果时,考察一个变量的差异如何能用第二个变量的差异来解释的一种统计测量方法。
- 残差:因变量(y)的观测值与预测值($\hat{y}$)的差称为残差(e),每个数据点都有一个残差。
- 显著性水平:当原假设为真时,拒绝原假设的概率。例如,0.05 的显著性水平表明,当没有实际差异时,有 5% 的风险得出存在差异的结论。

多元线性回归是一种使用多个解释变量来预测一个被解释变量结果的统计技术。多元回归是线性回归或普通最小二乘(OLS)回归的延伸,它只使用一个解释变量。

6.1 线性回归模型

在许多应用中,线性模型是一个流行的工具。我们研究它的框架和潜在假设,以及学习如何估计模型的参数和量化预测的误差。

当线性模型运作良好时,它们是有效的工具。因此,我们需要知道它们何时适用,以及我们可以使用什么工具来做出最好的推断和预测。

线性模型研究自变量 $X^1, X^2, \cdots, X^k$ 与因变量 Y 之间的关系。人们认为,Y 与变量 $X^1, X^2, \cdots, X^k$ 有关,或以线性方式 $Y = \beta_0 + \beta_1 X^1 + \beta_2 X^2 + \cdots + \beta_k X^k + \varepsilon$ 依赖于变量,即其中的常数 $\beta_0, \beta_1, \beta_2, \cdots, \beta_k$ 可以从观察样本中估计出来,ε 是一个随机误差。例如,一个工人的收入 Y 可能取决于受教育水平 X^1、相关的工作经验 X^2 和其他因素。对于一个给定的线性模型,下面是我们感兴趣的问题。

(1)线性模型有效吗?也许这种关系最好用非线性函数来描述。
(2)我们如何衡量线性模型的有效性?
(3)我们如何估计参数 $\beta_0, \beta_1, \cdots, \beta_k$ 并量化估计中的误差?
(4)我们如何判断一个因素或变量 X^i 是否与模型相关?即系数 β_i 是否显著地异于 0?
(5)我们如何得到 Y 的预测 $E(Y)$ 或区间估计?
(6)与此方法相关的一些困难是什么?

我们从最简单的有一个自变量的模型开始,用它来说明参数估计的过程,直到量化因变量的预测误差。

当基本概念扩展到具有多个自变量的模型时,对简单线性回归模型的良好掌握使我们能够轻松地处理多元回归。

假设我们对一个工人的收入感兴趣。在没有得到任何关于该工人的信息的情况下,使估计的均方误差最小的最佳猜测是工作人口的平均收入。我们能否通过使用一些关于该工人的信息来改进我们的估算,比如该工人所受的正规教育年限?表 6-1 中考虑了 10 个工人的数。

表 6-1　　　　　　　　　　　受教育年限与工人年收入

数据点	教育水平, X	年收入(千美元), Y
1	7.0	0
2	9.5	129
3	15.0	150
4	10.5	107
5	9.5	81
6	18.5	181
7	3.5	26
8	11.5	86
9	16.5	105
10	5.0	78
	$\overline{X}=10.65$	$\overline{Y}=94.3$

在数据集中，工人们接受正规教育的平均年数是 10.65 年，平均年收入是 94 300 美元。在不了解一个工人的教育背景的情况下，从数据集（样本）中选择一个工人的年收入估计将是 94 300 美元。如果使用另一个估计，比如 $P\$$，那么很容易得到 $\sum_{i=1}^{n}(Y_i-94\,300)^2 \leqslant \sum_{i=1}^{n}(Y_i-P)^2$。

6.1.1　样本相关系数

我们定义了样本相关性，并从一组数据中计算它。

线性相关的测量是由两个变量组成的坐标点围绕在一条直线上的紧密程度。

为了查明使用接受正规教育的年数是否可以帮助我们提高对年收入的估计，我们计算了这两个变量 X、Y 之间的相关性。为此，我们首先计算 X 和 Y 的样本方差以及它们的协方差如下。

X 的样本方差

$$s_x^2 = \frac{\sum_{i=1}^{n}(X_i-\overline{X})^2}{n-1}。$$

其中 n 为样本量

$$\overline{X} = \frac{X_1+\cdots+X_n}{n}。$$

Y 的样本方差

$$s_y^2 = \frac{\sum_{i=1}^{n}(Y_i-\overline{Y})^2}{n-1}。$$

其中 n 为样本量

$$\overline{Y} = \frac{Y_1 + \cdots + Y_n}{n}。$$

X 和 Y 的样本协方差

$$s_{xy} = \frac{\sum_{i=1}^{n}(X_i - \overline{X})(Y_i - \overline{Y})}{n-1}。$$

表 6－2 总结了 X 和 Y 的样本方差和 XY 的样本协方差。

表 6－2   X 和 Y 的样本方差和 XY 的样本协方差

数据点	教育程度,X	年收入,(千美元)Y	$(X_i - \overline{X})^2$	$(Y_i - \overline{Y})^2$ (1 000 000)×	$(X_i - \overline{X})(Y_i - \overline{Y})$ (1 000)×
1	7.0	0	13.32	8 892.49	344.20
2	9.5	129	1.32	1 204.09	−39.91
3	15.0	150	18.92	3 102.49	242.30
4	10.5	107	0.02	161.29	−1.91
5	9.5	81	1.32	176.89	15.30
6	18.5	181	61.62	7 516.89	680.60
7	3.5	26	51.12	4 664.89	488.35
8	11.5	86	0.72	68.89	−7.05
9	16.5	105	34.22	114.49	62.60
10	5.0	78	31.92	265.69	92.10
	$\overline{X} = 10.65$	$\overline{Y} = 94.3$	$s_x^2 = 23.84$	$s_y^2 = 2\,907$	$s_{xy} = 208.51$

数据集的样本协方差,$\sigma_{xy} = 208\,510$,这个数字受到用来测量尺度的影响。我们对协方差进行标准化处理,方法是将协方差除以 X 和 Y 的标准差之积,从而得到 X 和 Y 之间的相关性。

X 和 Y 之间的样本相关性定义为 XY

$$\rho = \frac{s_{xy}}{\sqrt{s_x^2 \times s_y^2}} = \frac{208\,506}{\sqrt{23.84 \times 2\,907\,566\,667}} = 0.792\,0$$

注:对于两个随机变量 A 和 B,A 和 B 的协方差定义为

$$\text{covariance}(A,B) = E(AB) - E(A)E(B)$$

A 和 B 之间的相关性定义为

$$\text{correlation}(A,B) = \frac{\text{covariance}(A,B)}{\sqrt{\sigma_A^2 \sigma_B^2}}$$

其中,σ_A^2,σ_B^2 分别为 A 和 B 的方差。

注意,上述定义是对称的,因为 X 和 Y 之间的相关性与 Y 和 X 之间的相关性是相同的。ρ 这个量被称为线性相关系数或皮尔逊相关系数。相关系数是两个不同变量之间关系强弱的指标。相关性 ρ 的范围从 −1 到 1(包括 −1 和 1)。

正相关（相关系数大于0）表示两个变量向同一方向移动。当$\rho=+1$时，表示被比较的两个变量有一个完全的正关系；当一个变量移动得更高或更低时，另一个变量以相同的幅度向相同的方向移动。当相关系数小于0时，出现负相关（逆相关）。这表明两个变量朝着相反的方向移动。当$\rho=-1$时，称为完全负相关。

最后，相关系数为0表示正在比较的两个变量之间没有关系。在这个例子中，0.792的相关性比较高。那些谨慎的人可能希望对假设进行检验，使他们能够得出ρ与0显著不同的结论。中等高度的相关性意味着，可以通过考虑工人所受教育的年数来解释样本中从0美元到18.1万美元的年收入的大量变化。换言之，知道一个工人受教育的年数，可以让我们更好地估计工人的收入。我们如何用受教育年数X来估计年收入Y？

6.1.2 散点图

图像数据的视觉检查可以帮助我们决定哪种方法或分析可能是适当的，它可能突出需要解决的潜在问题。目测数据集让我们识别出可以进一步研究或测试的特征或关系。

散点图用于分析两组连续数据之间的关系模式。散点图可以直观地显示变量之间关系的强度、形式、方向、关联的强度或异常值的存在。

在继续之前，看看散点图中的数据是很有用的。图6—1说明了年收入与受教育年数之间的关系。

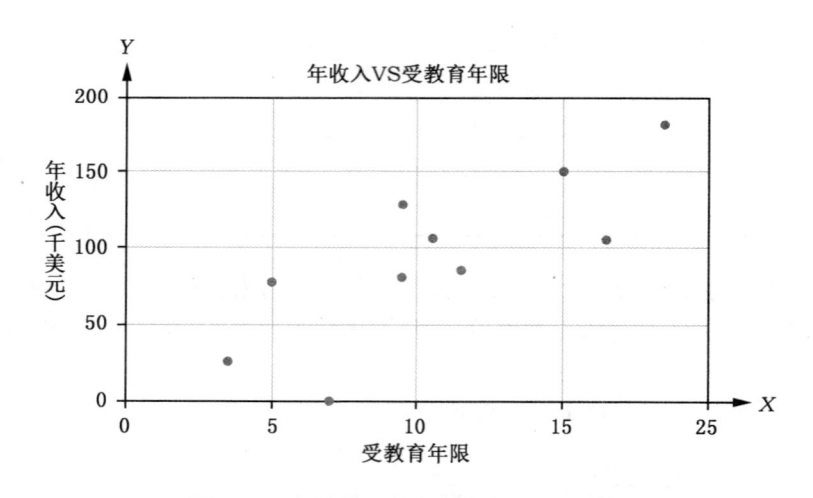

图6—1 年度收入与受教育年限的散点图

我们可以看到这两个变量之间是正相关的。请注意，习惯上是将自变量或预测变量放在横轴上，因变量放在纵轴上。在这种情况下，我们可以选择相信受教育年限与工人的收入呈正相关。研究这种关系可能有几个动机。一个人力资源经理可能会对利用一个候选人的受教育水平来为潜在的新雇员提供薪水感兴趣。公务员研究人员可能有兴趣知道，每多受一年教育能给工人带来多少收入，以证明增加教育经费是合理的。

图6—2显示了零相关和负相关之间的差值。左边的图表显示了一个数据点图，其中变量的相关性为零。我们看到，绘制的"最佳"线以拟合数据点具有零梯度。

右边的图表显示了一个数据集，其中两个变量呈负相关。我们看到大的值X与小的值

相关系数=0 相关系数=-0.21

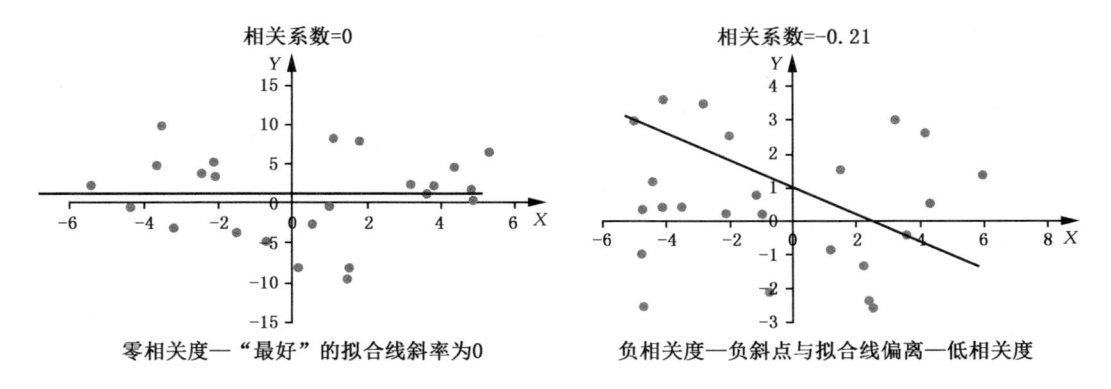

零相关度—"最好"的拟合线斜率为0　　负相关度—负斜点与拟合线偏离—低相关度

图 6—2　零相关和负相关的图解

Y 相对应,反之亦然。-0.21 的相关性被认为是相对较低的,因为数据点远离任何通过它们绘制的线。

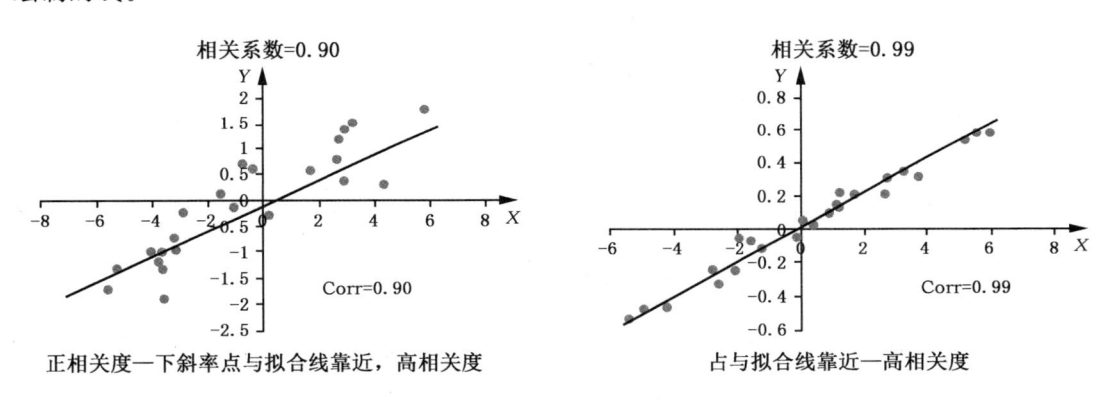

相关系数=0.90 相关系数=0.99

Corr=0.90　　Corr=0.99

正相关度—下斜率点与拟合线靠近,高相关度　　点与拟合线靠近—高相关度

图 6—3　正相关的图解

图 6—3 描绘了两个关于正相关关系的图解。左边的图表显示了一个数据集,其中两个变量具有高度正相关。右边的图表显示了一个相关近乎完美的数据集。两个变量是完全正相关的。如果相关系数为-1,则为负相关。与左边的图表相比,这里的点更紧密地排列在直线上。这就是相关性所衡量的。数据点在"最佳"线周围排列的紧密程度。它们越接近一条带正数的线。斜率为负时,相关性越接近于-1。注意,只要斜率不为零,直线的陡度并不重要。如果所有的点都在一条线上,相关性将是完美的,如果斜率是正(负),即 1(-1)。

下面再来看看非线性关系和异常值。

考虑图 6—4 中的散点图。在散点图 1 中,X、Y 之间的相关性为 0。这是一个相关性为零的例子,但我们可以辨别 X、Y 之间的一些模式或关系,即所有散点都在一个圆上。在散点图 2 中,X、Y 与有 0.61 的正相关。你认为这里的关系是线性的吗?也就是说,用一条直线来对应这些点是否合理?

在图 6—5 中,我们对这些散点拟合了一条多项式曲线。看起来合理吗?请注意,在左下角有一个点远离回归曲线。如果没有这个点,回归曲线可能会沿着灰色虚线所表示的路径。

离群值会扭曲相关计算,使我们认为存在强相关性,而现实中并不存在强相关性,反之

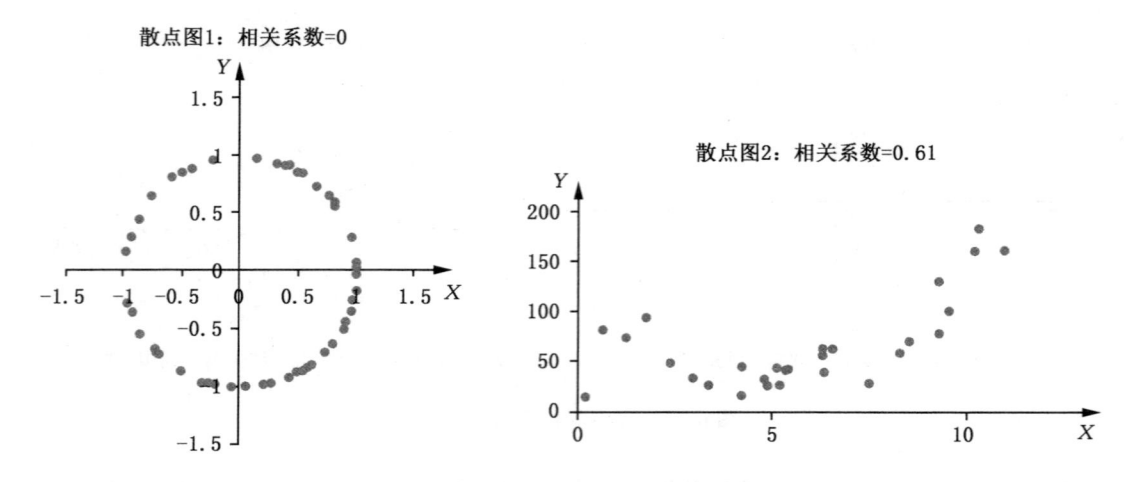

图 6—4　零相关和正相关散点图

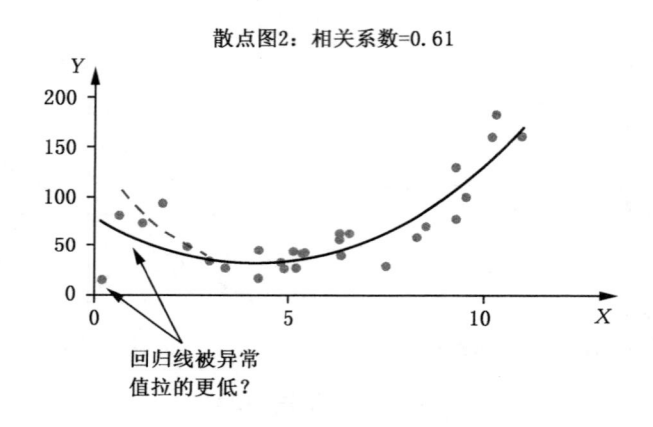

图 6—5　正相关散点图的多项式回归曲线

亦然。离群值对于回归分析也有很大的难度,因为它们对回归直线或曲线的斜率有很大的影响。如果异常值是由于粗心的数据收集造成的,或者它们是一万亿次中的一次(10^{12}),那么它们就可以被忽略。但如果异常值是分布的一个特征,那么我们应该保留它们。简言之,我们应该在决定选择什么模型之前认真地看一看。

6.1.3　最小二乘回归直线

我们现在描述为什么选择最小二乘回归模型来最小化残差平方和,而不是最小化其他距离平方和,比如到直线的垂直距离。

最小二乘回归线的设计是为了获得一个良好的预测因变量。

回到收入和受教育数据集,这两个变量之间的线性关系似乎是合理的。我们应该用哪种线性关系或直线来表示?由于最小平方误差是比较估计值的常用标准,因此,通常采用拟合一条线来最小化图 6—6 所示的各点到该线的垂直距离的平方和。

年收入VS受教育年限

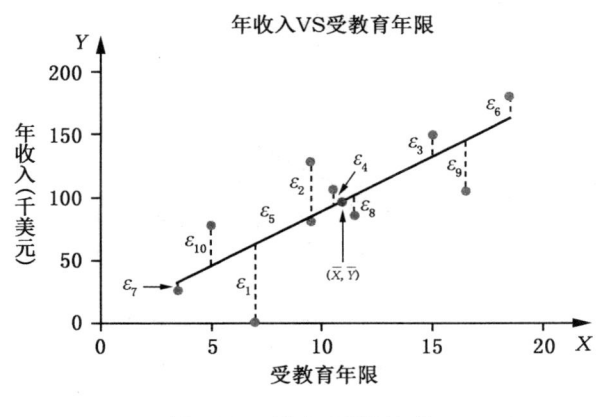

图 6-6 最小二乘回归线

回归线的选择使误差的平方和 $\sum_{i=1}^{n}\varepsilon_i^2$ 是最小的。这被称为最小二乘回归线。注意，由样本均值 $(\overline{X},\overline{Y})$ 组成的点位于这条直线上。最小二乘回归线具有误差和为零的性质，即 $\sum_{i=1}^{n}\varepsilon_i=0$。

回归线方程为 $Y=\hat{\beta}_0+\hat{\beta}_1 X$

$$\hat{\beta}_1=\frac{s_{xy}}{s_x^2}=\frac{208\,506}{23.84}=8\,747.5$$

$$\hat{\beta}_0=\overline{Y}-\hat{\beta}_1\overline{X}=94\,300-8\,747.47\times 10.65=1\,139.5$$

注意，$\hat{\beta}_1$ 是回归线斜率的最小二乘估计，$\hat{\beta}_0$ 是截距的最小二乘估计。

根据最小二乘回归线，一位人力资源经理估计一个受过12年教育的工人的年收入为 $Y=1\,139.5+8\,747.5X$

$\hat{Y}=1\,139.5+8\,747.5\times 12=\$106\,109.50$。

利用回归方程，政策分析师可以得出结论：每多受一年教育，工人的年收入平均增加8 747.50美元。注意，由于许多点不在直线上，所以预测是平均值。

(1) 可决系数 R^2

我们想了解为什么可决系数是线性模型的有用性及其与线性相关的关键指标，一个重要的结果是可决系数越高，因变量的预测误差则越低。

如果我们用回归线来预测年收入，我们会得到多少改善？如果我们不使用，那么我们的估计值 Y 就是样本均值 $\overline{Y}=\$94\,300$。总平方和(TSS)测量因变量 Y 的总变异，它被定义为 Y_i 与样本均值 $\overline{Y}$ 之间的差的平方和，$TSS=\sum_{i=1}^{n}(Y_i-\overline{Y})^2$。图 6-7 给出了误差平方和、总平方和及残差平方和的关系。

回归平方和 $RSS=\sum_{i=1}^{n}(\hat{Y}_i-\overline{Y})^2$ 是由回归模型解释的变异量。在一些书中，这被写成SSR，表示回归的平方和。这个量也被称为模型平方和(MSS)或解释平方和(ESS)。RSS越

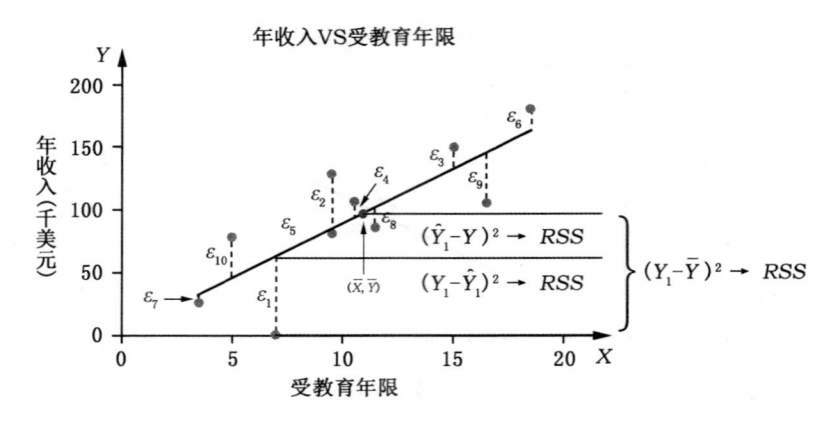

图 6-7 误差平方和、总平方和及残差平方和的说明

大,模型能够解释 Y 的变化量就越大。

误差平方和 $SSE = \sum_{i=1}^{n}(Y_i - \hat{Y}_i)^2 = \sum_{i=1}^{n}\varepsilon_i^2$ 是因变量 Y 中未被回归模型解释的变异量。SSE 是通过对残差的平方和计算的。$(Y_i - \hat{Y}_i)$ 残差为实际观测值与回归线预测值之间的误差。有时这个量被称为残差平方和我们用缩写 RSS 来表示回归平方和。当你阅读不同的关于回归的书籍时,请仔细检查缩写如 TSS,SST,RSS,MSS,ESS 和 SSE 的定义。

注意方程 $Y_i - \overline{Y} = (\hat{Y}_i - \overline{Y}) + (Y_i - \hat{Y}_i)$ (*)。对方程(*)两边同时平方然后求和可得 $\sum_{i=1}^{n}(Y_i - \overline{Y})^2 = \sum_{i=1}^{n}(\hat{Y}_i - \overline{Y})^2 + \sum_{i=1}^{n}(Y_i - \hat{Y}_i)^2$。

最后一个方程不能直接从方程(*)推导出来,必须进行正式检查。利用该结果,TSS 可以写成图中 RSS 和 SSE 两个分量之和。

总变异,TSS = 已解释变异 + 未解释变异 = RSS + SSE。

让我们考虑数据集中的值。我们使用回归线来估计数据集中 Y 的值,如表 6-3 所示。

表 6-3　　　　　　　　　　总平方和及误差平方和

数据点	受教育年限 X	年收入 (千美元)Y	估计 = $\overline{Y}$ $(Y_i - \overline{Y})^2$ (1 000 000)×	$\hat{Y}_i = \hat{\beta}_0 + \hat{\beta}_1 X$. (千美元)	估计 = $\hat{Y}_i$ $(Y_i - \hat{Y}_i)^2$ (1 000 000)×
1	7.0	0	8 892.49	62.37	3 890.24
2	9.5	129	1 204.09	84.24	2 003
3	15.0	150	3 102.49	132.35	311.47
4	10.5	107	161.29	92.99	196.34
5	9.5	81	176.89	84.24	10.50
6	18.5	181	7 516.89	162.97	325.17
7	3.5	26	4664.89	31.76	33.13

续表

数据点	受教育年限 X	年收入（千美元）Y	估计=$\overline{Y}$ $(Y_i-\overline{Y})^2$ (1 000 000)×	$\hat{Y}_i=\hat{\beta}_0+\hat{\beta}_1 X.$ （千美元）	估计=$\hat{Y}_i$ $(Y_i-\hat{Y}_i)^2$ (1 000 000)×
8	11.5	86	68.89	101.74	247.60
9	16.5	105	114.49	145.47	1 638.04
10	5.0	78	265.69	44.88	1 097.14
	$\overline{X}=10.65$	$\overline{Y}=94.3$	TSS=26 168.10	平均=94.3	SSE=9 753.04

由表 6-3 可知,TSS=26 168.10×10^6 误差平方和 SSE=9 753.04×10^6。这意味着该模型所解释的变化量为

$$RSS=TSS-SSE=26\ 168.10\times 10^6-9\ 753.04\times 10^6=16\ 415.06\times 10^6$$

回归模型所解释的总变异在总变异中所占的比例称为可决系数,通常表示为 R^2。在这个例子中,可决系数

$$R^2=\frac{TSS-SSE}{TSS}=\frac{16\ 415.06\times 1\ 000\ 000}{26\ 168.10\times 1\ 000\ 000}=0.627\ 3$$

回归模型可占 Y 总变异量的 62.73%。如果 $R^2=0.6273$,R 值是多少?$R=\sqrt{0.6273}=0.7920$。这个数字看起来眼熟吗?是的,0.7920 是与我们之前计算的样本相关系数。X、Y 之间的相关性越高,回归模型所能解释的总变异比例就越高。

（2）调整 R^2

接下来,我们将解释定义调整项的基本原理以及如何计算调整 R^2。使用调整系数的一个关键理由是,因素或自变量越多,决定系数的折算幅度就越大。

一般来说,当更多的自变量（与现有的变量不是 100% 完全相关的）加入线性方程模型时,即使这些新变量可能是无关的,对解释或预测因变量没有用处,其值也会上升。例如在表 6-4 中,我们添加了一个变量 V,它在收入-受教育数据集中随机取 1 或 -1。

表 6-4　　　　　　　　　　　　　伪变量和调整的 R^2

数据点	多年的教育,X	变量 V	年收入（千美元）,Y
1	7.0	1	0
2	9.5	-1	129
3.	15.0	1	150
4	10.5	-1	107
5	9.5	1	81
6	18.5	-1	181
7	3.5	-1	26
8	11.5	-1	86
9	16.5	1	105
10	5.0	1	78
	$\overline{X}=10.65$	$\overline{V}=0$	$\overline{Y}=94.3$

我们考虑回归模型
$$Y=\beta_0+\beta_1 X+\beta_2 V+\varepsilon$$
参数的最小二乘估计
$$\hat{\beta}_0=1.41, \hat{\beta}_1=8.72, \hat{\beta}_2=-11.06$$

该模型的 R^2 值为 0.6741，高于单变量回归。回想一下，作为单一预测变量的模型有 $R^2=0.6273$。尽管新变量是一个与年收入无关的随机量，但数值还是会上升。为了惩罚包含更多的变量，调整后 R^2 的计算如下。

调整后，
$$R^2, R^2_{adj}=1-\frac{n-1}{n-k-1}(1-R^2)。$$

其中 n 为观测数或数据点数，k 为不含该常数 β_0 的自变量数。

调整 R^2，对于只有一个自变量的模型，
$$R^2_{adj}=1-\frac{10-1}{10-1-1}(1-R^2)=0.5807$$

调整 R^2，对于有两个自变量的模型，
$$R^2_{adj}=1-\frac{10-1}{10-2-1}(1-R^2)=0.5809$$

表 6-5 描述了计算得到的 R^2 和调整 R^2。

表 6-5　　　　　　　　　　　　　R^2 R 和调整^2

自变量个数	R^2	调整R^2
一个, X	0.6273	0.5807
两个, X、V	0.6741	0.5809

在这个例子中，我们看到调整没有帮助太多，因为有不相关自变量 V 的更大的模型仍然有更高的调整 R^2。

6.1.4　一个自变量线性模型的假设

重要的是要知道模型的基础假设，以预测在实践中可能违反的假设。主要的假设是关于线性关系的有效性、误差的性质以及它们与自变量的关系。

在只有一个自变量的线性模型中，因变量满足线性关系，可以写成
$$Y=\beta_0+\beta_1 X+\varepsilon$$
其中，β_0、β_1 是常数，ε 是误差项，参数 β_1 为回归线的斜率，β_0 为回归线的截距。

对模型的分析通常采用以下假设。

● 因变量与自变量之间是线性关系，其中，参数 β_0、β_1 被假定为固定不变的常数。

● 自变量在观察样本中有两个或两个以上的值。这是为了避免多重共线性的问题。这个假设被称为识别条件。

● 对于每个值 X，误差项 ε 的平均值为零，方差 σ^2。即 $E(\varepsilon|X)=0$，$\text{variance}(\varepsilon|X)=\sigma^2$。

● 通过观察，误差项是不相关的。也就是说，ε_i、ε_j 之间的相关性为 0 ($i \neq j$)。假设误差项是独立的，可以加强这一假设。

- 对于重复样本,假设自变量 X 的值是固定的。但是,当 X 为随机变量时,仍然可以进行分析。无论是随机的还是固定的,值的生成方式都没有关系。
- 误差项为正态分布,$\varepsilon \sim N(0, \sigma^2)$。这一假设对于线性模型的参数估计或分析是不必要的。在样本量较小的情况下,采用它是为了使假设的检验更容易。

6.1.5 参数 β_0、β_1 的置信区间估计

回归模型的关键信息是总体参数的点估计和区间估计。该模型的目标是对给定值 X 的因变量 Y 进行预测。对参数进行估计,使基于数据集的预测中误差平方和最小。这些被称为最小二乘估计量。

对于给定的线性模型 $Y = \beta_0 + \beta_1 X + \varepsilon$,我们通常从数据点的样本中,使用残差或误差平方和最小化的准则来估计参数 β_0、β_1。这些估计称为最小二乘估计,它们有以下两个性质。

(1)最小二乘估计量和线性估计量 $\hat{\beta}_0$、$\hat{\beta}_1$ 都可以表示为的值 Y 的线性组合。我们可以这样写:

$$\hat{\beta}_1 = \frac{s_{xy}}{s_x^2} = \sum_{i=1}^{n} \left(\frac{X_i - \overline{X}}{\sum_{i=1}^{n}(X_i - \overline{X})^2} \right) Y_i$$

和

$$\hat{\beta}_0 = \overline{Y} - \hat{\beta}_1 \overline{X} = \sum_{i=1}^{n} \left[\frac{1}{n} - \left(\frac{X_i - \overline{X}}{\sum_{i=1}^{n}(X_i - \overline{X})^2} \right) \overline{X} \right] Y_i$$

(2)$E(\hat{\beta}_0) = \beta_0$、$E(\hat{\beta}_1) = \beta_1$ 和都是 $\hat{\beta}_0$、$\hat{\beta}_1$ 无偏估计量。

最小二乘估计量和线性估计量是最好的线性无偏估计量(BLUE),因为它们在所有无偏线性估计量中具有最小的均方误差。$\hat{\beta}_0 \hat{\beta}_1$ 注意,我们正在比较无偏估计量。在某些情况下,一些有偏估计量可能具有较低的均方误差。如果 $\hat{\theta}$ 是参数 θ 的估计量,则均方误差 MSE($\hat{\theta}$)可写成 MSE($\hat{\theta}$) = $E(\hat{\theta} - \theta)^2 = E(\hat{\theta} - E(\hat{\theta}))^2 + (E(\hat{\theta}) - \theta)^2 = \text{variance}(\hat{\theta}) + (\text{bias})^2$。

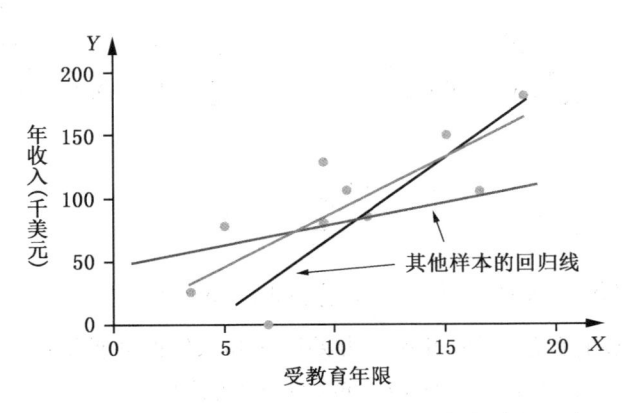

图6—8 不同回归线:工人受教育年限与年收入之比

如果有偏估计量的方差很小,且其偏差不太大,则其均方误差比无偏估计量小。

对于收入—受教育数据集,参数的最小二乘估计数是$\hat{\beta}_0=1\,139.5$和$\hat{\beta}_1=8\,747.5$。这些是点估计,使用另一个样本,我们将获得不同的估计,如图6—8所示。

为了得到这些参数的置信区间的估计值,让我们假设误差是独立的,并遵循均值为零和方差σ^2的正态分布$\varepsilon_i \sim N(0,\sigma^2)$。在误差项的假设下,可以证明估计量的方差为

$$\text{variance}(\hat{\beta}_0) = \left[\frac{1}{n} + \frac{(\overline{X})^2}{\sum_{i=1}^{n}(X_i-\overline{X})^2}\right]\sigma^2$$

和

$$\text{variance}(\hat{\beta}_1) = \frac{\sigma^2}{\sum_{i=1}^{n}(X_i-\overline{X})^2}$$

如果我们知道,那么用上面的方程来计算估计量的方差是很容易的。因为我们通常不知道,所以我们利用了σ^2。

$$\frac{\sum_{i=1}^{n}\varepsilon_i^2}{\sigma^2} \sim \chi^2(n-2)$$

$$\hat{\sigma}^2 = \frac{\sum_{i=1}^{n}\varepsilon_i^2}{n-2}\sigma^2$$

注意,这是$\hat{\sigma}^2$依赖于$\hat{\beta}_0$和$\hat{\beta}_1$作为残差ε_i计算的基础上的回归线$Y=\hat{\beta}_0+\hat{\beta}_1 X$。这是模型相关评估的一个例子。$\text{SSE}=\sum_{i=1}^{n}\varepsilon_i^2$,有自由度$n-2$,我们估计了两个参数$\beta_0$和$\beta_1$。估计量$\hat{\sigma}^2$是无偏的,即

$$E(\hat{\sigma}^2) = \sigma^2$$

我们估计的$\hat{\beta}_0$、$\hat{\beta}_1$标准偏差或标准误差为

$$\text{se}(\hat{\beta}_0) = \sqrt{\left[\frac{1}{n} + \frac{(\overline{X})^2}{\sum_{i=1}^{n}(X_i-\overline{X})^2}\right]\hat{\sigma}^2} = \sqrt{\left[\frac{1}{n} + \frac{(\overline{X})^2}{\sum_{i=1}^{n}(X_i-\overline{X})^2}\right]\frac{\sum_{i=1}^{n}\varepsilon_i^2}{(n-1)}}$$

和

$$\text{se}(\hat{\beta}_1) = \sqrt{\frac{\hat{\sigma}}{\sum_{i=1}^{n}(X_i-\overline{X})^2}} = \sqrt{\frac{\sum_{i=1}^{n}\varepsilon_i^2}{(n-2)\sum_{i=1}^{n}(X_i-\overline{X})^2}}$$

让我们计算参数的置信区间,并区分方差已知和未知的两种情况。

(1) 误差项是正态分布$\varepsilon \sim N(0,\sigma^2)$的,且方差已知

$$\hat{\beta}_1 \sim N\left(\beta_1, \frac{\sigma^2}{\sum_{i=1}^{n}(X_i-\overline{X})^2}\right)$$

$$\hat{\beta}_0 \sim N\left(\beta_0, \left[\frac{1}{n} + \frac{(\overline{X})^2}{\sum_{i=1}^{n}(X_i - \overline{X})^2}\right]\sigma^2\right)$$

参数的置信区间为 $(1-\alpha)\beta_0$

$$\left(\hat{\beta}_0 - Z_{\alpha/2}\sqrt{\left[\frac{1}{n} + \frac{(\overline{X})^2}{\sum_{i=1}^{n}(X_i - \overline{X})^2}\right]\sigma^2}, \hat{\beta}_0 + Z_{\alpha/2}\sqrt{\left[\frac{1}{n} + \frac{(\overline{X})^2}{\sum_{i=1}^{n}(X_i - \overline{X})^2}\right]\sigma^2}\right)$$

回想一下对于标准正态随机变量。$Z \sim N(0,1) P(Z < |Z_{\alpha/2}|) = 1 - \alpha$

参数的置信区间为 $(1-\alpha)\beta_1$

$$\left(\hat{\beta}_1 - Z_{\alpha/2}\sqrt{\frac{\sigma^2}{\sum_{i=1}^{n}(X_i - \overline{X})^2}}, \hat{\beta}_1 + Z_{\alpha/2}\sqrt{\frac{\sigma^2}{\sum_{i=1}^{n}(X_i - \overline{X})^2}}\right)$$

(1) 误差项为正态分布 $\varepsilon \sim N(0, \sigma^2)$,方差未知

我们用估计量 $\hat{\sigma}^2 = \dfrac{\sum_{i=1}^{n}\varepsilon_i^2}{n-2}$ 来估计方差 σ^2。当我们估计方差时,参数的相关分布将是自由度 $n-2$ 的 t 分布。

参数的水平置信区间为 $(1-\alpha)\beta_0$

$$\left(\hat{\beta}_0 - t_{n-2,\alpha/2}\sqrt{\left[\frac{1}{n} + \frac{(\overline{X})^2}{\sum_{i=1}^{n}(X_i - \overline{X})^2}\right]\hat{\sigma}^2}, \hat{\beta}_0 + t_{n-2,\alpha/2}\sqrt{\left[\frac{1}{n} + \frac{(\overline{X})^2}{\sum_{i=1}^{n}(X_i - \overline{X})^2}\right]\hat{\sigma}^2}\right),$$

对于一个自由度为 $n-2$ 的 t 分布的随机变量 $T \sim t_{n-2}, P(T < |t_{n-2,\alpha/2}|) = 1 - \alpha$

参数的水平置信区间为 $(1-\alpha)\beta_1$

$$\left(\hat{\beta}_1 - t_{n-2,\alpha/2}\sqrt{\frac{\hat{\sigma}}{\sum_{i=1}^{n}(X_i - \overline{X})^2}}, \hat{\beta}_1 + t_{n-2,\alpha/2}\sqrt{\frac{\hat{\sigma}}{\sum_{i=1}^{n}(X_i - \overline{X})^2}}\right)。$$

对于收入-教育数据集,让我们推导出参数 β_0、β_1 的 95% 置信区间。我们有

$$\hat{\sigma}^2 = \frac{\sum_{i=1}^{n}\varepsilon_i^2}{n-2} = 1\,219.13 \times 10^6, \sum_{i=1}^{n}(X_i - \overline{X})^2 = 214.53, \overline{X} = 10.65,$$

$\alpha = 0.05, t_{8,0.025} = 2.306\,0$。

使用上述数字,参数 β_0 的 95% 置信区间是 $(-62\,703, 64\,982)$。

该参数 β_1 的 95% 置信区间为 $(3\,250, 14\,245)$。

我们能从这些置信区间中得出什么结论呢?

人们关心的一个问题是,受教育年限是否会对收入产生影响?也就是说,模型中的斜率 β_1 是否显著不同于 0?

检验假设等同于构造置信区间。β_1 对称 95% 的置信区间是 $(3\,250, 14\,245)$,它不包含值 0。我们可以得出结论,在 5% 显著性水平上的原假设 $\beta_1 = 0$ 的双尾检验将拒绝原假设,以支持显著 β_1 不同于 0 的结论。

关于 β_0 呢？$\beta_0=0$ 可能与数据集一致吗？如果我们在 5% 显著性水平下对原假设进行双尾检验，我们将发现原假设 $\beta_0=0$ 没有被拒绝，因为值 0 在对称的 95% 的置信区间 $(-62\,703.30, 64\,982.30)$ 中被发现。

注意，我们为参数 β_0、β_1 构造的置信水平都是 95%，β_0 置信区间的长度是 β_1 的 11 倍。这说明 β_0 在估计中存在更大的不确定性。

表 6—6 总结了最小二乘估计的性质。

表 6—6　　　　　　　　　　　　最小二乘估计的性质

参数	截距参数 β_0	斜率参数 β_1
最小二乘估计量	$\hat{\beta}_0 = \overline{Y} - \left(\dfrac{\sum_{i=1}^{n}(X_i-\overline{X})Y_i}{\sum_{i=1}^{n}(X_i-\overline{X})^2}\right)\overline{X}$	$\hat{\beta}_1 = \dfrac{\sum_{i=1}^{n}(X_i-\overline{X})Y_i}{\sum_{i=1}^{n}(X_i-\overline{X})^2}$
均值	$E(\hat{\beta}_0)=\beta_0$ 无偏估计量	$E(\hat{\beta}_1)=\beta_1$ 无偏估计量
方差	$\mathrm{var}(\hat{\beta}_0)=\left[\dfrac{1}{n}+\dfrac{(\overline{X})^2}{\sum_{i=1}^{n}(X_i-\overline{X})^2}\right]\sigma^2$	$\mathrm{var}(\hat{\beta}_1)=\dfrac{\sigma^2}{\sum_{i=1}^{n}(X_i-\overline{X})^2}$
使用估计 $\hat{\sigma}^2$ 量估计统计量 σ^2	$T_0 = \dfrac{\hat{\beta}_0-\beta_0}{\sqrt{\left[\dfrac{1}{n}+\dfrac{(\overline{X})^2}{\sum_{i=1}^{n}(X_i-\overline{X})^2}\right]\hat{\sigma}^2}} \sim t_{n-2}$，一自由度分布 $tn-2$	$T_1 = \dfrac{\hat{\beta}_1-\beta_1}{\sqrt{\dfrac{\hat{\sigma}^2}{\sum_{i=1}^{n}(X_i-\overline{X})^2}}} \sim t_{n-2}$，一自由度分布 $tn-2$

6.1.6　E(Y)值的估计置信区间

对于一个给定的自变量值 X，我们希望得到给定 X 的条件下，Y 的均值 $E(Y|X)$ 和单个观测值 Y 的区间估计。理解两区间估计之间的差异的关键，是认识到 $E(\hat{Y}|X)$ 的方差取决于 X 离样本均值 $\overline{X}$ 有多远。

自变量和因变量满足线性关系，可以写成

$$Y=\beta_0+\beta_1 X+\varepsilon$$

其中，β_0、β_1 是固定常数，ε 是带有方差 $\mathrm{var}(\varepsilon)=\sigma^2$ 的误差项。

对于自变量的一个给定值 x^*，我们希望估计 $E(Y|X=x^*)$。$E(Y|X=x^*)$ 是给定 $X=x^*$ 的情况下 Y 的期望值，这是自变量 $X=x^*$ 下 Y 的平均值，书写形式为 $\theta=E(Y|X=x^*)$，我们使用回归线来获得 $\hat{\theta}=\hat{\beta}_0+\hat{\beta}_1 x^*$ 一个估计。这是一个 θ 的点估计。在估计总体参数 β_0、β_1 使用最小二乘估计值 $\hat{\theta}$ 时，我们预计会有误差。为了构造置信区间 θ，我们需要对 $\hat{\theta}$ 的标准差进行估计。$\hat{\theta}$ 的标准差是

$$\text{se}(\hat{\theta}) = \sigma \sqrt{\frac{1}{n} + \frac{(x^* - \overline{X})^2}{\sum_{i=1}^{n}(X_i - \overline{X})^2}}$$

注意，$\text{se}(\hat{\theta})$依赖于x^*相对于平均值$\overline{X}$的位置。特别是当$x^* = \overline{X}$，我们有$\text{se}(\hat{\theta}) = \sigma/\sqrt{n}$。$x^*$越接近均值$\overline{X}$，$\text{se}(\hat{\theta})$越小。这种想法是，当$x^*$接近平均值$\overline{X}$时，估计$E(Y|X=x^*)$更稳定，而当$x^*$远离平均值$\overline{X}$时，估计$E(Y|X=x^*)$就不那么可靠。为什么会这样呢？

μ_X、μ_Y分别表示X、Y的总体均值。对于一个样本，当样本容量相当大时，样本均值$(\overline{X}, \overline{Y})$所形成的点就会相当接近$(\mu_X, \mu_Y)$。用最小二乘准则得到的每一条回归线总是经过$(\overline{X}, \overline{Y})$这个点。因此，几乎所有的最小二乘回归线都会通过$(\mu_X, \mu_X)$这个点附近。因此，对于何时$x^*$接近$\overline{X}$的估计$E(Y)$将比何时$x^*$远离$\overline{X}$的情况更可靠。如果是在$x^*$远离$\overline{X}$，任何小误差的最小二乘估计斜率$\hat{\beta}_1$将被放大。具体如图6-9所示。

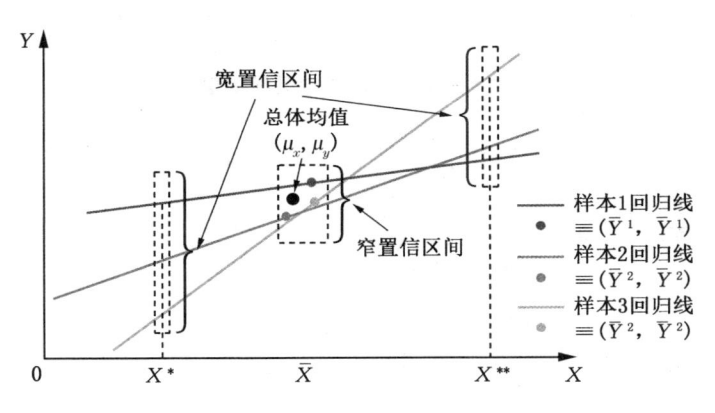

图6-9 三种不同样本的回归线

对于收入教育数据，我们为$X=12$年构造一个95%的$E(Y)$置信区间。和前面一样，我们使用$\hat{\sigma}^2 = \dfrac{\sum_{i=1}^{n}\varepsilon_i^2}{n-2} = 1\,219.13 \times 10^6$进行估算$\sigma^2$

$$\hat{\sigma}\sqrt{\frac{1}{n} + \frac{(x^* - \overline{X})^2}{\sum_{i=1}^{n}(X_i - \overline{X})^2}} = \sqrt{1\,219.13 \times 10^6} \times \sqrt{\frac{1}{10} + \frac{(12-10.65)^2}{9 \times 23.84}} = 30\,997.44$$

$$T = \frac{\hat{\theta} - \theta}{\hat{\sigma}\sqrt{\dfrac{1}{n} + \dfrac{(x^* - \overline{X})^2}{\sum_{i=1}^{n}(X_i - \overline{X})^2}}} \quad \text{有自由度的分布是}\ n-2\ \text{的}\ t\ \text{分布。}$$

临界水平是$t_{8,0.025} = 2.306\,0$。

$E(Y|X=12)$的95%置信区间是$(34\,629, 177\,590)$。

6.1.7 置信区间或预测区间 Y

在上一节中,我们得到了对于给定值 $X=x^*$ 的期望值 $E(Y|X=x^*)$ 的置信区间。如果我们希望对给定 $X=x^*$ 的单个观测 Y 有一个置信区间与图 6-10 所示的平均值 $E(Y)$ 相比,单个观测结果 Y 的变量更大。

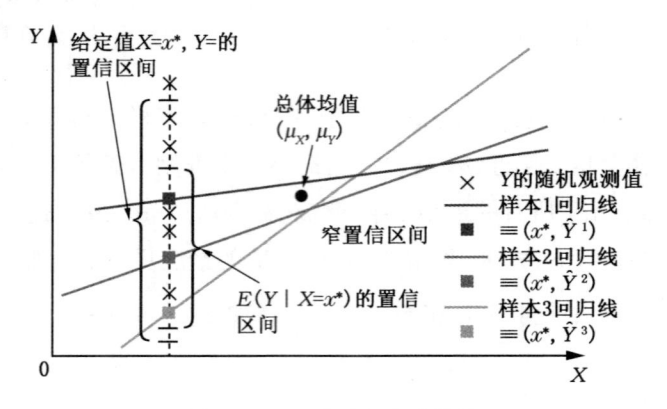

图 6-10 Y 的置信区间示意

结果表明,给定 $X=x^*$, Y 的方差大于 $\text{var}(\varepsilon)=\sigma^2$, 即

$$\text{variance}(\hat{Y})=\sigma^2\left(1+\frac{1}{n}+\frac{(x^*-\overline{X})^2}{\sum_{i=1}^{n}(X_i-\overline{X})^2}\right)。$$

当值未知时,我们用 $\hat{\sigma}^2=\dfrac{\sum_{i=1}^{n}\varepsilon_i^2}{n-2}$ 估计 σ^2。

Y 的 95% 置信区间的极限是

$$(\hat{\beta}_0+\hat{\beta}_1 x^*)\pm t_{n-2,0.025}\hat{\sigma}\sqrt{1+\frac{1}{n}+\frac{(x^*-\overline{X})^2}{\sum_{i=1}^{n}(X_i-\overline{X})^2}}$$

对于收入-受教育数据集,对于 $x^*=12$, Y 的 95% 置信区间为 (21 338, 190 881)。这个区间有时被称为预测区间。

6.1.8 参数的假设检验

我们想知道斜率和截距参数是否与 0 有显著不同。我们可以得出结论,如果参数的最小二乘估计距离 0 足够远,则该参数与 0 显著不同。

从一个观察样本中,我们形成了最小二乘估计 $\hat{\beta}_0$、$\hat{\beta}_1$。对于受教育后的收入数量,我们有 $\hat{\beta}_0=1139.5$, $\hat{\beta}_1=8747.5$。

人们自然会想,自变量是否与预测年收入有关。也就是说,这个估计值 $\hat{\beta}_1=8747.5$ 是否符合斜率 β_1 的真值为 0 的条件?当 β_1 真值 $=0$ 时,我们仍然可以通过随机概率或波动获得

$\hat{\beta}_1 = 8\ 747.5$。我们观察到这样一个样本的可能性有多大？需要注意的是，当$\beta_1 = 0$时，回归线是平坦的，自变量与因变量不相关。为了找出β_1是否为$=0$，我们对在5%显著性水平下$\beta_1 = 0$的假设进行了双尾检验。

零假设 $H_0 : \beta_1 = 0$

备择假设 $H_1 : \beta_1 \neq 0$

显著性水平：5%

检验统计量，$T_1 = \dfrac{\hat{\beta}_1 - \beta_1}{\sqrt{\dfrac{\hat{\sigma}^2}{\sum_{i=1}^{n}(X_i - \overline{X})^2}}} = \dfrac{8\ 747.5 - 0}{\sqrt{\dfrac{1\ 219.13 \times 1\ 000\ 000}{214.53}}} = 3.669\ 4$

临界值：$T_{8, 0.025} = 2.306\ 0$

拒绝域：$T_1 < -2.306\ 0$ 或 $T_1 > 2.306\ 0$

结论：由于，我们拒绝零假设$T_1 = 3.669\ 4 > 2.306\ 0$

因此，在5%的显著性水平下，斜率与0显著不同。

p值为0.631 5%。也就是说，如果原假设为真，那么我们看到给定数据或其他与原假设更为不利的数据集的机会是0.631 5%。由于这是一个非常罕见的事件，如果零假设是正确的，更合理地接受结论，即零假设是不正确的。

我们之前推导β_1的95%置信区间已经得出了这个结论。β_1的对称95%置信区间是(3 250.24, 14 244.76)，由于0不在区间内，我们得出结论，原假设$\beta_1 = 0$将在5%的显著性水平上被拒绝。

我们现在考虑截距β_0是否与0显著不同。根据数据，该参数的最小二乘估计为$\hat{\beta}_0 = 1\ 139.5$。在5%的显著性水平下，我们对假设$\beta_0 = 0$进行了双尾检验。

零假设，$H_0 : \beta_0 = 0$

备择假设，$H_1 : \beta_0 \neq 0$

显著性水平：5%

检验统计量，$T_0 = \dfrac{\hat{\beta}_0 - \beta_0}{\sqrt{\left[\dfrac{1}{n} + \dfrac{(\overline{X})^2}{\sum_{i=1}^{n}(X_i - \overline{X})^2}\right]\hat{\sigma}^2}} = 0.041\ 2$

临界值：$T_{8, 0.025} = 2.306\ 0$

拒绝域：$T_1 < -2.306\ 0$ 或 $T_1 > 2.306\ 0$

结论：由于$T_0 = 0.041\ 2 \in (-2.306\ 0, 2.306\ 0)$，我们不拒绝原假设。

关于β_0的对称95%置信区间($-62\ 703, 64\ 982$)包含值为0。

6.2 线性模型和方差分析 ANOVA

线性模型可以通过比较不同的平方偏差和来进行分析，这是方差分析中的一种技术。对于简单的线性模型，检验自变量是否在模型中发挥了显著的作用，相当于在方差分析框架中进行假设检验。

ANOVA 是方差分析的意思,它是用来调查一个量在不同组之间的平均值是否相同的工具。假设我们把一个工人按其教育背景分为"初级""中级"和"高等",方差分析可以帮助我们回答这个问题:这三组工人的平均工资是一样的吗? 它通过考虑一个由偏差平方和的比率形成的检验统计量来做到这一点。由于偏差的平方和与方差有关,因此得名。

考虑收入－受教育数据集。假设我们认为受教育的年限与工人的工资无关,我们可以简单地将工资建模为

模型 A:$Y = \beta_0 + \varepsilon$ 其中,β_0 为常数项,$\varepsilon \sim N(0, \sigma^2)$ 为误差项

β_0 是什么? 注意到,$E(Y) = \beta_0 + E(\varepsilon) = \beta_0$,也就是 $\beta_0 = E(Y) = \mu_Y$,总体均值。对于给定的观察样本 Y,该模型总是使用样本均值 $\overline{Y}$ 进行估计。即 $\hat{\beta}_0 = \overline{Y}$,和预测值 $\hat{Y} = \hat{\beta}_0 = \overline{Y}$。

误差平方和 $SS_A = TSS = \sum_{i=1}^{10}(\hat{Y} - Y_i)^2 = \sum_{i=1}^{10}(\overline{Y} - Y_i)^2 = 2.6168 \times 10^{10}$。

自由度是 $df_A = n - 1 = 9$(当我们估计总体均值时)。

以受教育年限为自变量的简单线性模型如下所示。

模型 B:$Y = \beta_0 + \beta_1 X + \varepsilon$,其中,$\beta_0$、$\beta_1$ 是常数,$\varepsilon \sim N(0, \sigma^2)$ 是一个误差项.

模型 B 是我们之前研究过的线性回归模型。利用数据集,利用最小二乘估计 $\hat{\beta}_0$ 和最小二乘估计 $\hat{\beta}_1$ 对参数进行估计。对于给定的 X_i,模型估计 Y 使用回归线的值,即 $\hat{Y}_i = \hat{\beta}_0 + \hat{\beta}_1 X_i$。

我们估计了这两个参数,误差平方和

$$SS_B = sse = \sum_{i=1}^{n}(\hat{Y}_i - Y_i)^2 = \sum_{i=1}^{n}\varepsilon_i^2 = 9.7530 \times 10^9$$

自由度是

$df_B = n - 2 = 8$

我们看到模型 B 是一个更大的模型,它将模型 A 作为一个 $\beta_1 = 0$ 的特例。

为了找出 β_1 是否与 0 有显著差异,我们可以进行以下假设检验。

零假设:$H_0: \beta_1 = 0$

备择假设:$H_1: \beta_1 \neq 0$

显著性水平:5%

检验统计量由平方和与自由度之比构成。

$$F = \frac{(SS_A - SS_B)/(df_A - df_B)}{SS_B/df_B} = \frac{(TSS - SSE)/(n-1-(n-2))}{SSE/(n-2)} = \frac{RSS/1}{SSE/(n-2)}$$

在零假设下,F 分布服从 $n-2$、1 的自由度,$F \sim F_{1,n-2}$。

我们拒绝 F 值较大时的零假设。

临界值

$F > F_{1,n-2}(0.05) = F_{1,8}(0.05) = 5.3177$

从数据来看,我们有

$$F = \frac{1.6415 \times 10^{10}}{\frac{9.7530 \times 10^9}{8}} = 13.4646 > F_{1,8}(0.05)$$

我们在 5% 的显著性水平上拒绝原假设。

p 值为 0.631 5%。我们之前遇到过这个 p 值吗？是的，在之前的假设检验 $\beta_1=0$ 中使用检验统计量 $T_1 \sim t_8$，我们得到了相同的 p 值，也为检验统计量 $T_1 = 3.669\ 4$。$T_1^2 = (3.669\ 4)^2 = 13.464\ 6 = F$，这是巧合吗？不是。一般情况下，如果具有自由度 k 的 t 分布 $T \sim t_k$，则 $T^2 \sim F_{1,k}$。在这种情况下，方差分析方法和回归分析得出相同的结论。

6.2.1 Excel 中的回归分析

能够从 Excel 中读取输出，增强了我们对分析的理解，它可以作为对其他方法或来源的计算的检查。我们试图定义 Excel 的输出，给出参数的最小二乘估计、参数的显著性测试、它们的置信区间、方差分析输出以及可决系数。

Excel 电子表格有一个回归函数，可以给我们提供到目前为止讨论的大部分信息和结论。让我们看看图 6－11 中收入－受教育数据的输出。

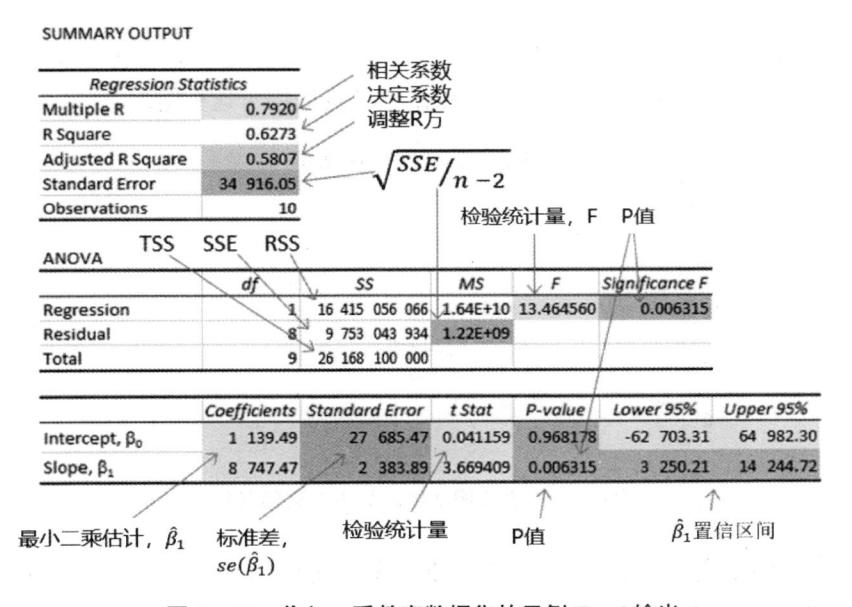

图 6－11 收入－受教育数据集的示例 Excel 输出

虽然有方便的软件包用于回归分析，但对我们来说，理解这些数字的含义以及给定的数据集是否有意义是很重要的。

6.2.2 检查残差

检验回归模型的残差或误差项是一个必要的步骤。残差可以揭示线性模型未能捕获到的信息或结构。分析的结果可能会对模型假设的有效性提出疑问。此外，残差的检验和分析，可以为线性模型及其不足提供有价值的见解。

在对参数 β_0 和 β_1 的估计之后，在回归模型 $Y = \beta_0 + \beta_1 X + \varepsilon$ 中，我们应该计算残差 $\varepsilon_i = Y_i - \hat{Y}_i$ 并检查它们，以检查关于误差项 ε 的假设是否成立。残差看起来像随机白噪声吗？对于给定的 X 值，残差或误差和平均为 0 吗？不同值 X 的方差 ε 是否大致相同？当误差具有相同的方差而不管自变量时，我们说误差是同方差的（相同的方差）。通过观察或分析残差,我们可以发现其中的结构或进一步的信息有待提取。对于收入－受教育数据集,图6－12给出了残差。这是一个相当小的样本,图中没有显示任何可识别的模式或特征。

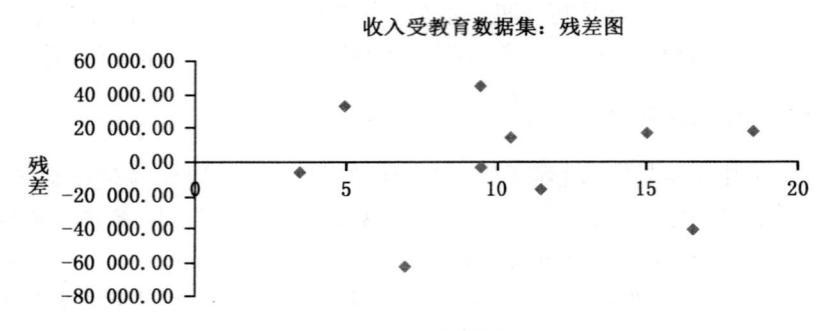

图6－12 收入－教育数据残差图

让我们考虑散点图2中的数据集回归结果如图6－13所示。Y与X之间的样本相关性为0.61。图中显示了最小二乘回归线。线性模型是否适用于这种情况?

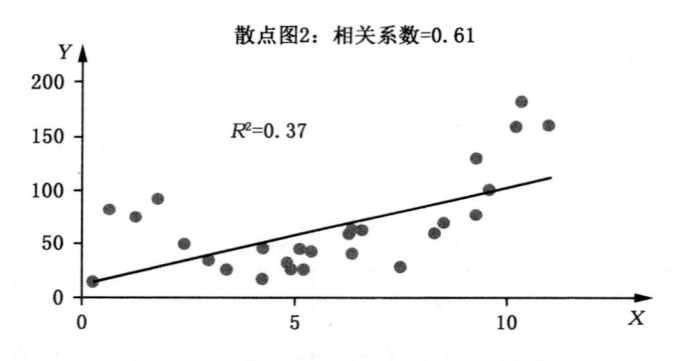

图6－13 散点图2中的最小二乘回归线

通过拟合回归线或曲线来研究残差是一种很好的方法。图6－14显示了残差图。对于较大或较小的X,残差趋于正,而对于X处于中心区域,残差似乎为负。残差看起来不像随机噪声。可能有一个抛物型结构或信息可以提取。所以我们需要修改或改变线性模型。

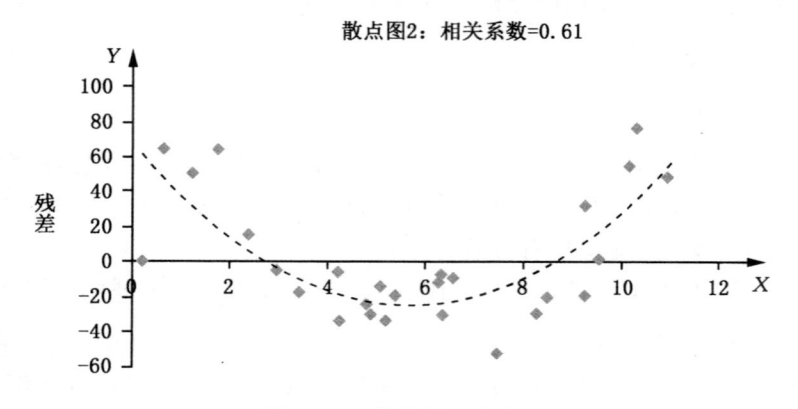

图6－14 散点图2残差图

6.3 线性回归模型的困难

我们强调了一些使用线性模型的常见困难,以及采取什么措施来减轻这些困难。为了了解关于线性模型的假设在实践中可能不成立,以及变量的选择如何影响我们的分析。

(1) 异方差性

这是残差或误差在不同 X 值上的方差不相同的情况。在图 6-15 中,我们可以看到回归线周围点的变异性似乎随着 X 的推移而增加。所以不同值的方差不变的假设是不成立的。

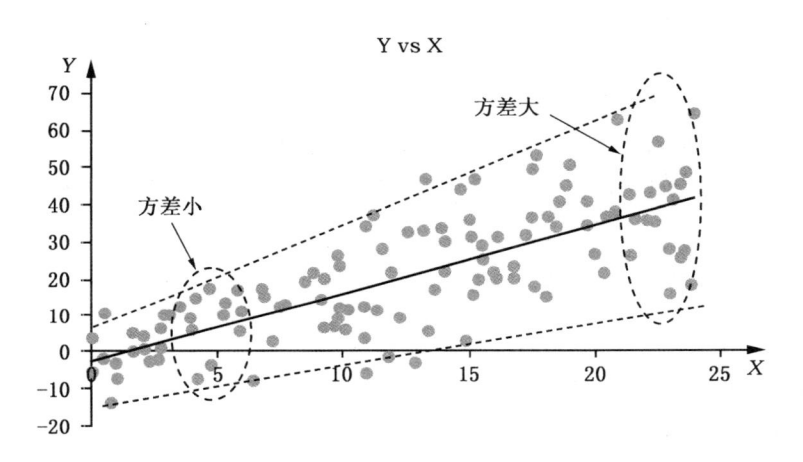

图 6-15 线性回归模型中异方差的图示

异方差问题不影响参数的最小二乘估计的计算。然而,它确实对标准误差的估计提出了一个挑战。为了解决这一难题,我们可以使用加权最小二乘或稳健标准误。

加权最小二乘:在计算最小二乘误差时,会根据数据点的来源和方差,赋予不同的权重。在这种方法中,我们试图对方差进行建模,这本身是一项困难的任务。

稳健标准误:我们使用残差来获得误差项对不同值 X 的方差的估计。

(2) 多重共线性

当一些自变量密切相关时,就会出现这种情况。这意味着参数的最小二乘估计是不稳定的,因为自变量和因变量的观测值的小扰动将导致最小二乘估计的很大变化。为了克服这个问题,我们应该去掉与其他变量高度相关的自变量。

(3) 模型参数的稳定性

在物理学中,线性关系随着时间的推移趋于稳定。例如,测量一个从高度 H 被释放的球撞击地面的速度 V,我们会发现 $\ln H$ 和 $\ln V$ 之间的线性关系,也就是和这个方程 $\ln V = \frac{1}{2}\ln 2g + \frac{1}{2}\ln H$ 中的系数随着时间的推移在地球上的任何地方都是相同的,这个常数被称为重力加速度 $g = 9.8 m/s^2$。在金融、经济学和社会科学中存在的线性关系可能会因各种原因而随着时间的推移而改变。因此,我们在使用线性模型时必须非常小心,并使用新的观察结果来检验线性模型和估计参数的有效性。

参考文献/拓展阅读

[1] Illowsky., B. & Dean, S. (2013). Introductory Statistics. OpenStax.
[2] Triola, M. (2018). Elementary Statistics 13th ed. Pearson. Chapter 10 and 12.

练习题

请选择最合适的选项。

以下信息适用于习题一到习题六。

一位股票分析师研究了大华银行股票在 2020 年 6 月的两周(10 个交易日)内的回报和 STI 指数。以大华银行的回报率(%)与科技创新的回报率(%)的简单回归得出如下结果。

Regression Statistics	
Multiple R	0.9019
R Square	0.8134
Adjusted R Square	0.7901
Standard Error	0.0112
Observations	10

	Coefficients	Standard Error	t Stat	P-value (two tailed test)
Intercept	0.0057	0.0038	1.5069	0.17027
STI (slope)	1.1478	0.1943	5.9061	0.00036

习题一

大华银行和 STI 的回报之间的样本相关性是_____。

A. 0.901 9

B. 0.813 4

C. 0.790 1

习题二

如果假设线性关系是稳定的,对于 STI 的回报率增加 1%,大华银行平均回报率的预期增长是_____。

A. 0.57%

B. 1.147 8%

C. 0.901 9%

习题三

分析人员进行假设检验,以确定回归线的斜率是否显著,使用检验统计量 t=5.906 1。这个检验统计量的分布是_____。

A. 自由度为 9 的 t 分布

B. 8自由度t分布

C. 1自由度t分布

习题四

分析人员对原假设进行了双尾检验,即回归线的斜率在1%的显著性水平下等于零。测试的结果是_____。

A. 由于10次观察的样本量太小,无法进行检验

B. 测试可以进行,但没有足够的信息供我们得出结论

C. 拒绝原假设

习题五

为了使用数据来支持资本资产定价模型(CAPM)的某些主张,分析师愿意拒绝回归直线的截距等于零的零假设。β_0 下列_____标准或实践:①设置双尾检验的显著性水平为10%。②设置双尾检验的显著性水平为20%。③设备择假设为>0,显著性水平为10%。④备择假设<0,显著性水平为10%中会导致期望的结果。

A. 只有①②

B. 只有②③

C. 只有②④

习题六

回归的决定系数是_____。

A. 90.19%

B. 81.34%

C. 79.01%

以下信息适用于习题七至习题十一。

一位研究人员认为,短期利率是驱动股市回报的因素之一,而且两者之间是线性关系。她分析了5年(60次观察)的股票市场每月的回报和短期利率。股票市场收益率(in %)与短期利率(in %)的简单回归结果如下。

ANOVA	df	SS	MS	F	Significance F
Regression	1	0.0972	0.0972	6.2627	0.0152
Residual	58	0.8999	0.0155		
Total	59	0.9971			

	Coefficients	Standard Error	t Stat	P-value (two-tail test)	Lower 95%	Upper 95%
Intercept	11.9822%	0.0296	4.0458	0.0002	0.0605	0.1791
Interest rates (slope)	-2.5529	1.0201	-2.5025	0.0152	-4.5949	-0.5109

习题七

决定系数是_____。

A. 回归平方和=0.097 2

B. 0.015 5/0.097 2=0.159 7

C. 0.097 2/0.997 1=0.097 5

习题八

样本相关性是_____。

A. $\sqrt{0.0972} = 0.3117$

B. $\sqrt{0.0972/0.0971} = 0.3122$

C. 以上皆不是

习题九

研究者使用表格中的输出进行了 f 检验。f 检验的结论是_____。

(A)在 5% 显著性水平下,回归线的截距与零显著不同

(B)在 5% 显著性水平下,回归线的截距和斜率均与零显著不同

(C)回归线的斜率在 5% 显著性水平下与 0 显著不同,但在 1% 显著性水平下不显著

习题十

假设回归分析的结果是有效的,短期利率上升 1% 对股票市场会的影响是_____。

A. 短期利率与股票市场收益率之间不存在显著的关系

B. 股票市场回报率将平均提高 11.98%

C. 股票市场回报率将平均下降 2.55%

习题十一

股票基金的销售经理想要用回归分析的结果来销售股票基金。特别是,她想宣称短期利率每下降一个百分点,就会导致股票回报率平均提高 4.5%。鉴于美国央行(美联储)预计将在未来 12 个月内数次下调联邦基金利率,如果这种说法属实,那么投资股票是明智的。在 5% 的显著性水平下,她对零假设和备择假设进行了双尾检验。$H_0: \beta_1 = -4.5, H_A: \beta_1 \neq -4.5$,测试的结论是_____。

A. 提供的信息不充分,无法得出结论

B. 拒绝原假设

C. 不拒绝原假设

3

第三部分

量化分析法

第七章 布尔代数与逻辑门

学习目标

了解布尔代数和逻辑门的定义及其概念框架。

主要内容

要点

- 布尔代数是代数的一个分支，其变量的值为真和假，通常分别表示为 1 和 0。
- 布尔代数在现代主要应用于计算机编程语言中。
- 逻辑门是实现布尔代数基本运算的电子电路，每扇门都有一个符号。

重点名词

- 算法：计算机在计算或其他解决问题的操作中要遵循一组规则。
- 结合律：与加法和乘法运算有关的两个定律之一，用符号表示：$a+(b+c)=(a+b)+c$，$a*(b*c)=(a*b)*c$；也就是说，这些术语或因素可以以任何希望的方式关联起来。
- 交换律：与加法和乘法运算有关的两个定律之一，用符号表示：$a+b=b+a$ 和 $a*b=b*a$。从这些定律可以得出，任何有限数值的求和或者乘积都不会因为重新排列其项或因子而改变。
- 二进制变量：二进制变量是只有两个值的变量。例如男性或女性，对或错，是或否。

布尔代数是数字电路的数学基础。布尔代数规定了用于设计组合逻辑电路和使用逻辑门的布尔变量之间的关系。

7.1 布尔代数

布尔代数提供了一个研究语句或变量的逻辑和操作的框架，其广泛应用在计算设备中使用的电子电路设计中。

每个语句或变量都有两个可能的值，分别对应"真"和"假"，这对应了电路中的"开"或"关"。对语句或变量的所有操作都可以从三个操作（与、或、非）中派生出来。

布尔代数是以英国数学家乔治·布尔的名字命名的。变量通常用英文字母表中的字母表示；A、B、C……每个变量有两个可能的取值：真（=1）或假（=0）。因此，这些变量被称为二进制变量。

我们可以使用如下操作来处理这些变量。

与运算用符号"∧"或者"."表示,可将其视为"乘积";

或运算用符号"∨"或者"＋"表示,也可以将其看成是"加法";

非运算用符号"'"或者"－"表示,它可以被视为"取负"。

7.1.1 布尔运算和定律

(1)与运算

①定义

如果 A 和 B 是变量,则 A∧B 也是一个变量。A∧B 取真值依赖于 A 和 B 的取值,其定义如下。

A∧B 为真(值＝1),当且仅当变量 A 和 B 都为真。

A∧B 为假(值＝0),当变量 A 或 B 任意一个为假,或者变量 A 和 B 都为假。

如图 7－1 所示。

A.B	A	B	A∧B
1.1 = 1	1	1	1
1.0 = 0	1	0	0
0.1 = 0	0	1	0
0.0 = 0	0	0	0

图 7－1　与运算的真值表

②与运算—形象举例

我们可以将变量想象为一个句子。比如,

变量 A:爱丽丝是 U 大学的一名学生。

变量 B:博布喜欢奶茶。

其中,变量 A 和变量 B 都有可能是真(1)或者假(0)。变量 A∧B 表示:爱丽丝是 U 大学的一名学生,而且博布喜欢奶茶。因此,变量 A 和变量 B 都为真时,变量 A∧B 为真。变量 A 和变量 B 中有一个为假时,则变量 A∧B 为假。

很容易发现与运算是满足交互率的:A∧B＝B∧A。

(2)或运算

①定义

如果 A 和 B 是变量,则 A∨B 也是一个变量。A∨B 取真值依赖于 A 和 B 的取值,其定义如下。

A∨B 为真(值＝1)当变量 A 或者 B 任意一个为真。

A∨B 为假(值＝0)当且仅当变量 A 和 B 都为假。

如图 7－2 所示。

注意:A＋B 的最大值为 1

②或运算—形象举例

考虑上述陈述。

A+B	A	B	A∨B
1+1=1	1	1	1
1+0=1	1	0	1
0+1=1	0	1	1
0+0=0	0	0	0

图 7—2　或运算真值表

变量 A:爱丽丝是 U 大学的一名学生。

变量 B:博布喜欢奶茶。

变量 A∨B 表示:爱丽丝是 U 大学的一名学生,或者博布喜欢奶茶。因此,变量 A 或者变量 B 任意一个为真时,变量 A∨B 为真。日常生活中"或"有专有含义:"您要咖啡还是茶"表示您选择一种,而不是两者都选。在布尔代数中,"或"运算表示:只要变量 A 和变量 B 之一为真或两个均为真,则 A∨B 为真。

很容易发现与运算是满足交互率的:A∨B=B∨A。

(3)非运算

①定义

非运算或者否运算运用到单个变量。如果 A 是一个变量,当 A 是假时,变量 A 的否运算(用 A' 或者 $\overline{A}$ 表示)为真,反之亦然。如图 7—3 所示。

A	A'
1	0
0	1

图 7—3　否运算的真值表

假设变量 A 如下所示。

变量 A:爱丽丝是 U 大学的一名学生。

然后,变量 A 的否运算(表示为 A')可以表述为"爱丽丝不是 U 大学的一名学生"。

等价性句子或者变量

假设 f(A,B,C) 和 g(A,B,C) 为变量,且其取决于变量 A、变量 B 和变量 C。如何考察这些变量是否等价?

只要将变量 A、变量 B 和变量 C 的所有真值分配给 f(A,B,C) 和 g(A,B,C) 后,它们有相同的值,我们可以将变量 f(A,B,C) 和 g(A,B,C) 视为等价吗?

例 1　令 f(A,B,C)=(A∨B)∧C ,g(A,B,C)=(A∧C)∨(B∧C)。

则 (A∨B)∧C 与 (A∧C)∨(B∧C) 相等吗?

求解:

从单列来看,对于变量 A、变量 B 和变量 C 的所有值,(A∨B)∧C 和 (A∧C)∨(B∧C)具有相同真值,所以,它们是相等的。

回想代数中的分配律:(a+b)×c=(a×c)+(b×c)。所以,(A∨B)∧C=(A∧C)∨(B∧C)也成立。其中,∨可以视为加法(+),∧可以视为乘法(×)。

A B C	A∨B	(A∨B)∧C	A∧C	B∧C	(A∧C)∨(B∧C)
1 1 1	1	1	1	1	1
1 1 0	1	0	0	0	0
1 0 1	1	1	1	0	1
1 0 0	1	0	0	0	0
0 1 1	1	1	0	1	1
0 1 0	1	0	0	0	0
0 0 1	0	0	0	0	0
0 0 0	0	0	0	0	0

例2 (b)(A∧B)' 与 A'∨B'相等吗？

求解：变量 A 和 B 的取值都有两种可能。因此，为了验证方程是否成立，我们必须检查总共 2×2=4 种可能的分配。通常，如果一条语句或函数包含 n 个不同的变量，则需要检查 2∧n 个赋值。

A	B	A∧B	(A∧B)'	A'∨B'
1	1	1	0	0
1	0	0	1	1
0	1	0	1	1
0	0	0	1	1

从上表可知，(A∧B)' = A'∨B'。同理，(A∨B)' = A'∧B'. 这个关系叫 De Morgan's 定律。

例3 (A∨B)∧C 与 A∨(B∧C)相等吗？

求解：

A B C	A∨B	(A∨B)∧C	B∧C	A∨(B∧C)
1 1 1	1	1	1	1
1 1 0	1	0	0	1
1 0 1	1	1	0	1
1 0 0	1	0	0	1
0 1 1	1	1	1	1
0 1 0	1	0	0	0
0 0 1	0	0	0	0
0 0 0	0	0	0	0

当 A=B=1,C=0 以及 A=1,B=C=0 的时候,(A∨B)∧C 与 A∨(B∧C)不相等,因此,它们不是等价的。所以,(A∨B)∧C≠A∨(B∧C)。

导出运算,A⇒B:如果 A 成立,则 B 成立;或者 A 推出 B。如图 7-4 所示。

A	B	A⇒B
1	1	1
1	0	0
0	1	1
0	0	1

A	B	A⇐B
1	1	1
1	0	1
0	1	0
0	0	1

图 7－4　导出运算

注意：A⇒B≠A⇐B，但是 A⇒B＝B⇐A。所以导出运算（⇒）不满足交换定律。

考虑上文的句子。

变量 A：爱丽丝是 U 大学的一名学生。

变量 B：博布喜欢奶茶。

A⇒B：如果爱丽丝是 U 大学的一名学生，则博布喜欢奶茶。从上表可知，仅仅当变量 A 为真（＝1）而变量 B 为假的时候，A⇒B 为假（＝0）。也就是说爱丽丝是 U 大学的一名学生，但是博布不喜欢奶茶，那么句子 A⇒B 是假的。

此处，A 是一种承诺。如果我们最初就设定了一个假的承诺，那么陈述 A⇒B 始终都是真值。一个假的承诺 A 能够推导处任意的 B。那么，整个句子 A⇒B 被认为是真的。

两个特别的变量 0 和 1

变量 0 指的是一直为假的变量，其取值始终为 0；变量 1 是指一直为真的变量，其取值始终为 1，如图 7－5 所示。

A	0	A∨0
1	0	1
0	0	0

A	0	A∧0
1	0	0
0	0	0

A	1	A∨1
1	1	1
0	1	1

A	1	A∧1
1	1	1
0	1	0

图 7－5　特别变量的真值表

注意：0'＝1，所以，A∨0＝A，A∧0＝0；同时 A∨1＝1；A∧1＝A

性质：

对于任意变量 A，变量 B 和变量 C，我们有

结合率：

A∧(B∧C)＝(A∧B)∧C

A∨(B∨C)＝(A∨B)∨C

交换率：

A∨B＝B∨A

A∧B＝B∧A

分配律：

A∨(B∧C)＝(A∨B)∧(A∨C)

A∧(B∨C)＝(A∧B)∨(A∧C)

吸收率：A∧(A∨B)＝A 而且 A∨(A∧B)＝A

$A \vee 0 = A, A \wedge 1 = A, A \vee A = A, A \wedge A = A, (A')' = A$
$A \vee 1 = 1, A \wedge 0 = 0, A \vee A' = 1, A \wedge A' = 0$

7.2 逻辑门

布尔代数运算的结果可以使用逻辑门的设备在电子电路中实现。仅具有两个真值 0 或 1 的变量就像电路中的"开"或"关"状态。请参见图 7－6 中的逻辑门入门。

缓冲区：输出 P＝A

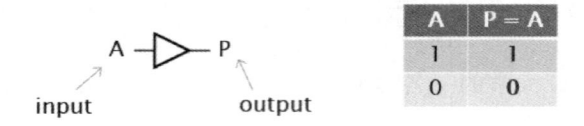

A	P = A
1	1
0	0

图 7－6　逻辑门入门

逻辑门的类型

非、与、或、非与、非或

这些操作的电路符号如图 7－7 中所示。

Not: output P = A' or $\bar{A}$

A	P = A'
1	0
0	1

AND: output P = A ∧ B

OR: output P = A ∨ B

NAND: output P = (A ∧ B)' = A' ∨ B'

NOR: output P = (A ∨ B)' = A' ∧ B'

图 7－7　不同类型逻辑门的电路符号

EXOR

EXOR：输出 P＝A⊕B 定义如图 7－8 所示。该变量 A⊕B＝1 当且仅当 A≠B。

EXOR 运算的真值如图 7－8 所示。

A	B	P = A⊕B
1	1	0
1	0	1
0	1	1
0	0	0

图 7－8　EXOR 运算的真值

注意：$A\oplus B=(A\vee B)\wedge(A'\vee B')$。

EXNOR

EXNOR：$P=(A\oplus B)'$或者 $\overline{A\oplus B}$ 定义如下。变量$(A\oplus B)'=\overline{A\oplus B}=1$ 当且仅当 $A=B$。EXNOR 的真值表如图 7—9 所示。

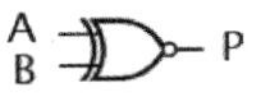

A	B	P = (A ⊕ B)'
1	1	1
1	0	0
0	1	0
0	0	1

图 7—9　EXNOR 运算的真值表

注意：$(A\oplus B)'=(A\wedge B)\vee(A'\wedge B')$。

总结：所有运算的真值表如图 7—10 所示。

A	B	A ∧ B AND	A ∨ B OR	A' NOT	(A ∧ B)' NAND	(A ∨ B)' NOR	A ⊕ B XOR	(A ⊕ B)' EXNOR
1	1	1	1	0	0	0	0	1
1	0	0	1	0	1	0	1	0
0	1	0	1	1	1	0	1	0
0	0	0	0	1	1	1	0	1

图 7—10　所有操作的真值摘要表

参考文献/拓展阅读

[1]Mehta, V. (2015). Logic Gates for Beginners. GRIN Publishing.

练习题

请选择最合适的选项。

习题一

在布尔代数中，或运算∨(＋)具有以下：(1)结合率：$A\vee(B\vee C)=(A\vee B)\vee C$；(2)交换率：$A\vee B=B\vee A$；(3)分配律：$A\vee(B\wedge C)=(A\vee B)\wedge(A\vee C)$中的________属性。

A. 结合律与交换律

B. 结合律与分配率

C. 结合律、分配律与交换律

习题二

下列________表示吸收律。

A. $A+AB=A$

B. $A+AB=B$

C. AB+AA'＝A

习题三

布尔函数 A+BC 是_____的缩减形式？

A. AB+BC

B. (A+B)(A+C)

C. A'B+AB'C

习题四

当两个输入的真值均为 0 时，逻辑门的输出为 1，如下表所示。

输入		输出
A	B	C
0	0	1
0	1	0
1	0	0
1	1	1

输入		输出
A	B	C
0	0	1
0	1	0
1	0	0
1	1	0

这两个门是_____。

A. NAND 门和 EX－OR 门

B. OR 门和 EX－NOR 门

C. NOR 门和 EX－NOR 门

习题五

在使用这些门可以制造任何数字电路的情况下，以下_____被称为通用门。也就是说，它们可以复制所有其他门的功能。

A. NAND 和 NOR

B. AND 和 OR

C. XOR 和 OR

习题六

考虑下面的电路

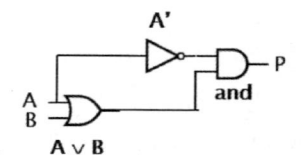

A	B	P
1	1	X
1	0	
0	1	Y
0	0	

输出 P 的变量 X 和 Y 是_____。

A. X＝1,Y＝1

B. X＝0,Y＝1

C. X＝0,Y＝0

第八章 数 制

学习目标
能够将使用进制 A 表达的数字转化为用进制 B 表达的数字。

主要内容
要点
- 最常用的进制数是 10,即我们常说的十进制。
- 进制数可以写在数字的角标处。例如:17_8 读作八进制数 17,在数值上等于十进制数 15。

重点名词
- 八进制:八进制是以 8 为基数的数制,用数字 0 到 7 表示。
- 十六进制:在数学计算中,十六进制是一种以 16 为基数表示数字的数制。与用 10 个符号表示数字的常见方式不同,它使用 16 个不同的符号:符号 0 到 9 分别用来表示 0 到 9 的值,A 到 F 分别表示 10 到 15 的值。

进制是在计数系统中用来表示数字的数字数或数字组合。进制数可以是大于 1 的任何整数。

8.1 进 制

我们在日常生活中常用的是十进制,然而对于机器设备而言,二进制、十六进制或其他进制数字可能更加好用,而这一现象的原因有很多,例如二进制数字计算起来更加简便、十六进制数字能够节省存储空间等。

对于给定的正整数 a>1,我们可以用 a 的幂数之和唯一地表示所有数字 N。在这个过程中,每一项的系数就是在 a 进制下数字 N 的表示。其实,任何由 A 进制表示的数字都可以转化为用 B 进制表示的数字,其中一种可行的方法便是把 A 进制的数字先转化为十进制的数字,而后转化为 B 进制的数字。

8.2 十进制

在日常生活中我们使用的进制是十进制。在十进制中,我们需要 10 个符号来表达数字,即 $0,1,2,3,4,5,6,7,8,9$。

例如:$139=100+30+9=1\times10^2+3\times10^1+9\times10^0$

我们都很熟悉 $4+3=7$ 和 $4+9=13$ 这两个简单的计算式。其实仔细思考会发现:$4+9=13=10+3\geqslant10$,当结果大于等于 10 时,我们会说这里发生了从 1 阶到更高阶的一次转阶。

8.3 二进制

在二进制中,我们使用的 2 个符号是 0 和 1。为了标记二进制,我们会在数字的角标处标记 2,下面让我们对十进制和二进制做一个比较。

$0_{10}=0_2$

$1_{10}=1_2$

$2_{10}=1\times2^1+0\times2^0=10_2$

$3_{10}=2_{10}+1_{10}=1\times2^1+1\times2^0=11_2$

$4_{10}=1\times2^2+0\times2^1+0\times2^0=100_2$

$6_{10}=4_{10}+2_{10}=1\times2^2+1\times2^1+0\times2^0=110_2$

$27_{10}=16_{10}+8_{10}+2_{10}+1_{10}$

$\qquad=1\times2^4+1\times2^3+0\times2^2+1\times2^1+1\times2^0=11011_2$

为了将十进制的数字转化为二进制,我们首先将其写为 2 的幂数之和,系数皆取为 0 或 1,这样一来便可以得到唯一的表达式。

例题 1

$103_{10}=64_{10}+32_{10}+4_{10}+2_{10}+1_{10}$

$\qquad=2^6+2^5+2^2+2^1+2^0=1100111_2$

若要将二进制转化为十进制,我们可以逆向进行以上计算,例如

$100\ 100\ 101_2=2^8+2^5+2^2+2^0=256+32+4+1=293_{10}$

此外,在二进制中,当 $a_2+b_2\geqslant2$ 时,我们会说这里发生了一次由 1 阶向更高阶的转阶。

例题 2

$$\begin{array}{r}1100111_2\\+\ \ 110110_2\\\hline 10011101_2\end{array}$$

例题 3

如何用十进制表达 10011101_2?

A. 103_{10}

B. 141_{10}

C. 157_{10}

解答：选项 C 是正确的。

$10011101_2 = 2^7 + 2^4 + 2^3 + 2^2 + 2^0 = 128_{10} + 16_{10} + 8_{10} + 4_{10} + 1_{10} = 157_{10}$

8.4 八进制

在八进制中，我们使用的符号为 0,1,2,3,4,5,6,7。同样地，若要将十进制数字转为八进制数字，我们首先可以将其唯一地写作 8 的幂数之和，系数取 0 到 7 之间的数字。

例题 1

$689_{10} = 1 \times 8^3 + 2 \times 8^2 + 6 \times 8^1 + 1 \times 8^0 = 1261_8$

通过将右侧的关于 8 的幂数与系数之积求和，我们就可以得到相应的十进制数字。

例题 2

$214\,003_8 = 2 \times 8^5 + 1 \times 8^4 + 4 \times 8^3 + 3 \times 8^0 = 71\,683_{10}$

8.5 十六进制

十六进制需要用到的 16 个符号为 0,1,2,3,4,5,6,7,8,9,A,B,C,D,E,F。在这里，A≡10,B≡11,C≡12,D≡13,E≡14,F≡15，具体的计算方法与前述几个进制相同。

例题 1

我们可以将十六进制数字转化为十进制数字：

$2EB7_{16} = 2 \times 16^3 + E \times 16^2 + B \times 16^1 + 7 \times 16^0$

$\qquad = 2 \times 16^3 + 14 \times 16^2 + 11 \times 16^1 + 7 \times 16^0$

$\qquad = 11\,959_{10}$

例题 2

设 $1011101_2 = 1T5_8$，问 T 的值为多少？

A. T=0

B. T=3

C. T=5

解：选项 B 是正确的。

$1011101_2 = 64 + 16 + 8 + 4 + 1 = 93$

$1T5_8 = 1 \times 8^2 + T \times 8^1 + 5 = 69 + T \times 8 = 93$

T = 3

参考文献/拓展阅读

[1] Rosen, K. (2010). Elementary Number Theory And Its Applications 6th ed. Pearson. Chapter 1 and 2.

练习题

请选择最合适的选项。

习题一

将 235_8 转为十进制数：_____。

A. 137_{10}

B. 157_{10}

C. 210_{10}

习题二

以下_____数字不会在八进制表达中出现。

A. 0

B. 4

C. 8

习题三

以_____数字等于 $2\,345_{10}$。

A. $92B_{16}$

B. 4453_8

C. 100100101001_2

习题四

设 $V=111001100_2$，$W=1230_7$，$X=714_8$，$Y=1CE_{16}$，$Z=462_{10}$。现有以下几种表述：(1) V=W；(2) W=X；(3) X<Y；(4) V+Z=W+X。

其中_____表述是正确的。

A. 只有(1)和(4)是正确的

B. 只有(3)是正确的

C. 没有正确的

第九章　模运算

学习目标
计算与模运算相关联的加法和乘法表。

主要内容

要点
● 模运算最直观的例子就是时钟的 12 小时制。比如,如果现在是 10:00,那么 5 个小时后,这个时钟将显示 3:00,而不是 15:00。3 就是 15 被 12 除后的余数。我们记作 15＝3 模 12。

● 质数(或素数)是大于 1 且不等于任何两个比它小的自然数的乘积的自然数(质数是只含有 1 和它本身两个因数的大于 1 的自然数)。所有大于 1 的非质数的自然数称为复合数。对于自然数 m 和 n,若存在一个自然数 k,使得 n＝km,则可称 m 除 n(或 n 除以 m),且 m 为除数或 m 为 n 的一个因数。我们用 m|n 来表示 m 除 n。

● 欧几里得算法是计算两个整数(或数字)的最大公约数(GCD)的最有效方法。两个整数的最大公约数是能同时除这两个整数的最大数。

● 欧几里得算法基于的原理是,当较大的数被较小的数所取代时,两个数的最大公约数不发生变化。

重点名词
● 整数:(来自拉丁整数,意思是"整体")通俗地定义一个整数为不存在小数部分的数字。

● 加法逆元:在数学中,数字 a 的加法逆元是通过加 a 后才能得到 0 的数字。这个数字也可以看作 a 的相反数,或者 a 改变符号,或者 a 的负数,通常被写成－a。一个实数的加法逆元即是改变它符号后的数,即相反数,正数的相反数是负数,负数的相反数是正数。例如,－3 是 3 的加法逆元,因为 3＋(－3)＝0。

● 多项式:在数学中,多项式是一个由变量(也称为不确定数)和系数组成的表达式,只涉及变量的加、减、乘和非负整数的指数运算。

9.1 模运算

模运算是一种针对整数的算术方法,它考量的是每个数字被给定的固定整数除后的余数。在模运算中,数字在达到给定的固定数量时(这个给定的量称为模量)"回绕"以得到余数。

在计算机科学、密码学和数学中都需要用到求因数和模运算。拥有 2 000 多年历史的欧几里得算法和它的扩展版本是确定两个数字之间最大公约数的最佳方法。本章将对以上内容进行介绍。

两个整数之间的最大公约数可以写成这两个整数的整数组合。通过计算与模运算相关的加法和乘法表,我们可以研究它的构成。

(1)正整数和质数

正整数就是 1、2、3、4、5、6……有的整数可以表示为其他整数的乘积。例如,72=2×3×12,在这个式子中,我们称 2、3、12 是除数或 72 的因数。而 72 也满足 72=1×72,所以 1 和 72 也是 72 的因数。你能列出 72 的所有因数吗?请注意,72 有 12 个因数(仅计算正整数)。

如果一个正整数 P 满足 P>1 且 P 的因数只有 1 和 P 本身,则称 P 为质数(或素数)。我们仅考虑正整数的因数。例如,2、3、5、7、11、13、17、19、23、29……都是质数。质数是整数的一部分。

(2)公因数

设 d 和 n 为正整数。若存在一个整数 k,使得 n=k×d,我们说 n 是 d(以及 k)的倍数,整数 d 和 k 是 n 的因数,也可称 d 能整除 n,这被表示为 d|n。若 d|n 和 d|m 同时存在,我们称 d 是 n 和 m 的公因数。例如,3 是 30 和 72 的公因数。2 也是 30 和 72 的公因数。很容易通过 30=6×5 和 72=6×12 得到 30 和 72 的最大公因数是 6。

设 m 和 n 是正整数,m 和 n 的最大公因数是 d,使得 d|m 和 d|n,并且对于 m 和 n 的每个公因数 t 都有 t|d。m 和 n 的最大公因数用 gcd(m,n)表示。注意,由此定义可知,gcd(m,n)=gcd(n,m)。

给定 m 和 n,我们如何才能找到 gcd(m,n)呢?从概念上讲这很容易:把 m 和 n 都写为其所有质因数的乘积,我们就可得出 gcd 了。例如,求 gcd(107 907 800,94 128 804),我们将它们全部写成质因数的乘积:

107 907 800=$2^3×3^0×5^2×7^3×11^2×13^1$

94 128 804=$2^2×3^4×5^0×7^4×11^2×13^0$

所以,gcd=$2^2×3^0×5^0×7^3×11^2×13^0$=166 012

上述方法虽然从概念上来说很简单,但在实践中却相当繁琐和耗时。因此,大数的因式分解往往只被用于密码学中。那我们是否有系统的方法快速求出 gcd(m,n)? 就是欧几里得算法。

(3)欧几里得算法

设 m 和 n 是满足 $m^3 n$ 的整数。设 gcd(m,n)=d。

令 m=kn+r,其中 0<r<n,且是 n 除 m 的余数。

如果为 r＝0,则为 gcd(m,n)＝n

如果为 r＞0,由于 d|m 和 d|n,则 d|(m－kn)。请注意,r＝m－kn,即 d|r,我们可以检查 gcd(n,r)＝d。

用 n 和 r 重复这个过程,即 n＝hr＋s 以此类推,直到余数是 0。注意,s＜r＜n,过程将终止。

例:使用欧几里得算法找到 gcd(107 907 800,94 128 804)

107 907 800＝1×94 128 804＋13 778 996　　　　　　　　　　　　　　　①

94 128 804＝6×13 778 996＋11 454 828　　　　　　　　　　　　　　　②

13 778 996＝1×11 454 828＋2 324 168　　　　　　　　　　　　　　　③

11 454 828＝4×2 324 168＋2 158 156　　　　　　　　　　　　　　　④

2 324 168＝1×2 158 156＋166 012　　　　　　　　　　　　　　　　⑤

2 158 156＝13×166 012＋0

因此,gcd(107 907 800,94 128 804)＝166 012,这与我们之前所求的一致。也就是说,我们从欧几里得算法中得到了一个有用的结果。现在,我们可以通过反转上述过程,将 gcd(m,n)写成 m 和 n 的整数组合。

要想将 gcd(m,n)写成 m 和 n 的线性整数组合。

从方程式⑤开始。

166 012

＝2 324 168－1×2 158 156(使用④给出的方法)

＝2 324 168－1×(11 454 828－4×2 324 156)

＝－11 454 828＋5×2 324 168(使用③给出的方法)

＝－11 454 828＋5×(13 778 996－1×11 454 828)

＝5×13 778 996－6×11 454 828(使用②给出的方法)

＝5×13 778 996－6×(94 128 804－6×12 778 996)

＝－6×94 128 804＋41×13 778 996(使用①给出的方法)

＝－6×94 128 804＋41×(107 907 800－1×94 128 804)

＝41×107 907 800－47×94 128 804

因此,166 012＝41×107 907 800－47×94 128 804

练习

确定 gcd(152 398),并将 gcd(152 398)写为 152 和 398 的整数组合。

答案:

使用欧几里得算法,

398＝2×152＋94

152＝1×94＋58

94＝1×58＋36

58＝1×36＋22

36＝1×22＋14

$22 = 1 \times 14 + 8$

$14 = 1 \times 8 + 6$

$8 = 1 \times 6 + 2$

$6 = 3 \times 2 + 0$

所以 gcd(152,398)=2。

反转上述步骤,

$2 = 8 - 6 = 2 \times 8 - 14 = 2 \times 22 - 3 \times 14 = 5 \times 22 - 3 \times 36 = 5 \times 58 - 8 \times 36 = 13 \times 58 - 8 \times 94 = 13 \times 152 - 21 \times 94 = 55 \times 152 - 21 \times 398$

因此,gcd(152,398)=55×152−21×398。

9.2 模运算的定义和计算

(1)定义:模数 n

设 I={…,−4,−3,−2,−1,0,1,2,3,4,5,…}是一个整数集。设 n>1 为正整数。对于两个整数 a,b∈ I,当 n 整除 a−b 时,我们称 a≡b,模 n,即 n|(a−b)或 n 是(a−b)的一个因数。

假设我们取 n=7,由于 7|(−11−3),则有−11≡3,(mod 7)

同样的,−9≡2≡5≡12≡19≡26≡33,(mod 7)

环绕示意如图 9−1 所示。

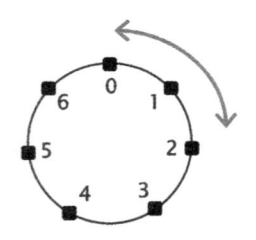

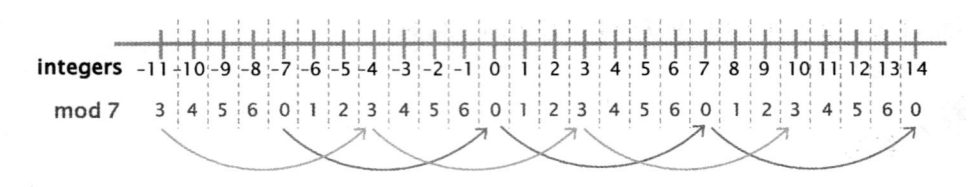

图 9−1 模 n 的环绕示意

对于整数 n>1,我们将模 n 的加法定义如下。

对于 a,b∈I,a+b≡r (mod n),其中 r 是 n 除(a+b)的余数。

注意,r∈{0,1,2,…,n−1}。有时我们也写成 a+b=r (mod n)

我们类似地定义了模 n 的乘法。

对于 a,b∈I,a×b≡s (mod n),当 s 是 n 除 a×b 的余数。所以 s∈{0,1,2,…,n−1}。

练习

设 2+17+32≡r（mod 7）。r 是多少？_____

A. 1（mod 7）

B. 2（mod 7）

C. 3（mod 7）

答案：B

2+17+32≡2+3+4≡2(mod 7)

(2)可加性和可乘性

在整数集I={…,−2,−1,0,1,2,3,…}中,我们有两个特殊的整数,即 0 和 1,具有以下属性。对于任何整数 m,

- m+0=0+m=m
- m×1=1×m=m

在一般加法和乘法运算下,0 是加法恒等元,1 是乘法恒等元。

在模 n 的运算中,我们看到 0 和 1 也分别是加法恒等元和乘法恒等元。

对于任何整数 m,

- m+0=0+m=m (mod n)
- m×1=1×m=m (mod n)

(3)加法逆元

对于整数,I={…,−2,−1,0,1,2,3.},0 是加法恒等元。对于每个 m∈I,我们可以找到一个整数 u,使得 m+u=u+m=0。简单取 u=−m∈I。我们称 u=−m 为 m 的加法逆元。

例如,−5 是 5 的加法逆元,因为 5+(−5)=0。

29 是 −29 的加法逆元。

在模 n 运算中,0 是加法恒等元,每个整数 m 都有一个加法逆元,即 −m (mod n)。

m+(−m)=(−m)+m=0 (mod n)。

问:与整数运算相比,模 n 运算有什么不同?

(4)乘法逆元

对于整数I={…,−2,−1,0,1,2,3…},1 是乘法恒等元。那么有乘法逆元吗?

对于每个 m≠0,我们能否找到一个整数 v 使得 m×v＝v×m=1?

取 m=5,有 5×(1/5)=1,但 1/5 并不是一个整数。

在整数集I={…,−2,−1,0,1,2,3,…}中,除 1 以外,没有其他整数具有乘法逆元。

粗略来说,1 是自己的乘法逆元,因为 1×1=1。

问:那么模 n 的乘法运算呢?

模 7 乘法表

考虑模 7 的乘法。对于模 7,我们只需要考虑 m 等于 0、1、2、3、4、5 和 6,

mod 7 的乘法表如图 9−2 所示。我们看到了什么?

图 9—2 mod 7 的乘法表

此时,1 同样是乘法恒等元,那么对于其他每个 m≠0,我们能找到 v 使得 m×v=v×m=1（mod 7）吗？

由表格可知,
- 2×4=4×2=8=1（mod 7）
- 3×5=5×3=15=1 mod 7
- 6×6=36=1 mod 7

所以 2 和 4 是彼此的乘法逆元,3 和 5 也一样。请注意,6 和 1 都是它本身的乘法逆元。所以显然,除了 0 之外的每个整数在模 7 下都有一个乘法逆元。

(5)为什么乘法逆元很重要？

假设整数 h 有一个乘法逆元表示为 h^{-1}（mod 7）。

那么 h×u=h×v（mod p）意味着 u=v（mod p）。换句话说,相消律成立。由以下可知。

h×u=h×v ⇒ h^{-1}×(h×u)=h^{-1}×(h×v)（mod p）

结合律：(h^{-1}×h)×u=(h^{-1}×h)×v（mod p）

所以   u=1×u=1×v=v（mod p）

类似地,u×h=v×h（mod p）意味着 u=v(mod p)。

每个元素都有一个逆元素,这是被称为群的代数结构的要求,它们在数学、物理和密码学中都有广泛的应用。

让我们来考虑另一个例子：模 6 的运算

对于模 6,我们只需要考虑 m 等于 0、1、2、3、4 和 5

乘法表 mod 6 如图 9—3 所示。

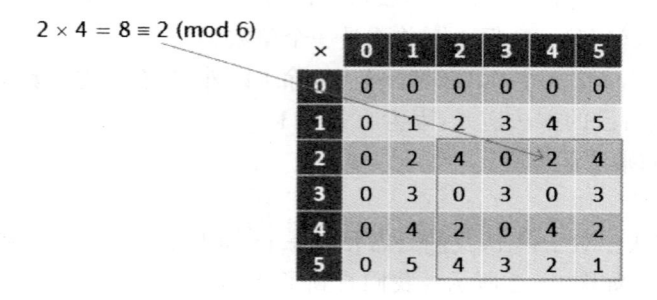

图 9—3 模 6 的乘法表

由表格可知，2、3 和 4 没有乘法逆元。1 和 5 是它们自身的乘法逆元。
5×5＝25＝1（mod 6）
我们可以检查模 6 是否有存在相消律。
从表格中，我们可以看到：
- 2×2＝2×5（mod 6），但 2≠5（mod 6）
- 3×3＝3×5（mod 6），但 3≠5（mod 6）
- 4×2＝4×5（mod 6），但 2≠5（mod 6）
- 4×1＝4×4（mod 6），但 1≠4（mod 6）

因此，在上述情况下，相消律并不成立。但是，因为 5×5＝1（mod 6），所以 5 有一个乘法逆元，即它本身。结合表格可知，如果 5×a＝5×b（mod 6），则 a＝b（mod 6）。这就是相消律在 m＝5 时成立。

(6) 模 n 的乘法逆元

假设 n＝h×k，其中 h，k>1 是整数。也就是说，n 并不是质数。这样的整数被称为复合数。h 能有一个 mod n 的乘法逆元吗？

假设 v 是 h 的乘法逆元，即 v×h＝1（mod n）。则有

v×n＝v×(h×k)＝(v×h)×k≡1×k≡k（mod n）

但当 v×n≡v×0＝0（mod n）时，有 k≡0（mod n），这是不可能的，因为 n>k>1。

我们可知 h 没有乘法逆元。同样也适用于 k。

结论：当 n 不是质数时，则存在非零整数 m≠0，m 没有 mod n 的乘法逆元。

现在，我们来检查相反的情况是否正确。

当 n 是质数时，模 n 的乘法逆元

假设 n 是一个质数。设 m 为满足 1<m<n 的整数。考虑乘积 m^k 其中，k＝1，2，3，……

因为 n 是质数，所以对于所有 k＝1，2，3，……n 不能整除 m^k。

如果取值为 n|m^k 即 n|m，这是不可能的，因为 m<n。

也就是说，m^k≠0（mod n）适用于所有 k＝1，2，3…。

由于 m^k(mod n) 可以取有限的多个值，1，2，…，n－1，则必有 m^k＝m^h（mod n）且 k>h>1。即 m^{k-h}＝1（mod n）。

现在，m×m^{k-h-1}＝m^{k-h}≡1，则 m^{k-h-1} 是 m 的乘法逆元。

结论：当 n 是质数时，那么每个整数 m≠0 都有 mod n 的乘法逆元。

数字化说明如下。

取 n＝7，一个质数，取任意非零数，比如 3。考虑 3，3^2，3^3，3^4，……mod7。由于 3 的这些幂只能从 1，2，3，4，5，6 中取有限数量的值，因此将会出现重复。

- 3^1≡3（mod 7），3^2≡2（mod 7），3^3≡6（mod 7）
- 3^4≡4（mod 7），3^5≡5（mod 7），3^6≡1（mod 7）
- 3^7≡3（mod 7），3^8≡2（mod 7），3^9≡6（mod 7）

所以，第 3^1≡3^7≡3（mod 7）。因此，由上述计算可知，3^{7-1}≡ 3^6≡1（mod 7）。因此 3 的乘法逆元是 3^5≡5（mod 7）。检查：3×5＝5×3＝15＝1（mod 7）。

(7) 系数 mod p 的多项式

变量x的n次多项式(n≥0)表达式如下。

$F(x) = a_n x^n + a_{n-1} x^{n-1} + \cdots + a_0$

其中的系数为 $a_n, a_{n-1}, \cdots, a_0$ 是模p的整数且 $a_n \neq 0$。

令 Π_3 表示变量 x 中系数为模 3 的整数的多项式集合。以下是 Π_3 中的元素。

- $F_1(x) = 2x^5 + x^4 + 2x + 1 \pmod{3}$
- $F_2(x) = x^3 + 2x^2 + 2x + 2 \pmod{3}$
- $F_3(x) = 2x^2 + x + 1 \pmod{3}$
- $F_4(x) = x + 2 \pmod{3}$
- $F_5(x) = 2 \pmod{3}$

多项式 mod $x^2 + 1$

用模 n 进行算术运算的思想可以从整数推广到多项式。

对于 $F(x)、G(x) \in \Pi_3$,

当 $x^2 + 1$ 整除 $(F(x) - G(x))$ 时,即 $(x^2 + 1) | (F(x) - G(x))$,

称 $F(x) \equiv G(x) \pmod{x^2 + 1}$。其中一些例子如下。

- $F_1(x) = 2x^5 + x^4 + 2x + 1$
  $= (x^2 + 1)(2x^3 + x^2 + x + 2) + x + 2$
  $\equiv x + 2 \pmod{x^2 + 1}$
- $F_2(x) = x^3 + 2x^2 + 2x + 2$
  $= (x^2 + 1)(x + 2) + x$
  $\equiv x \pmod{x^2 + 1}$
- $F_3(x) = 2x^2 + x + 1$
  $= 2(x^2 + 1) + x + 2$
  $\equiv x + 2 \pmod{x^2 + 1}$
- $F_4(x) = x + 2 F \equiv_1(x) F \equiv_3(x) \pmod{x^2 + 1}$
- $F_5(x) = 2 \pmod{x^2 + 1}$

我们从这些例子中观察到了什么?每一个 $F(x) \in \Pi_3$ 等于多项式 $rx + s$, mod $x^2 + 1$,其中, $r, s \in \{0, 1, 2\}$。因此有 9 个代表性多项式, r 可以取 3 个值, s 可以取 3 个值 (mod $x^2 + 1$)。它们包括:

- $H_0(x) = 0, H_1(x) = 1, H_2(x) = 2,$
- $H_3(x) = x, H_4(x) = x + 1, H_5(x) = x + 2,$
- $H_6(x) = 2x, H_7(x) = 2x + 1, H_8(x) = 2x + 2,$

通过观察这 9 个代表性多项式的加法和乘法运算,我们可以了解 Π_3 的结构。

[实例]

考虑 $H_5(x) = x + 2$ 和 $H_7(x) = 2x + 1$

和: $H_5(x) + H_7(x) = (x + 2) + (2x + 1) = 3x + 3 = H_0(x) \equiv 0 \pmod{x^2 + 1}$

乘积: $H_5(x) \times H_7(x) = (x + 2)(2x + 1)$
$= 2x^2 + 5x + 2 \bmod 3$
$= 2x^2 + 2x + 2 \bmod 3$

$$= 2(x^2+1)+2x$$
$$= 2x = H_6(x) \bmod x^2 + 1$$

多项式：mod x^2+1 的加法。

设 $\oplus$ 表示 Π_3 中的多项式 mod x^2+1 的加法，

对于 $F(x), G(x) \in \Pi_3$，我们定义 $F(x) \oplus G(x) = F(x) + G(x) \bmod x^2 + 1$

图 9-4 提供了 mod x^2+1 的加法结果。

$\oplus$	H_0	H_1	H_2	H_3	H_4	H_5	H_6	H_7	H_8
H_0	H_0	H_1	H_2	H_3	H_4	H_5	H_6	H_7	H_8
H_1	H_1	H_2	H_0	H_4	H_5	H_3	H_7	H_8	H_6
H_2	H_2	H_0	H_1	H_5	H_3	H_4	H_8	H_6	H_7
H_3	H_3	H_4	H_5	H_6	H_7	H_8	H_0	H_1	H_2
H_4	H_4	H_5	H_3	H_7	H_8	H_6	H_1	H_2	H_0
H_5	H_5	H_3	H_4	H_8	H_6	H_7	H_2	H_0	H_1
H_6	H_6	H_7	H_8	H_0	H_1	H_2	H_3	H_4	H_5
H_7	H_7	H_8	H_6	H_1	H_2	H_0	H_4	H_5	H_3
H_8	H_8	H_6	H_7	H_2	H_0	H_1	H_5	H_3	H_4

图 9-4 多项式 mod x^2+1 的加法结果

观察表格格式，与数独游戏相似，每个 $H_i, i=0,1,\cdots,8$ 在每一行和列中恰好出现一次。

多项式：mod x^2+1 的乘法

设 $\otimes$ 表示 Π_3 中的多项式 mod x^2+1 的乘法，

对于 $F(x), G(x) \in \Pi_3$，我们定义 $F(x) \otimes G(x) = F(x) \times G(x) \bmod x^2 + 1$

图 9-5 提供了 mod x^2+1 的乘法的结果。

$\otimes$	H_0	H_1	H_2	H_3	H_4	H_5	H_6	H_7	H_8
H_0	H_0	H_0	H_0	H_0	H_0	H_0	H_0	H_0	H_0
H_1	H_0	H_1	H_2	H_3	H_4	H_5	H_6	H_7	H_8
H_2	H_0	H_2	H_1	H_6	H_8	H_7	H_3	H_5	H_4
H_3	H_0	H_3	H_6	H_2	H_5	H_8	H_1	H_4	H_7
H_4	H_0	H_4	H_8	H_5	H_6	H_1	H_7	H_2	H_3
H_5	H_0	H_5	H_7	H_8	H_1	H_3	H_4	H_6	H_2
H_6	H_0	H_6	H_3	H_1	H_7	H_4	H_2	H_8	H_5
H_7	H_0	H_7	H_5	H_4	H_2	H_6	H_8	H_3	H_1
H_8	H_0	H_8	H_4	H_7	H_3	H_2	H_5	H_1	H_6

图 9-5 多项式 mod x^2+1 的乘法结果

由图 9-5 可知，H_0 和 H_1 分别是加法和乘法恒等元。这也适用于所有的 $F(x) \in \Pi_3$，我们有

$$H_0 \oplus F(x) = F(x) \oplus H_0 = F(x) \bmod x^2+1,$$
$$H_1 \otimes F(x) = F(x) \otimes H_1 = F(x) \bmod x^2+1.$$

由图 9-5 还可知，每个多项式 $F(x) \in \Pi_3$ 在图 9-5 中有一个加法逆元，即 $-F(x)$。此外，每一个 $F(x) \in \Pi_3$ 有一个乘法逆元 $F^{-1}(x)$。H_3 和 H_6，H_4 和 H_5，H_7 和 H_8 互为彼此的乘法逆元。H_1 和 H_2 都是自身的乘法逆元。

(8) 取多项式为模时，乘法逆元总是存在吗？

对于 mod n，当 n 为质数时，所有非零整数都存在乘法逆元。这同样也适用于取多项式为模。我们在前面的例子中选择的多项式 $x^2+1 \pmod 3$ 是不可约的，因为它不能被分解为除了 1 和本身之外的 mod 3 的多项式的乘积，也就是对于任意整数 a, b, c, d，$x^2+1 \neq (ax+b)(cx+d) \pmod 3$。

如果我们用 mod x^2+2 呢？

让我们考虑 mod x^2+2 的乘法。和之前一样，Π_3 中的每个多项式都等于 $H_0, H_1, \cdots, H_8$。Mod x^2+2 的乘法表，如图 9-6 所示。

$\otimes$	H_0	H_1	H_2	H_3	H_4	H_5	H_6	H_7	H_8
H_0	H_0	H_0	H_0	H_0	H_0	H_0	H_0	H_0	H_0
H_1	H_0	H_1	H_2	H_3	H_4	H_5	H_6	H_7	H_8
H_2	H_0	H_2	H_1	H_6	H_8	H_7	H_3	H_5	H_4
H_3	H_0	H_3	H_6	H_1	H_4	H_7	H_2	H_5	H_8
H_4	H_0	H_4	H_8	H_4	H_8	H_0	H_8	H_0	H_0
H_5	H_0	H_5	H_7	H_7	H_0	H_5	H_5	H_7	H_0
H_6	H_0	H_6	H_3	H_2	H_8	H_5	H_1	H_7	H_4
H_7	H_0	H_7	H_5	H_5	H_0	H_7	H_7	H_8	H_0
H_8	H_0	H_8	H_4	H_8	H_4	H_0	H_4	H_0	H_8

图 9-6　多项式 mod x^2+2 的乘法结果

非零多项式 H_4, H_5, H_7 和 H_8 没有乘法逆元。原因是 $x^2+2 = (x+2)(x+1) \bmod 3$。即，$x^2+2$ 是一个可约的多项式。它可以被分解为两个或多个更低阶的多项式的乘积。

(9) 考虑对取多项式为模的运算的原因

组和域是代数结构，在计算机科学、密码学和金融科技领域都具有广泛的应用。理解有限域的一种方法就是研究系数模 p 的多项式，且 p 是质数。关于这个域的许多信息都包含在加法表和乘法表中，比如我们之前计算过的信息。理解抽象学科的一种有效方法是通过数值计算进行工作和实践。

参考文献/拓展阅读

[1] Rosen, K. (2010). Elementary Number Theory and Its Applications 6th ed. Pearson. chap 3.

[2] Stillwell, J. (1994). Elements of Algebra, Springer.

[3] Tattersall, J. (2005). Elementary Number Theory In Nine Chapters. Cambridge University Press.

练习题

请选择最合适的选项。

习题一

设 x、y 和 z 是满足以下方程式的最小正整数：

$71 \equiv x \pmod 8$、$78+y \equiv 3 \pmod 5$ 和 $89 \equiv (z+3) \pmod 4$。

x、y 和 z 中_____值最小。

A. x

B. y

C. z

习题二

对于模 12 的乘法，以下_____关于乘法逆元的表述是正确的。

A. 5、7 和 11 具有乘法逆元。

B. 1、3、7 和 9 具有乘法逆元。

C. 3、5 和 11 具有乘法逆元。

习题三

43 832 250 和 85 387 500 的最大公约数是_____。

A. 341 550

B. 417 450

C. 569 250

习题四

43 832 250 和 85 387 500 中最小公倍数是_____。m 和 n 的最小公倍数，表示为 lcm(m,n)，它 m 和 n 共同的倍数中最小的正整数。

A. 6 534 878 500

B. 6 574 837 500

C. 6 674 338 500

以下为习题 5 至习题 7 的信息。

我们考虑关于变量 x 整数系数模 5 的多项式。

设 $F(x)=x+3$ 和 $G(x)=2x+1$。

习题五

以下_____等于 F(x)+2G(x)。

A. 3x+4

B. 4x+2

C. 0

习题六

以下_____等于乘积 F(x)×G(x)mod(x^2+2)。

A. 4x+2

B. 2x+4

C. 以上都不是

习题七

哪个_____是 F(x)mod (x^2+ 2)的乘法逆元。

A. 4x+3

B. 4x+2

C. 2x+4

第十章　矩阵运算

📚 学习目标

理解基本的矩阵运算和相关的性质。

📚 主要内容

要点

● 矩阵加法与减法：当且仅当两个矩阵是同型矩阵（各矩阵行数、列数相同），才可以进行加法运算。运算方式为：矩阵的对应元素相加（减）。此外，m×n 矩阵表示，矩阵有 m 行，n 列。

● 矩阵乘法：两矩阵 A、B，当且仅当左矩阵 A 的列数等于右矩阵 B 的行数时，才可以进行乘法运算，得到乘积 AB。（矩阵乘积 AB 才有定义）若 A 是一个 m×n 矩阵，B 是一个 n×p 矩阵，则他们的乘积矩阵 AB 是一个 m×p 矩阵，它的(i,j)元是矩阵 A 对应第 i 行与矩阵 B 对应第 j 列的内积。

● 矩阵转置：交换矩阵的行和列可以得到矩阵的转置。如果矩阵 C 是 2×3 矩阵，那么它的转置矩阵 C^t 是 3×2 矩阵。

重点名词

转置：在线性代数中，矩阵的转置，是矩阵关于主对角线对称变换的运算符。即把矩阵 A 的行换成同序号的列，得到一个新的矩阵，通常记作 A^t。

结合律性质：结合律的性质表明，多项相加或相乘时，数字和矩阵可以任意结合。设 A，B，C 为同型矩阵，则和(A+B)+C=A+(B+C)=A+B+C，是相等的。设 D，E，F 分别为 p×q，q×r，和 r×s 矩阵，则乘积(D×E)×F=D×(E×F)=D×E×F，是相等的，并且乘积矩阵为 p×s 矩阵。

方阵：在数学中，一个行数等于列数的矩阵被称为方阵。n×n 矩阵也被称为 n 阶方阵。

最小方差投资组合：使投资组合价格波动最小的证券组合。

拉格朗日乘子法：变量受附加条件限制时，求多元函数的最大值和最小值的过程。

矩阵是一种矩形数组，对它的研究在数学内外都产生了大量的应用。在本节中，我们将先回顾矩阵运算和矩阵相关的性质，然后再用一些例子来说明它们的应用。

10.1 矩 阵

在数学中,由数字、符号或者表达式按行列排成的矩形阵被称为矩阵(复数矩阵)。

10.1.1 矩阵运算

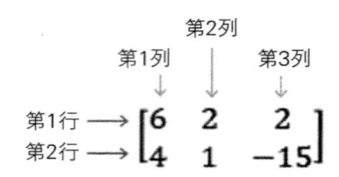

$$\begin{array}{c} \text{第1列} \quad \text{第2列} \quad \text{第3列} \\ \downarrow \quad \downarrow \quad \downarrow \\ \begin{array}{c}\text{第1行} \rightarrow \\ \text{第2行} \rightarrow\end{array} \begin{bmatrix} 6 & 2 & 2 \\ 4 & 1 & -15 \end{bmatrix} \end{array}$$

图 10-1 一个简单的矩阵

这是一个 2 行 3 列的 2×3 矩阵。
它的第 1 行第 1 列的元素=6
它的第 2 行第 3 列的元素=-15
对于一个一般的 m×n 矩阵 $A=(a_{ij})_{m\times n}$,a_{ij} 表示矩阵 A 中第 i 行、第 j 列的元素

$$A = \begin{pmatrix} a_{11} & \cdots & a_{1n} \\ \vdots & \ddots & \vdots \\ a_{m1} & \cdots & a_{mn} \end{pmatrix}$$

当且仅当两个矩阵同型,即行数、列数相同时,才可以相加。

例 1

设 $A=\begin{pmatrix} 5 & -2 \\ 3 & 1 \end{pmatrix}$,$B=\begin{pmatrix} 6 \\ 3 \\ -5 \end{pmatrix}$,$C=\begin{bmatrix} 6 & 2 & 2 \\ 4 & 1 & -15 \end{bmatrix}$,$D=\begin{bmatrix} -4 & 3 & 0 \\ 3 & 2 & 8 \end{bmatrix}$

我们可以看到,A 是 2×2 矩阵,B 是 3×1 矩阵,C 和 D 都是 2×3 矩阵。C+D 可以求和,A+B,A+C,B+C 不能求和。

矩阵相加(减)通过对应元素相加(减)来完成。若 $A=(a_{ij})_{m\times n}$ 且 $B=(b_{ij})_{m\times n}$,$S=A+B=(s_{ij})_{m\times n}$,则 $s_{ij}=a_{ij}+b_{ij}$,对 $1 \leqslant i,j \leqslant n$ 都成立。

例 2 C+D 的和给出如下。

$$\begin{aligned} C+D &= \begin{bmatrix} 6 & 2 & 2 \\ 4 & 1 & -15 \end{bmatrix} + \begin{bmatrix} -4 & 3 & 0 \\ 3 & 2 & 8 \end{bmatrix} = \begin{bmatrix} 6-4 & 2+3 & 2+0 \\ 4+3 & 1+2 & -15+8 \end{bmatrix} \\ &= \begin{bmatrix} 2 & 5 & 2 \\ 7 & 3 & -7 \end{bmatrix} \end{aligned}$$

我们可以发现,C+D=D+C,因此矩阵加法是可交换的。

10.1.2 矩阵的转置

矩阵的转置是由交换其行、列得到。如 C 是一个 2×3 矩阵,那么它的转置矩阵 C' 是一个 3×2 矩阵。

例 3

矩阵 $C=\begin{bmatrix} 6 & 2 & 2 \\ 4 & 1 & -15 \end{bmatrix}$ 的转置矩阵 $C^t = \begin{bmatrix} 6 & 4 \\ 2 & 1 \\ 2 & -15 \end{bmatrix}$

矩阵 $A=\begin{pmatrix} 5 & -2 \\ 3 & 1 \end{pmatrix}$ 的转置矩阵 $A^t = \begin{pmatrix} 5 & 3 \\ -2 & 1 \end{pmatrix}$

矩阵 $B=\begin{bmatrix} 6 \\ 3 \\ -5 \end{bmatrix}$ 的转置矩阵 $B^t = \begin{bmatrix} 6 & 3 & -5 \end{bmatrix}$

10.1.3 矩阵乘法

对于两个矩阵 G(r×s) 和 H(u×v) 的乘积,当且仅当 s=u 时,即 G 的列数等于 H 的行数时,才有定义。

例如,有

$$A=\begin{pmatrix} 5 & -2 \\ 3 & 1 \end{pmatrix}, B=\begin{pmatrix} 6 \\ 3 \\ -5 \end{pmatrix}, C=\begin{bmatrix} 6 & 2 & 2 \\ 4 & 1 & -15 \end{bmatrix}, D=\begin{bmatrix} -4 & 3 & 0 \\ 3 & 2 & 8 \end{bmatrix}$$

若允许或有定义:A×A,A×C,A×D,C×B,D×B,C×D^t 等

注意到 C×A 是不允许的或无定义的,但 A×C 可以。因此矩阵的乘法是不可交换的。即 A×B≠B×A。

矩阵乘法——图解原理见图 10-2 所示。

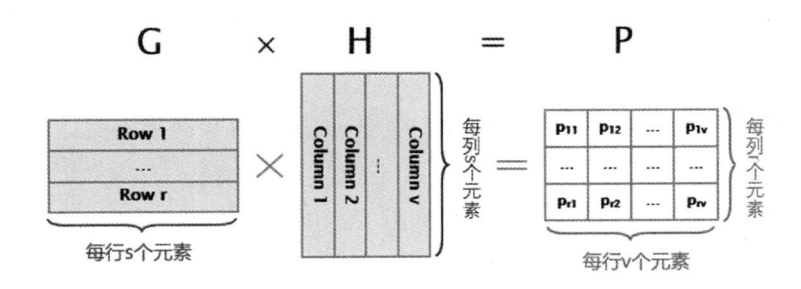

图 10-2 矩阵乘法图解

设 $G=(g_{ij})_{r\times s}, H=(h_{ij})_{s\times v}$。则 $G\times H=P=(p_{ij})_{r\times v}$ 的乘积是一个 $r\times v$ 矩阵,其第 ij 元素 p_{ij} 给出

$$p_{ij}=g_{i1}h_{1j}+g_{i2}h_{2j}+g_{i3}h_{3j}+\cdots+g_{is}h_{sj}=\sum_{k=1}^{s}g_{ik}h_{kj}。$$

对于图 10-3 所示的 2×2 矩阵 A 和 F,我们可以计算 A×F 的乘积,因为 A 矩阵的列数等于 F 矩阵的行数。其结果是一个 2×2 矩阵。

设 $A=\begin{pmatrix} 5 & -2 \\ 3 & 1 \end{pmatrix}$,并且 $F=\begin{pmatrix} -4 & 3 \\ 3 & 2 \end{pmatrix}$。计算 A×F 的过程如下。

$$A \times F = \begin{pmatrix} 5 & -2 \\ 3 & 1 \end{pmatrix} \times \begin{pmatrix} -4 & 3 \\ 3 & 2 \end{pmatrix} = \begin{pmatrix} (5)(-4)+(-2)(3) & (5)(3)+(-2)(2) \\ (3)(-4)+(1)(3) & (3)(3)+(1)(2) \end{pmatrix} = \begin{pmatrix} -26 & 11 \\ -9 & 11 \end{pmatrix}$$

图 10-3 图解矩阵乘法

例如,当我们想要获得 A×F 第 1 行,第 2 列元素 1,2 时,我们计算 A 矩阵第 1 行和 F 矩阵第 2 列的内积,其余依此类推。

结合律

矩阵的加法和乘法都满足结合律,因为

(A+B)+C=A+(B+C)=A+B+C,即先加 A、B 和先加 B、C 的结果是相同的。

(A×B)×C=A×(B×C)=A×B×C,即先乘 A、B 和先乘 B、C 的结果是相同的。

10.1.4 方阵:单位矩阵

考虑 2×2 矩阵,$I_2 = \begin{pmatrix} 1 & 0 \\ 0 & 1 \end{pmatrix}$。对任意 2×2 矩阵 $A = \begin{pmatrix} a & b \\ c & d \end{pmatrix}$,易验证得 $I_2 \times A = A \times I_2 = A = \begin{pmatrix} a & b \\ c & d \end{pmatrix}$。

矩阵 $I_2 = \begin{pmatrix} 1 & 0 \\ 0 & 1 \end{pmatrix}$ 被称为 2×2 单位矩阵。对任一 n×n 矩阵来说,其主对角线上元素都是 1,其他元素都是 0 的矩阵就是单位矩阵。例如,3×3 单位矩阵是 $I_3 = \begin{pmatrix} 1 & 0 & 0 \\ 0 & 1 & 0 \\ 0 & 0 & 1 \end{pmatrix}$,并且更一般地

$$I_n = \begin{pmatrix} 1 & \cdots & 0 \\ \vdots & \ddots & \vdots \\ 0 & \cdots & 1 \end{pmatrix}$$

(1)可逆矩阵和不可逆矩阵

对于一个 n×n 矩阵 A,如果存在另一个 n×n 矩阵 B 使得 A×B=B×A=I_n 即 n×n 单位矩阵,那么我们就说矩阵 A 是可逆的。矩阵 B 被称为 A 的逆矩阵,一般记作 B=A^{-1}。A^{-1} 不存在,我们说 A 是奇异矩阵或不可逆矩阵。

考虑矩阵 $A = \begin{pmatrix} 5 & -2 \\ 3 & 1 \end{pmatrix}$,经验证,可得矩阵 $B = \frac{1}{11}\begin{pmatrix} 1 & 2 \\ -3 & 5 \end{pmatrix}$ 满足 B×A=A×B=I_2=$\begin{pmatrix} 1 & 0 \\ 0 & 1 \end{pmatrix}$。因此 A 矩阵式可逆的,并且它的逆矩阵是 $A^{-1} = \frac{1}{11}\begin{pmatrix} 1 & 2 \\ -3 & 5 \end{pmatrix}$。

(2)行列式

对于一个 2×2 矩阵，A=$\begin{pmatrix} a & b \\ c & d \end{pmatrix}$，我们定义它的行列式为

$$det(A) = \begin{vmatrix} a & b \\ c & d \end{vmatrix} = ad - bc。$$

如果 $det(A) \neq 0$，那么 A 是可逆的，且它的逆矩阵给出如下。

$$A^{-1} = \frac{1}{ad - bc} \begin{pmatrix} d & -b \\ -c & a \end{pmatrix}。$$

这个结果适用于一般的 n×n 矩阵。即，n×n 方阵可逆，当且仅当其行列式 $det(M) \neq 0$。

10.2 我们为什么要学习矩阵？

矩阵在科学和工程中有大量的应用。一张电子图片由像素组成，而我们可以用数字代表每个像素的颜色和亮度。因此，每一张图片都可以看作一个巨大的矩阵，比如 M，大小为 10 000×10 000 像素（1 亿个数字）。

在 20 世纪 70 年代 NASA 探索太空时，科学人员想要传送回地球尽可能多的照片，用飞船上的电脑对图片矩阵做奇异值分解，将 M 分解为 M=PVQ^t，其中 V 是包含奇异值的对角矩阵。结果表明，对于许多照片来说，仅有一部分的奇异值很大，且其余值可以忽略。因此，他们可以发送每张的 10 万个数字照片，而非 1 亿个。地球上的矩阵乘法则让他们得以重建这些图片。

10.2.1 金融中的应用：投资组合的风险和期望收益的剖析

假设两种资产 A、B 有着如下的风险期望收益特征。
资产 A：预期收益率 $E(R_A) = 12\%$；标准差 $\sigma_A = 20\%$。
资产 B：预期收益率 $E(R_B) = 15\%$；标准差 $\sigma_B = 25\%$。
A 和 B 收益的相关性为 $\rho = 0.5$

一种利用信息的方式是将资产 A 的收益视作随机变量 R_A，其分布的均值是 $E(R_A) = 12\%$，标准差是 $\sigma_A = 20\%$。没必要再对其收益分布作进一步的假设。

一个投机组合 P，投资其 $w_A = 40\%$ 权重于资产 A，$w_B = 60\%$ 权重于资产 B。投资组合的期望收益和风险是多少呢？一个投资组合或资产的风险就是它收益分布的标准差。标准差越大，资产的风险越大，因为它的收益有高的概率在很大范围内变化。在金融中，收益分布的标准差也被称为波动率。

投资组合 P 的收益，由 A 和 B 收益的组成，用对其投资额进行加权，即 $R_P = w_A R_A + w_B R_B$。

P 的期望收益，
$E(R_P) = w_A \times E(R_A) + w_B \times E(R_B) = 0.4 \times 12\% + 0.6 \times 15\% = 13.8\%$。
P 的风险是什么呢？为了得出标准差（风险），我们须先计算方差。
$Var(R_P) = Var(w_A \times R_A + w_B \times R_B)$
$\qquad = w_A^2 \times \sigma_A^2 + w_B^2 \times \sigma_B^2 + 2 \times w_A \times w_B \times \rho \times \sigma_A \times \sigma_B = 0.040\ 9$

注意到 $\rho = \text{Cov}(R_A, R_B)/\sigma_A \times \sigma_B$。

投资组合收益的标准差，$\sigma_P = \sqrt{0.0409} = 20.22\%$。

矩阵可以让我们的计算更加简洁明了。

方差－协方差矩阵向我们展示了：对角线上的元素为方差，非对角线上的元素为协方差。对于资产 A, B，其为

$$V = \begin{pmatrix} \sigma_A^2 & \text{Cov}(R_A, R_B) \\ \text{Cov}(R_A, R_B) & \sigma_B^2 \end{pmatrix} = \begin{pmatrix} 4\% & 2.5\% \\ 2.5\% & 6.25\% \end{pmatrix} \begin{matrix} \leftarrow \text{asset } A \\ \leftarrow \text{asset } B \end{matrix}$$

我们注意到 $\sigma_A^2 = (20\%)^2 = 0.04 = 4\%$，$\sigma_B^2 = (25\%)^2 = 0.0625 = 6.25\%$，$\text{Cov}(R_A, R_B) = \rho \times \sigma_A \times \sigma_B = 0.5 \times 20\% \times 25\% = 2.5\%$。

矩阵的收益向量 $R = \begin{pmatrix} E(R_A) \\ E(R_B) \end{pmatrix} = \begin{pmatrix} 12\% \\ 15\% \end{pmatrix} \begin{matrix} \leftarrow \text{asset } A \\ \leftarrow \text{asset } B \end{matrix}$

矩阵的权重向量 $w = \begin{pmatrix} w_A \\ w_B \end{pmatrix} = \begin{pmatrix} 40\% \\ 60\% \end{pmatrix} \begin{matrix} \leftarrow \text{asset } A \\ \leftarrow \text{asset } B \end{matrix}$

投资组合 P 的期望收益率就等于 $E(R_P) = w^t R = (40\% \quad 60\%) \begin{pmatrix} 12\% \\ 15\% \end{pmatrix} = 13.8\%$。

若 σ_P 表示 R_P 的波动率（标准差），则

$$\sigma_P^2 = w^t V w = (40\% \quad 60\%) \begin{pmatrix} 4\% & 2.5\% \\ 2.5\% & 6.25\% \end{pmatrix} \begin{pmatrix} 40\% \\ 60\% \end{pmatrix} = 4.09\%$$

投资组合 P 收益的标准差，$\sigma_P = \sqrt{4.09\%} = 20.22\%$。

下面谈谈不同相关系数的影响。

图 10－4 展示了资产 A 和资产 B 在投资组合中的不同权重——资产 A 和资产 B 收益之间的不同相关性下，投资组合收益的波动率。

			A	B
		回报	12%	15%
		风险	20%	25%

A的权重	B的权重	组合回报	组合波动（风险）						
			ρ=-0.3	ρ=0.0	ρ=0.3	ρ=0.5	ρ=0.7	ρ=1
0%	100%	15.00%	25.00%	25.00%	25.00%	25.00%	25.00%	25.00%
10%	90%	14.70%	21.98%	22.59%	23.18%	23.56%	23.94%	24.50%
20%	80%	14.40%	19.18%	20.40%	21.54%	22.27%	22.98%	24.00%
30%	70%	14.10%	16.71%	18.50%	20.13%	21.15%	22.12%	23.50%
40%	60%	13.80%	14.73%	17.00%	19.00%	20.22%	21.38%	23.00%
50%	50%	13.50%	13.46%	16.01%	18.20%	19.53%	20.77%	22.50%
60%	40%	13.20%	13.11%	15.62%	17.78%	19.08%	20.30%	22.00%
70%	30%	12.90%	13.76%	15.88%	17.76%	18.90%	19.98%	21.50%
80%	20%	12.60%	15.26%	16.76%	18.14%	19.00%	19.82%	21.00%
90%	10%	12.30%	17.41%	18.17%	18.90%	19.37%	19.83%	20.50%
100%	0%	12.00%	20.00%	20.00%	20.00%	20.00%	20.00%	20.00%

图 10－4 不同权重——不同收益相关性与投资组合收益波动性之间的关系

相关性的影响可以通过绘制在不同资产 A 和资产 B 收益相关性下的，组合投资在 A 资

产百分比－组合收益的波动率曲线显示出随着资产A,B的收益相关性从1减少至－1,我们就得到了改进了的收益和所获风险的权衡。如图10－5所示。

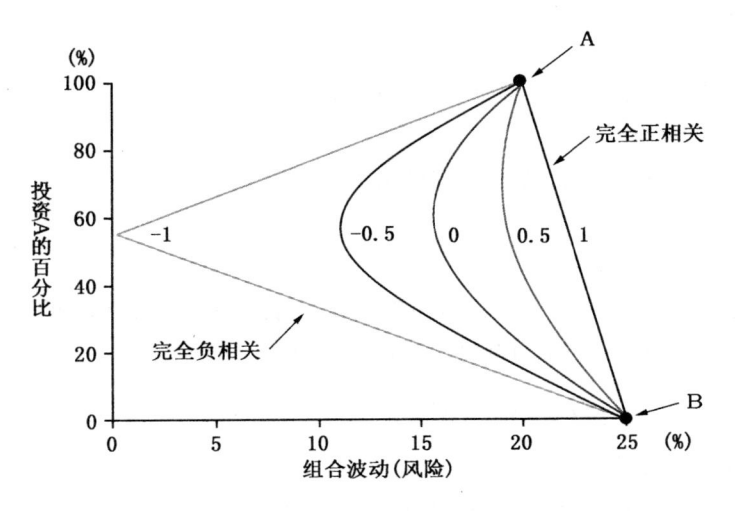

图10－5 相关性对于资产组合波动性的影响

10.2.2 以5种资产为例

期望收益、波动率,以及相关性如下。

资产	期望收益率	组合回报
A	11%	25%
B	9%	24%
C	10%	18%
D	5%	11%
E	4%	8%

相关性	A	B	C	D	E
A	1	0.5	0.5	0.4	0.2
B	0.5	1	0.4	0.2	0.2
C	0.5	0.4	1	0.5	0.3
D	0.4	0.2	0.5	1	0.5
E	0.2	0.2	0.3	0.5	1

解:
计算方差－协方差矩阵

$$V = \begin{bmatrix} 6.25\% & 3.00\% & 2.25\% & 1.10\% & 0.40\% \\ 3.00\% & 5.76\% & 1.73\% & 0.53\% & 0.38\% \\ 2.25\% & 1.73\% & 3.24\% & 0.99\% & 0.43\% \\ 1.10\% & 0.53\% & 0.99\% & 1.21\% & 0.44\% \\ 0.40\% & 0.38\% & 0.43\% & 0.44\% & 0.64\% \end{bmatrix}$$

求逆矩阵,得

$$V = \begin{bmatrix} 26.24 & -9.93 & -9.44 & -13.76 & 5.39 \\ -9.93 & 24.64 & -7.36 & 7.49 & -8.75 \\ -9.44 & -7.36 & 50.46 & -27.81 & -4.62 \\ -13.76 & 7.49 & -27.81 & 141.76 & -74.58 \\ 5.39 & -8.75 & -4.62 & -74.58 & 212.53 \end{bmatrix}$$

(1)最小方差投资组合

我们如何寻找 5 种资产的最小方差投资组合呢？这里需要我们解决一个最小化的问题：

$$\min_{w} \sigma_P^2 = \min w^t V w \quad \text{s.t.} \quad w^t 1 = 1$$

其中 w 是投资组合中每种资产的权重的向量，1 表示每一项都是 1 的 5×1 向量。

这是一个条件优化问题，我们可以使用拉格朗日乘子法求解。

$$\frac{\partial}{\partial w}(w^t V w - \lambda(w^t 1 - 1)) = 2Vw + \lambda 1 = 0$$

其中 λ 是拉格朗日乘子。

由一阶条件和限制条件 $w^t 1 - 1 = 0$ 可解得

$$w = -\frac{1}{2}\lambda V^{-1} 1, \text{且} \lambda = -2 \frac{1}{1^t V^{-1} 1}$$

最后，代入消去 λ 得

$$W_{min} = \frac{V^{-1} 1}{1^t V^{-1} 1}$$

得到最小方差投资组合权重为

$$W_{min} = \frac{V^{-1} 1}{1^t V^{-1} 1} = \begin{bmatrix} -0.89\% \\ 3.60\% \\ 0.72\% \\ 19.60\% \\ 76.96\% \end{bmatrix} \begin{matrix} \leftarrow A \\ \leftarrow B \\ \leftarrow C \\ \leftarrow D \\ \leftarrow E \end{matrix}$$

进而可以计算出，最小方差投资组合的波动率是 7.70%，收益率是 4.36%（超额收益），同时，我们也可以注意到，这个投资组合需要少量卖空资产 A。

(2)夏普比率

夏普比率是每单位资产的(超额)收益和所承担风险的比值。

无风险利率 R_{free} 是可以获得的没有风险的收益。一般用国库券或政府债券的到期收益率作为无风险收益率。

夏普比率定义如下。

$$夏普比率 = \frac{R_P - R_{free}}{\sigma_P}$$

其中 R_P 是投资组合 P 的收益，σ_P 是投资组合 P 收益的标准差。图 10-6 描述了夏普比率是点 P 和 R_{free} 连线的斜率。

在 5 种资产 A,B,C,D 和 E 中，哪个投资组合具有最高的夏普比率呢？结果表明，夏普比率最高的投资组合的权重满足。

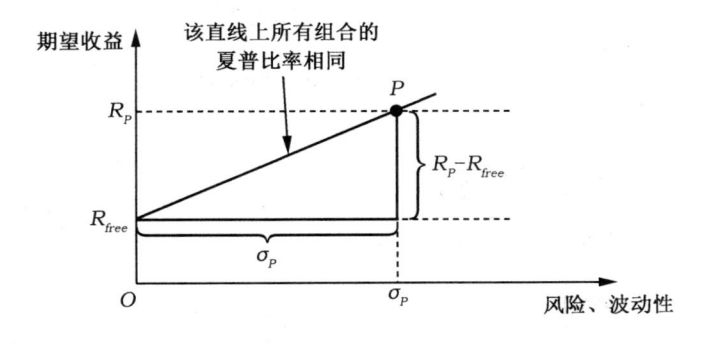

图 10-6 夏普比例

$$w_{max\,Sharpe} \propto \frac{V^{-1}R}{R^t V^{-1} R}$$

其中 R = $\begin{bmatrix} 11\% \\ 9\% \\ 10\% \\ 5\% \\ 4\% \end{bmatrix}$ 是不同资产的（超额）收益向量。

将向量标准化，则夏普比率最高的投资组合可得到为

$$W_{max\,Sharpe} = \begin{bmatrix} 7.83\% \\ 5.61\% \\ 24.05\% \\ 6.58\% \\ 55.93\% \end{bmatrix} \begin{matrix} \leftarrow A \\ \leftarrow B \\ \leftarrow C \\ \leftarrow D \\ \leftarrow E \end{matrix}$$

夏普比率最高的投资组合波动率是 9.28%，（超额）收益率是 6.34%。这个投资组合没有空头头寸。

我们如何获得所有提供了最佳期望收益和风险权衡的投资组合呢？这些最优组合被称为有效证券组合。

有效证券组合是一个最优问题的解：给定风险水平下的最大化收益。如果你找到两个有效证券组合，那么你可以找到所有的解，因为解空间是"二维"的。

现在，我们找到两个有效投资组合了吗？最小方差投资组合就是一个有效组合，直觉上，我们认为最大化夏普比率的投资组合也是有效的。因此，这两个投资组合的任意线性组合都是有效的。这是一个权重为 $w = \theta w_{min} + (1-\theta) w_{max\,Sharpe}$，其中 w_{min} 是最小方差投资组合各资产的权重向量，$w_{max\,Sharpe}$ 是最大夏普比率投资组合各资产的权重向量，θ 是任意实数。

图 10-7 绘制了不同 θ 下的有效边界。最小方差投资组合的 $\theta = 1$，且最大夏普比率投资组合的 $\theta = 0$。我们还可以注意到，θ 可以是负的，或者大于 1。

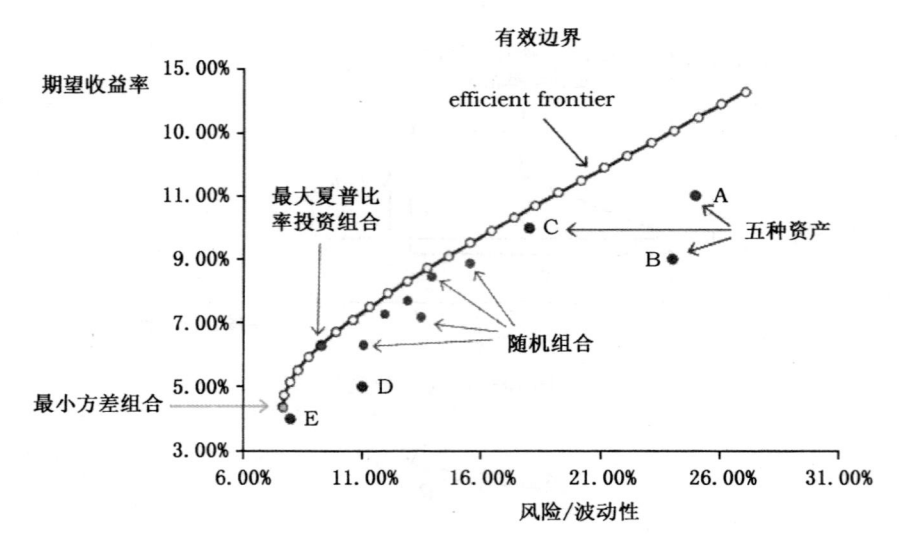

图 10—7 有效边界

参考文献/拓展阅读

[1] Benninga, S. (2014). Financial Modelling. MIT Press. Chapter 8 and 9

[2] Fuller, L. (2017). Basic Matrix Theory. Dover Books. Chapter 1, 2 and 6.

[3] Bodie, Z., Kane, A., & Marcus, A. J. (2020). Investments. 12th ed. McGraw—Hill Irwin, chap 7 and 8.

[4] Elton, E. J., Gruber, M., Brown, S. J., & Goetzmann, W. N. (2013). Modern Portfolio Theory and Investment Analysis. 9th ed. Wiley. chap 5 and 6.

练习题

请选择最为合适的选项。

习题一

若 $A = \begin{bmatrix} 5 & 3 \\ 1 & 1 \end{bmatrix}$，则 $A^{-1} = $ _____ 。

A. $0.5 \begin{bmatrix} 1 & -3 \\ -1 & 5 \end{bmatrix}$

B. $0.5 \begin{bmatrix} 1 & 3 \\ 1 & 5 \end{bmatrix}$

C. $0.5 \begin{bmatrix} 5 & -3 \\ -1 & 1 \end{bmatrix}$

习题二

设 A= $\begin{bmatrix} 1 & -2 & 1 \\ 2 & 1 & 3 \end{bmatrix}$ 且 B= $\begin{bmatrix} 2 & 1 \\ 3 & 2 \\ 1 & 1 \end{bmatrix}$，则 A×B=_____。

A. $\begin{bmatrix} 3 & -2 \\ 10 & 7 \end{bmatrix}$

B. $\begin{bmatrix} -3 & -2 \\ 10 & -7 \end{bmatrix}$

C. $\begin{bmatrix} -3 & -2 \\ 10 & 7 \end{bmatrix}$

以下信息适用于习题三至习题五。

设 A= $\begin{bmatrix} 1 & -5 & 2 \end{bmatrix}$ 且 B= $\begin{bmatrix} 1 & -5 & 2 \\ 3 & 0 & -7 \end{bmatrix}$

习题三

AA^t 的乘积是_____。

A. $[-20]$

B. $[25]$

C. $[30]$

习题四

BB^t 的乘积是_____。

A. $\begin{bmatrix} 30 & -11 \\ 9 & 58 \end{bmatrix}$

B. $\begin{bmatrix} 30 & -11 \\ -11 & 58 \end{bmatrix}$

C. $\begin{bmatrix} 6 & -11 \\ -12 & 49 \end{bmatrix}$

习题五

设 U= $\begin{bmatrix} x & y \end{bmatrix}$ 是任意1×2非零向量。则关于 U(BB^t)U^t 正确的是_____。

A. 除非我们知道 x 和 y 的数值，否则无法得出任何结论

B. 是一个1×1矩阵(一个数字)并且可能取值为正或为负，而非0

C. 是一个1×1矩阵(一个数字)，并且恒为正数

第十一章　聚类分析

学习目标

讨论聚类分析的概念、簇的确认、邻近度测量和聚类的局限性。

利用层次聚类法和 K 均值法进行聚类分析。

主要内容

要点

- 层次聚类方法最初将对象分为单个簇(即以凝聚方式)。对象以迭代方式分组,直到它们成为一个簇。
- K 均值方法涉及分区,这意味着在开始聚类过程之前簇的数量已经确定。对象在簇的集之间移动,直到获得所需的簇集。
- 不同的聚类算法可以有不同的聚类结果。这是因为当将算法应用于数据时,在迭代过程的每个阶段会使用不同的系数。这些系数可以反映簇和对象之间的接近度的计算。
- 聚类通常用于识别对象中的共同特征,以便对组及其成员进行分析和决策。当观测值被分组时,随后的分析就会变得更简单,因为它会本能地发现异常值和降低原始集合的维数。

重点名词

- 聚类:该过程根据预定的特征或属性(或聚类变量或标准)将对象组织成组或者簇,以提供更有意义的分析。
- 层次聚类:该过程将对象分类为单个簇(即以凝聚方式),对象以迭代方式分组,直到它们成为一个簇。
- 划分聚类:在划分聚类中,在执行聚类之前,需要首先确定簇的数目。
- 沃德连接:在层次聚类分析中最小化总的簇内的平方和。簇是以递增的方式形成的,具有最小 ESS 或离差平方和的解是最终解。
- 质心连接:用欧氏距离的平方来定义。质心是一个向量,它是一个特定簇中所有对象的算术平均位置点。
- 单连接:在单连接算法中,两个簇的邻近度(或相似度)是通过在簇中所有可能的对象组合中计算出的任意两个对象之间的最小距离来表示的。
- 全连接:在全连接算法中,两个簇的邻近度是两个簇中任意两个对象之间计算出的最大距离(或相似度的最小值)。它与单连接法相反。

- 平均连接：介于单连接和全连接之间的中间度量。
- K 均值聚类：此算法使用划分方法而非层次方法。它使用在聚类开始前选择的种子来分割观测值所跨越的空间。

本章回顾了几种层次的聚类方法以及 K 均值聚类，这些方法为更先进的聚类方法提供了基础。聚类通常应用于市场细分和信用评分。聚类涉及基于预定义的特征集对相似的对象或成员进行分组。

11.1 什么是聚类

聚类通常用于市场细分和信用评分。在市场细分中，买家被分为不同的细分市场，这样就可以制定一个使公司收入最大化的销售策略组合。例如，通过信用评分来识别欺诈行为，或者简单来说，使用相关且可量化的属性对相似的对象（国家、公司、个人、组织等）进行分组。

簇是一组彼此相似但与其他簇不同的对象。因此，聚类涉及将对象组成有意义的组。将对象划分成簇要用到预设的属性或特征。

聚类旨在将对象或成员划分到不同的簇中，找到那些表现出显著程度的内部（聚类内部）相似性和外部（聚类之间）相异性的组。

11.2 基本聚类方法

在进行聚类时，我们首先定义两个成员之间的邻近度测量（相似度或相异度）。邻近度测量用于识别相似对象组成的簇。然后对每个簇的变量进行概述，描述它们在相关维度上的差异。

11.2.1 层次（凝聚）聚类

聚类算法有两大类。

在层次（凝聚）聚类中，每个成员首先被视为一个单独的簇。最近的一对对象/簇被聚合形成一个更大的簇。接下来，重新计算簇之间的相似度，这有助于进一步对对象进行分组。早期创建的簇嵌套在之后创建的簇中。该过程之后将持续，直到达到所需的标准。

层次算法的工作原理如下。

(1) 计算数据对象之间的邻近度。

重复：合并彼此最近的数据对象。

(2) 更新新的簇和原始簇之间的邻近度，直到所有对象都被分组成为一个最终簇。

所有层次凝聚算法都是这种通用方法的变体。不同之处在于连接度量（任何两个簇之间的相似度测量）是如何计算的，以及如何确定对象和簇的合并。具体度量将在后面讨论。分裂或者说自顶向下的方法是层次方法的一种变体。在这种方法下，迭代周期从一个簇开始，簇的所有对象都被分组。在下面的步骤中，不相似的对象被分割成更小的簇。

11.2.2 划分聚类

在划分聚类中，在执行聚类之前，簇的数目是固定的。每个预先确定的簇都有一个种子。种子是初始的簇中心,即质心或原型。种子作为初始的簇中心,将吸引相似的对象,在规定的相似度下使之成为簇的成员。在分配完所有对象之后,簇的质心将被刷新。这使得在随后的迭代中能够重新分配对象和重新形成簇。上一部分中概述的层次聚类过程不受此类方法的影响,因为它在搜索分组时分离了对象空间。

一个通用的划分算法总结如下。

(1)选择 K 个种子作为初始质心或原型。

(2)将每个对象分配到其最近的质心,形成 K 个簇。

(3)刷新每个簇的质心,直到满足停止条件。

11.2.3 层次聚类与划分聚类

图 11-1 形象地显示了层次聚类和划分聚类之间的区别。

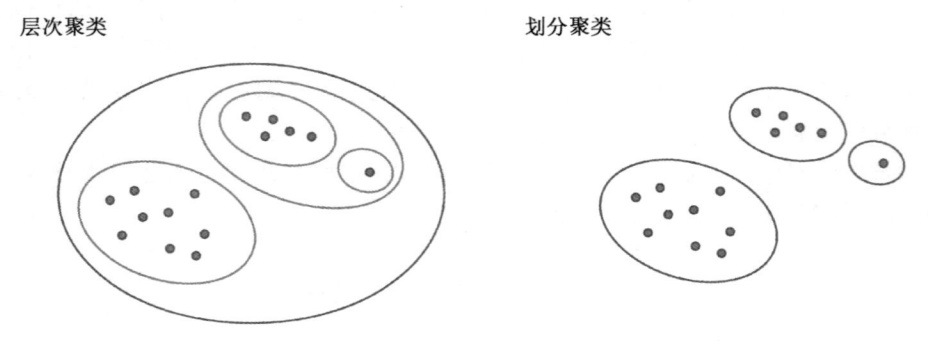

图 11-1 层次聚类与划分聚类

层次聚类算法首先将所有对象分组为单个簇或单个对象。这些对象随后以凝聚的方式,根据它们的距离进行分组。

对于划分方法,簇的数目在开始时是固定的,在簇的数目不变的情况下,聚类过程允许成员移动。

同样的最终结果可以由层次和划分两种过程得到,但要注意聚类的过程和概念是不同的。

聚类分析是一个探索的过程。尽管聚类的规则可能很明显,但聚类结果依赖于分析员有意义地标记簇的能力。不同的停止规则决定聚类过程何时结束,从而达成不同的结果。在许多情况下,在确定聚类结果之前,会对多个结果进行评估。

11.3 邻近度测量

11.3.1 欧氏距离

在两个对象 x_i 和 x_k 之间的欧氏距离(或欧氏度量)定义如下。

$$d_e(x_i, x_k) = \sqrt{(x_i - x_k)^T (x_i - x_k)}$$
$$= \sqrt{\sum_{j=1}^{p} (x_{ij} - x_{kj})^2}$$

$$d_S^2(x_i,\overline{x}) \leqslant (x_i-\overline{x})^T S^{-1}(x_i-\overline{x})$$

p 是空间的维数或聚类变量的个数。

欧氏距离是一个非负标量。如果对象彼此接近(相距很远),则 d_e 值小(大)。它也是对称的,即 $d_e(x_i,x_k)=d_e(x_k,x_i)$,并且满足三角不等式

$$d_e(x_i,x_k) \leqslant d_e(x_i,x_m)+d_e(x_m,x_k) \text{ for all } x_i,x_i,x_i \in X$$

当以簇的平均值向量(质心)为参考计算距离时,所得量称为离差平方和。

$$\overline{x}=[\overline{x}_1,\overline{x}_2,\cdots,\overline{x}_p]^T$$

$\overline{x}=[\overline{x}_1,\overline{x}_2,\cdots,\overline{x}_p]^T$ 是由 n 个对象和 p 个聚类变量构成的平均值向量。该等式用于评估簇内变化。一般来说,一个簇的离差平方之和很低。

11.3.2 马氏距离

马氏距离定义如下。

$$d_S^2(x_i,\overline{x}) = (x_i-\overline{x})^T S^{-1}(x_i-\overline{x})$$

$S=[s_{ij}]$ 是一个 $n\times n$ 的对称样本协方差矩阵,它描述了聚类变量的变化和相互关系。元素 s_{ii}^2 和 s_{ij}^2 分别是 x_i 和 x_j 之间的方差和协方差。这种关系被用来将观察值标准化为 t 值。尺度不变时,当捕捉变量之间的相关性以确定观测值之间的距离很重要时,应使用这种统计度量。

11.3.3 闵式距离

闵式距离是另一个常用度量,其中

$$d_M(x_i,x_k)=\sqrt[M]{|x_i-x_k|^T|x_i-x_k|}$$

M 是一个自然数,‖ 是绝对值。

该距离测量可被视为量化对象距离的一种通用的形式,$M=2$ 时得到欧氏距离。通过改变 M,我们能调整较小差异数据和较大差异数据的权重。

11.3.4 确定簇的数量

簇的结果的解释在很大程度上建立在所需簇的最终数量的基础上,尽管可能没有一个客观或标准的选择程序可以证明数量的合理性。

确定簇的数量的一种简单方法是深入研究不同结果的聚类质量。例如,如果在步骤 t 处簇的变化(或离差平方和)的平均值有巨大的增量,则可以选择步骤 $t-1$ 处的前一个解作为最终结果。虽然这并不费力,但它是一种有用的做法。

一组相关的标准提供了一种决定最终的聚类结果的更准确的方法,它被称为均方根标准差(RMSSTD),统计量汇集了在迭代过程的每个阶段形成簇的所有聚类因子的变化。

$$\text{RMSSTD}^2 = \frac{\text{所有聚类变量的平方和}}{\text{所有聚类变量的自由度}}$$

同质(或异质)簇的特征是小(大)的 RMSSTD。

但目前并没有公认的"小"或"大"的衡量标准。尽管如此,RMSSTD 的应用使分析更易于处理,并有助于确定是否达到"最终"的结果。

其他规则,例如赤池信息准则(AIC)和贝叶斯信息准则(BIC)也同样适用。然而,一个可能

的限制是这些计算会更复杂,这是因为这两个标准要求用户知道观测值的潜在概率分布。分析师们发现,在任何情况下,当决定最终簇的数量很重要时,模型选择的标准是很重要的。

11.4 层次聚类的算法

层次聚类有各种可能的算法。不同的算法可能会带来不同的结果,但只要数据的基础是自然的分组,结果会是相似的。可以使用多个聚类算法进行探索性、敏感性分析。

11.4.1 沃德连接

在层次聚类分析中,沃德连接可以用来使总簇内平方和最小化。簇是以递增的方式形成的,最终聚类结果将有最小平方和,称离差平方和(ESS)。

对于给定的簇 k,将 ESS_k 表示为该簇中所有对象离簇的平均值(即质心)的离差平方和。如果当前有 m 个这样的簇,那么总的 ESS 是 $\sum_{k=1}^{m} ESS_k$。在聚类过程的每一步,我们都会考虑每个可能的簇的并集,并在其中选择有最小 ESS 的簇。考虑到邻近系数是由沃德算法计算的,其也被称为增量平方和法。此外,沃德方法最初将所有对象视为唯一的簇,这使得单个 ESS 为零。

11.4.2 质心连接

质心聚类可用平方欧氏距离定义。对于 m 个对象的簇,质心定义为

$$Centroid = \left(\frac{\sum_{i=1}^{m} x_{i1}}{m}, \frac{\sum_{i=1}^{m} x_{i2}}{m}, ..., \frac{\sum_{i=1}^{m} x_{ip}}{m} \right)$$

质心是特定簇中对象平均值的向量。质心聚类法是基于质心之间的最短距离形成簇。质心距离用两个簇之间的距离计算。更具体地说,$d_E^2(Cluster_m, Cluster_k) = d_E^2(Centroid_m, Centroid_k)$,其中 $m \neq k$。当一个对象或一个簇被分组时,会得到一个新的质心。

11.4.3 单连接

在单连接算法中,在所有可能的组合下,两个簇的邻近度(或相似度)由两簇中任意两个对象之间的最小距离表示。计算簇中任意两个对象之间的最小距离(每个簇取一个对象)。

当选择簇 m 和 k 进行合并时 $d_E^2(Cluster_m, Cluster_k) = \min [d_E^2(Object_m, Object_k)]$,其中 $Object_m$ 是 m 簇的一个对象,$Object_k$ 是 k 簇的一个对象。

11.4.4 全连接

(1)全连接

全连接的算法与单连接相反。两个簇的邻近度定义为在所有可能的组合下,两个簇中任意两个对象之间距离的最大值(或相似度的最小值)。

本质为 $d_E^2(Cluster_m, Cluster_k) = \max [d_E^2(Object_m, Object_k)]$,

其中 $Object_m$ 是簇 m 中的一个对象,$Object_k$ 是簇 k 中的一个对象。

如果簇 m 与簇 k 之间的距离最小,则该算法将它们合并。全连接方法通过最大化簇间的分离距离,努力将簇分离开。

(2) 平均连接

平均连接(或组平均层次聚类法)给出了介于单连接和全连接之间的中间方法。该方法用每个簇中所有可能的对象组合之间的平均成对距离作为邻近系数。将平均距离最小的两个簇合并形成一个新簇。

有两种类型的组平均法。第一种是基于组间距离评估。$d_E^2(Cluster_m, Cluster_k) = average[d_E^2(Object_m, Object_k)]$

其中 $Object_m$ 是簇 m 的一个对象,$Object_k$ 是簇 k 的一个对象。如果簇 m 与簇 k 的距离最小,则将它们相结合。

另一种簇内算法为:$d_E^2(Cluster_m) = average[d_E^2(Object_i, Object_j)]$

其中 $Object_i$ 和 $Object_j$ 是簇 m 内对象,且 $i \neq j$。

与簇间算法相比,这种簇内算法更关注的是通过最小化簇内的距离来分离簇。

11.5 划分法

K 均值聚类算法采用了一种划分方法。它不同于层次方法,因为它使用在开始聚类过程之前选择的种子来分离由观测值跨越的空间。

下面介绍种子初始化。

需要注意的是,聚类过程依赖于初始分配的规则。如果初始规则将数字 1、3、5 分配给簇 1,其余分配给簇 2,则聚类过程将仅在一次迭代中结束。这表明,关键的一步在于选择初始种子。大多数软件随机将聚类初始化或选择分离好的种子。

为了避免错误的初始化,软件可以执行多次运行,每次运行都使用一组不同的随机质心。也可以采用另一种方法,即从整个样品的质心开始。接下来,对于每个连续的初始种子,选择距离任何先前定义的初始种子最远的种子,这确保了质心的随机选择和良好分离。这个过程的目的是避免收敛到局部极小值。

参考文献/拓展阅读

[1] King, R. S. (2015). Cluster Analysis and Data Mining: An Introduction. Mercury Learning, chap. 1—4.

[2] Rousseeuw, P. J. & Kaufmann, L. (2005). Finding Groups in Data: An Introduction to Cluster Analysis, Wiley, chap. 1.

[3] Gan, G., Ma, C., & Wu, J. (2007). Data Clustering: Theory, Algorithms, and Applications, SIAM, American Statistical Association, chaps. 1, 6, 7 and 9.

[4] Johnson, R. A. & Wichern, D. W. (2002). Applied Multivariate Statistical Analysis, Pearson

[5] Ward, J. H. (1963). "Hierarchical Grouping to Optimize and Objective Function," *Journal of the American Statistical Association*, 58.

练习题

请选择最合适的选项。

习题一

电影推荐系统是_____的实例。

A. 只是聚类

B. 聚类和分类

C. 聚类、分类和学习

习题二

执行聚类所需的变量/特征的最小数量是_____。

A. 0

B. 1

C. 2

习题三

对于两次 K 均值聚类,_____得出相同的聚类结果。

A. 会

B. 不会

C. 有时会

习题四

在 K 均值的连续迭代中,观测值对簇的分配可能会_____。

A. 变

B. 不变

C. 说不准

习题五

以下有三个条件项:①有固定的迭代次数。②在迭代之间,除了局部极小值不好的情况,观测值对簇的分配不会改变。③连续迭代之间质心不变中。其中,_____可以作为 K 均值法中可能的终止条件。

A. ①②

B. ①③

C. ①②③

习题六

以下_____存在局部最优收敛问题。

A. K 均值聚类算法

B. 凝聚聚类算法

C. A 和 B

第四部分

金融创新

第十二章　第四次产业革命

学习目标

了解第四次产业革命及其对于经济的影响。以在产业 4.0 时代繁荣发展为目标，对组织和劳动力的特点进行评估。

主要内容

要点

- 在第四次产业革命的时代中，技术的融合极大地改变了企业解决经营问题和延展人类的能力，加速金融普惠以及促进社会包容的方式。
- 企业需要重新构思其整体战略，成为一个灵活的、适应性强的组织，同时关注气候变化问题，并制定员工的保留策略、培养计划。
- 科技进步的程度是如此之大，立法者和监管机构面临严峻的挑战。

重点名词

- 第四次产业革命：始于 21 世纪初，以数字技术革命为基础的产业革命。
- 技术融合：多种新兴技术，例如人工智能、大数据、云计算、区块链、云计算和物联网的融合。这些技术协同作用，创造出海量新的发展机遇。
- 四个持续的转变趋势：由世界经济论坛提出的概念，确定了企业即将准备去适应的趋势——反应迅速和以客户为中心、供应链弹性、劳动力的速效兼备、注重生态效益。

技术革命正在以前所未有的规模、程度改变着我们的生活方式、工作方式和联结方式。简单地说，第一次产业革命利用水和蒸汽的力量，将生产机械化；第二次产业革命驾驭电力，用于工业化大生产；第三次产业革命则运用电子信息技术以实现生产自动化。在第三次产业革命的基础之上，第四次产业革命以一系列先进技术的融合为特征，这些技术影响了每一经济体的每一产业(Guan, Jiang & Ding, 2020)。"第四次产业革命"这一说法最先由世界经济论坛提出。这是一个机器增益人类之能力，人类赋予机器以秉性的人机共存时代。世界经济论坛用"信息物理系统"来描述这一现象(Moyland, 2020)。正如之前发生的产业革命一样，第四次工业革命会引发失业（一般被认为是暂时性的），但当人类以人文关怀引导技术发展之时，产业革命最终会带来更好的生活。

12.1 引　言

第四次产业革命(又称"工业 4.0"或者"4IR")有助于改善各国的社会福利、提升全球人民的生活水平。它对个人、企业以及政策制定者都产生了多样的影响。技术的融合延展了人类能力，提升了包容性，具体表现为社会包容以及金融普惠。如人工智能、云计算、5G 和网状网络之类的技术，连接了曾经隔绝的人与事，带来与生态系统更紧密的互动，让企业能够更快、更好、更广地服务于社会。不仅如此，这些技术还改变了消费者行为，转变了人们对于所有权、数据、电子足迹和个人隐私的看法。鉴于其影响的广度与深度，政策制定者在制定、修订有关新兴技术的政策时任重道远。

根据 2018 世界经济论坛，第四次产业革命聚焦于以下领域。
- 自动化交通与城市出行。
- 人工智能和机器学习。
- 区块链和分布式总账技术(DLT)。
- 数字交易和跨境数据流。
- 无人机和未来空域。
- 精准医疗。
- 物联网。

另外，普华永道指出了对企业来说最重要的八种科技。它们是：人工智能，加强现实，区块链，无人机，物联网，机器人学，虚拟现实和 3D 打印(PWC Global, 2017)。

与前三次产业革命不同的是，第四次产业革命不仅仅是前一次浪潮的延展，它拥有迥然不同的新特点，具体表现在以下三个方面。第一，技术的突破速度前所未有，发展轨迹呈指数式而非线性。第二，它影响了每个国家的每个产业。第三，种种改变的广度与深度预示着生产、管理和治理模式的全面转型(Schwab, 2015)。

第四次产业革命催生了技术融合趋势，物理、数字、生物等科技领域之间的界限正在变得模糊(Schwab, 2015)。例如，智慧城市这个概念中就融合了多种通信技术以及物联网、自动化、大数据、人工智能技术。技术融合会提高我们的生活质量，孕育新的市场，创造新的发展机遇。

世界经济论坛全球灯塔网络由一批已经成功适应了工业 4.0 时代的企业组成（麦肯锡, 2020）。它们在整体上，局部上，在端到端供应链上都适应了新浪潮。全球灯塔网络(GLN)致力于成为分享和学习"最佳实践"的平台，这些实践以可持续发展、提升竞争力、服务消费者为目标。全球灯塔网络中的 54 家（截至本书撰写时）公司囊括了众多产业，包括油气、消费品、汽车、医疗器械、电子元件、家电和工业设备，等等。这些公司从生产系统创新中获得了显著的竞争优势。在 2020 年 9 月，阿里巴巴，美光科技，美的集团，联合利华，雷诺集团，扬森，强生，诺和诺德，沙特阿美，DCP Midstream 和施耐德电气均加入了 GLN。

塔塔钢铁公司是 GLN 中的公司之一，它对关键工厂机械进行预测性维护。预测性维护系统部署在 25 种类型的设备上，和公司自身的内部维护策略相得益彰。该系统降低了成本和平均停机的时间，而且只需稍有训练的员工即可操作(Boer, 2019)。

GLN 报告中另外一个案例是联合利华(合肥)，联合利华中 5 个最主要的技术实例是：

- 基于数字技术的自动物料调出系统。
- 端到端供应链实时可视化平台。
- 基于 e-Kanban 管理的原料供应。
- 全自动封装线。
- 基于人工智能的安全管理。

在这些案例中,端到端供应链实时可视化平台的实施已将订单形成到交货的时间缩短了 50%,而全自动封装线也使整体设备效率提高了 30%。此外,基于人工智能的安全管理,它已将不安全行为减少了 80%(世界经济论坛,2018)。

12.2 挑战和机遇

继先前革命的脚步之后,第四次工业革命将继续提高全球的收入水平与生活水平。时至今日,第四次工业革命在为欠服务的人群提供服务方面取得了较大的进步,尤其是对于那些以前无法使用数字服务的人群。技术还带来了更多的产品和服务,它们让我们的生活更便捷、更优质。这些服务可能涉及简单的日常活动,例如使用公共交通、使用娱乐设备以及付款。

在不久的将来,技术驱动型的创新将使我们的经济生产能力不断提高。以贸易、物流部门生产成本的降低为特点,创新将在供应端创造奇迹。技术的进步还将创造对于数字化经济新时代至关重要的新增长部门。

2020 年,新冠病毒大流行带来了需求的不确定性和全球供应链的扰动。另外,我们需要更绿色的金融体系和对环境更友好的技术来应对气候问题。与此相应,在更高层次上的呼吁是,我们需要建立一个更具包容性、可持续性和弹性的世界。此外,文化也在向更加开放共享的经济方向转变,以降低许多行业进入壁垒(Moyland,2020)。这要求跨部门的"大调整"。根据世界经济论坛的说法,"大调整"需要公司优先考虑更多利益相关者的需求,从而为整个社会创造价值,同时为生态可持续性做出贡献(Betti & Boer,2020 年)。因此,这将要求公司和政策制定者在鼓励创新的过程中取得相对于社会效益的平衡,同时确保对更广泛的利益相关者承担适当的责任。

12.2.1 对个体的影响

毋庸置疑的是,第四次产业革命在改变我们行动的同时,也改变了我们本身,它影响了我们对于身份、隐私、所有权、社会关系、职业发展以及健康的认知。例如,自 2019 年开始,思科的消费者隐私调查(思科,2020)为我们展现了一群致力于隐私保护的"隐私保护积极分子"的形象,他们已经通过实际行动改变了某些服务供应商的隐私政策。作为去中心化的点对点支付系统,比特币区块链的出现彻底改变了我们的支付方式。然而,它也引发了一系列担忧。人们对自我主权银行(self-sovereign banking)(Johnson,2019)心怀疑虑,被授信的第三方可能成为安全漏洞(Szabo,2001),能够极大提升全球供应链效率的自动化交易也无法被完全信任(Deloitte,2020)。

物联网技术在智慧城市和智慧家庭系统中的运用日益增多,在带来便利舒适的同时,也引发了人们对于网络安全和用户隐私的担忧。电子数据技术通过自动化和分析学提高了生产力与效率,然而数据电子化之后可以轻易在未经用户许可的情况下被复制、泄漏。大数据分析也处在瓜田李下的境地,它对用户的分析是如此细致,极有可能侵犯个人隐私。数据分析一般是第三方云平台上进行的,这一点让隐私问题变得更加严峻。

对投资者来说,第四次产业革命中机会与风险共存。变化之深而广,革新之系统性,要求人们重新评估传统的方法——它们在定义、认知一些发生着颠覆性的重构与创新的领域的时候很可能不再适用。例如,现有的市场指数无法精确捕捉到某些创新领域的发展。标普500名单上的多家公司席不暇暖,1920年时平均在列时间为65年,而今只是短短15年。依此速度推断,40%的世界五百强企业将在2025年褪去光彩。

例如,可以考虑总可用市场(TAM)、可服务可用市场(SAM)和可服务可获得市场(SOM)模型(Graham,2020)。肯硕科技开发了一个称为"S&P Kensho新经济指数"的分类框架(S&P道琼斯指数,2020),以捕捉第四次工业革命的产业创新。无论用什么方法观察这个时代的经济,重要的是要放眼整个生态,将公司以及所有利益相关者都纳入考虑范畴。

12.2.2 对企业的影响

新技术的引入使企业可以开拓以前无法触及的细分市场,创造了满足客户需求的新方式。企业能够利用全球数字平台进行研发和营销,消除中间商,提高生产效率以及为客户提供定制的产品或服务。

从消费者的角度来看,随着信息的透明化和互动的数字化,今天的消费者渴望企业创造更加个性化的联结点,无论是虚拟的还是现实的。企业需要相应地改变他们设计、营销、交付商品服务的方式。例如,共享经济和"按需经济"实现了供给端和需求端的有机结合,成为现有市场结构中的突起异军。商用车生产商上汽大通汽车有限公司将其在线订单配置工具连接到生产工厂、供应商以及销售和分销网络。这项创新使客户能够清晰地传递他们的需求,并立即将这些信息传播给所有相关的单元,从而更快地获取车辆。得益于此,该公司的增长速度比市场快25%(Boer,2019)。

另外一个在企业竞争中的重要趋势是充分运用技术驱动的平台。这些具有颠覆性影响力的平台对传统产业模式中的需求端和供给端实现去中介化,共享经济和"按需经济"就是鲜明的例证。这个趋势的出现得益于智能手机和大数据的发展。随着用户对于企业来说越来越触手可及,未来商品与服务的差异化程度将十分显著。

科技也降低了企业的运营成本。许多商业部门的进入门槛降低了,市场主体可以更自由地参与平台经济。这种转变将会引入更多的产品/服务提供者,从而极大改变商业世界。

德勤会计师事务所(以下简称德勤)的最新报告(Deloitte Insights,2020年)指出,熟悉技术的公司才能蓬勃发展,它们将其正确地应用在相关的业务领域中,包括整体业务战略、员工和人才战略、社会影响力以及技术运营。这会助力公司的创新和发展,帮助企业吸引和培训所需的劳动力。

世界经济论坛报告(Betti & Boer,2020)列出了在制造供应部门发生的四种持续性转变,内容如下。

(1)反应迅速与以客户为中心

这要求企业迅速地识别出用户偏好的变化,然后对生产制造流程作适应性调整。造成这种趋势的主要因素是需求的不确定性。消费者借由信息技术能够接触到海量信息，从而要求更好、更个性化的产品和服务。

（2）供应链弹性

疫情期间制造供应链的巨变带来的启发是，高度有弹性的供应链要求"可重塑的多层联结供应生态系统，区域化，以及整体上更高水平的定制化"(Betti & Boer, 2020)。

（3）劳动力的速效兼备

企业需要意识到终生学习的必要性和劳动力持续再训练的重要性，同时融入更高水平的自动化。此外，企业需要时刻着眼于劳动力的机动性和远程办公能力。

（4）注重生态效益

对气候变化与人类活动之环境影响与日俱增的忧虑，促使企业践行生态友好，及时回应环境监管的要求。

在从第三次产业革命到第四次产业革命的转化中，数字化十分重要。实际上，公司不能再依靠简单的技术，而必须依靠足够创新的技术组合来增强其业务运营。在当今的经济中，唯一不变的是变化，企业领导者被迫不断地再发明他们以前成功的业务。许多业务领导人迎接了这一挑战，重新审视了他们现有的业务模型，以应对当前数字化世界的错综复杂。

12.2.3 社会责任和劳动力开发

同样是在上文提到的报告中，德勤发现许多证据表明企业正在找寻利益和社会意义之间的平衡。在第四次产业革命的新时代中，几乎每十位首席官中就有六位会将积极的社会影响列为最渴求的投资目标之一（至少是前五目标之一）。这些积极影响包括降低碳排放碳消费，鼓励资源再利用和减少浪费。许多企业也将气候变化问题作为它们的优先考虑，他们相信气候的变化终会影响公司运营。对正面社会效益的积极关注将给企业带来更多机会，使得它们能够更好地盈利，更好地应对来自外部利益相关者（包括投资者和消费者）和雇员的压力。

举例而言，美国和中国正在部署无人机，用以替代油气管道和高压电缆的传统人工巡检。德勤的一项研究（德勤，2021）确定了一些能够助力企业和政府达成联合国可持续发展目标（SDGs）的科技。根据这项研究，如果运用得当，这些技术可以使实现 SDGs 的进度加快 22%。

心系为社会谋福利，企业开始意识到确保对劳动力进行持续训练、技能更新的重要性。调查表明，八成首席官已经或者正在创造终生学习的企业文化。他们认为，不断更新技能在第四次产业革命时代是必要的，对这一点认识不足的管理层会成为企业发展的障碍。然而，在这方面企业的确会面临一些难题。一点是关于高管和信息技术人员是否需要进行技术方面的训练的困惑，另一点是企业难以确认未来所需要的技能。

12.2.4 对政府的影响

政府可以利用新兴技术来提高服务水平。例如，区块链技术的不可改变性和透明性有可能革命性地改变一系列政务的践行，包括数字身份保护、健康档案、投票表决等。正如之前提到的那样，对于一些位于危险、偏远地点的油气管道等设施，人工巡检可以用无人机替代。当然，在采用新技术前也需要衡量其风险。

随着数字世界和非数字世界的不断融合，新的技术平台将增强社会中活跃的公民意识。公民与社会之间将有更多互动，公民的反馈以及公共机构的监察将拥有更多渠道。但是，数字化技术的力量可能是一把双刃剑。此类技术不属于社会控制甚至监视时，存在道德上的顾虑。因此，在运用技术时，政府需要提出一套更为细致和可接受的方法。此外，随着技术的进步和信息的分散化，政府在决策或者是与人民互动时，不断地重新调整其方法至关重要。

之前，在第二次工业革命中，政府拥有充裕的时间来自上而下地调整、实施政策。这种自上而下的线性决策模式在今天仍有遗留。然而，第四次产业革命带来的变化之快、颠覆之广、影响之深，使得原有的决策模式不再适用。例如，有了3D打印技术，其使用者在家中就能制备毒品，政府不得不思考全新的监管问题(Schwab, Davis and Nadella, 2018)。

政府需要担起许多新的责任，包括制定新的技术标准，组建监督技术发展、技术运用的专家团体，拟定调节组织与竞争者、利益相关者间关系的政策，确保组织对其环境影响负责。在这些方面制定规章就需要政府与产业的密切合作。

2019年7月，法国引入数字服务税，对象是在法国收入超过2 500万欧元、全球收入超过7.5亿欧元的互联网公司。它们从数字服务取得的收入将被课以3%的数字税(Peccarelli, 2020)。

基于数字服务提供者的地域征收数字税，从经济角度上来说可能是必要的。然而，如此运用国家自治权，意味着实施一套令人疑惑的政策。在这些政策下，管辖的具体情况不同，税收政策也不同。税收的混乱可能成为冲突的来源。

可以肯定的是，科技的成就是如此之高，使得立法者与监管者都面临重大挑战。其中一个关键的挑战在于监管与技术创新之间的合理平衡，在监管的同时还要兼顾培育再创新的能力。一种叫"敏捷治理"的治理模式可以应对这一挑战。这并不是全新的概念，一开始它是由私营企业为软件开发和业务运营而创制的。监管变得敏捷的同时，责任也愈发重大。监管机构必须与商业和民用部门密切合作，以在不断变化的时代不断完善自己的法规。

12.3 工业4.0和劳动力

工业4.0在带来多种裨益的同时，也带来了不小的负面影响。其中最值得关注的是加剧了社会的不平等。随着我们更多地依赖机器而不是人工，资本回报与劳动回报间已有的差距会进一步扩大。在工业4.0时代，产业中最重要的要素既不是资本，也不是劳动力，而是创新和新思维。人才在未来会代替资本成为生产中最关键的要素。实际上，拥有思想的人会成为最抢手的资源，这将导致一个越来越割裂的劳动力市场。低技巧性与低薪酬的琐碎任务将由机器代替完成，需要创新的高薪岗位则不大可能被取代。这种加剧的两极分化可能会制造更大的社会矛盾。

这种场景被凯恩斯(1930)描述为技术失业。许多研究者观察到无论是在发达国家还是发展中国家，未来就业增长的分布都呈"U"形曲线。高技能劳力和低技能劳力的工作机会较多，而中等技能劳力的工作机会最少，并且还在继续衰减。这类中等劳动技能的典型代表包括日常的认知技能和手工技能，例如工厂工人和神职人员的工作(Autor, Katz & Kearney 2006；Goos & Manning 2007；Autor 2015b)。

所有的产业革命都改变了经济的面貌,提升了生产力水平,威胁了工人的就业。生产力进步在总体上会提升人民的生活水平,然而这一点的实现需要时间,中间就业率下降的这个阶段被叫做"恩格尔停滞"(Allen,2009)。

第四次产业革命与之前几次有所不同。先前的产业革命是运用技术来提高生产,促进大生产和自动生产,而这一次技术革命是利用技术和机器来执行一些非程序性的任务,这些任务一度都只能由人类完成。机器学习、神经网络和深度学习被用于分析大数据,挖掘消费者数据背后的行为模式;聊天机器人替代了顾客服务部门的员工。于是不安在劳动力中蔓延。

尽管如此,有另外几个积极的方面是值得注意的。第一,机器替代劳力并不是瞬间发生的,需要结合情景具体分析。在某些发展中国家,运用技术替代劳力的成本可能超过了劳动力支出本身。第二,更重要的是,如奥托(2015a,2015b)主张的那样,人类与机器间是紧密的互补关系。机器和算法虽效率无匹,但也只是在一些特定的领域。

正是因为如此,相比于技术,许多组织更重视的是思维模式。一些人拥有开放灵活的思维模式、持续学习的强烈愿望,他们将在一个持续变化的时代大放光彩。总的说来,工业4.0技术的应用从长期看来将有益于劳动力。

技术创新对于工作和工资的影响如下。

Acemoglu和Autor(2011)以及Acemoglu和Restrepo(2018)开发了一个理论框架,该框架使我们能够评估技术创新将如何影响我们的工作和工资。他们在其出版物中提出,从提高生产力的意义上说,两种创新类型,即"赋能性技术"和"替代性技术"使人类受益。它们带来更高的就业率和工资水平,也刺激了新的互补性(相对于机器而言)工作的产生。教育机构和政策制定者应确定面向未来的互补性技能,以减轻技术变革的负面影响。要培育具有未来适应性的技能,最好坚持机动性和敏捷性的原则。此外,必须有足够的安全网和渠道来保障工人的技能提升,以掌握新经济部门所需的新技能。

不必要的劳动成本的增加会加剧技术替代人工的问题。鉴于此,劳动力市场的改革应该强调提升工人的技能,加强他们在不同产业部门和不同地域之间的可迁移性、流动性。一个合意的企业环境对劳动力市场的可持续运行是必要的,它能减少市场失灵的发生。不过这些政策应该从提升效率的动机出发,不可采取保护主义思维,保留过时的部门。

在增加劳动力市场的流动性之外,对劳动力充分的保护也是必要的。一种保护措施是安全网,例如现金返还,这可以支持贫困者和失业者的生活。此外,对上述群体家庭的金融援助也需要被考虑。世界银行现在有明确的证据表明,设计得当的安全网可以有效减少贫穷,缓解不公,使工人免受创造性破坏之伤害。

最后,从长远的角度考虑,分配政策的目标群体应该扩大。资金需要被投入于更普惠的公共商品、社会保险,以及如果可能的话,一个更普遍的低保计划。普惠的本质在于使数字时代的发展成果由社会共享,而不是由少数人独占(Freeman,2015)。

12.4 展望未来

历次产业革命的历史经验告诉我们,想运用好新技术的双刃剑,我们必须面对下列三个急迫的挑战(Schwab,Davis and Nadella,2018)。

（1）保障第四次产业革命成果的公平分配。很多原因使得一部分世界人民无法享受进步成果，包括服务覆盖范围的限制或是购买能力的不足，还有一些体制在暗中将利益向某些得利团体倾斜。

（2）管理外部性，衡量风险与弊害。弱势群体，自然环境和未来的子子孙孙的福祉经常遭到忽视，被暴露在一些不可预料的伤害之下。例如，量子计算有时会给加密方案的使用者制造隐私、安全方面的风险；自动化交通工具可能会给已经十分拥挤的城市再添一份拥堵。

（3）确保第四次产业革命由人引领，以人为本。以人为本意味着确保人在世界上作为一个有意义的主体之地位、权利。工业 4.0 时代的新科技可以基于大数据进行决策，这些数据是人类远不能处理、控制和理解的。顺着数字网络，事件因果的传导会比在以往任何一个产业革命阶段更加迅速（强大的技术更需要人类的积极驾驭）。

克劳斯提出了定义面向未来新思维的四个关键原则，具体如下。

（1）系统，而非技术。一个以增进社会福祉为主旨的系统设计比"好技术"更重要。没有好的系统架构，科技可能是弊大于利的。

（2）赋能，而非控制。人类决策需要被尊重。科技应该让人类有更多的选择、更多对生活的掌控，而不应该让机器计算得出的决定干涉人的自由意志。

（3）构想，而非默认。对于科技的发展需要主动地规划，系统地认知，如此才能更好地理解前进着的世界格局，了解科技将如何改变现有的体系。

（4）承认技术并非中立。科技不仅仅是工具，它发展的过程、背后的动机都表明技术承载了价值观。

参考文献/拓展阅读

[1] Acemoglu, D. & Autor, D. H. (2011). Skills, Tasks and Technologies: Implications for Employment and Earnings. In Handbook of Labor Economics, Volume 4, edited by Orley Ashenfelter and David E. Card. Amsterdam: Elsevier.

[2] Acemoglu, D. & Restrepo, P. (2017). Robots and Jobs: Evidence from US Labor Markets. NBER Working Paper 23285, National Bureau of Economic Research, Cambridge, MA.

[3] Acemoglu, D. & Restrepo, P. (2018). The Race between Man and Machine: Implications of Technology for Growth, Factor Shares, and Employment. *American Economic Review*. 108 (6).

[4] Allen, R. C. (2009). Engels' Pause: Technical Change, Capital Accumulation, and Inequality in the British Industrial Revolution. Explorations in Economic History 46 (4).

[5] Autor, D. H. (2015a). Polanyi's Paradox and the Shape of Employment Growth. In Re-Evaluating Labor Market Dynamics. Proceedings-Economic Policy Symposium-Jackson Hole, 2014. Federal Reserve Bank of Kansas City.

[6] Autor, David H. (2015). Why Are There Still So Many Jobs? The History and Future of Workplace Automation. *Journal of Economic Perspectives*, 29 (3).

[7] Autor, D. H., Katz, L. F., & Kearney, M. S. (2006). The Polarization of the

U. S. Labor Market. The American Economic Review,96 (2).

[8]Betti,F. & Boer,E. (2020). Global Lighthouse Network:Four Durable Shifts for a Great Reset in Manufacturing. World Economic Forum White Paper, September 2020. http://www3. weforum. org/docs/WEF_GLN_2020_Four_Durable_Shifts_In_Manufacturing. pdf.

[9]Boer, E. (2019). Lighting the way: New leaders in the fourth industrial revolution. McKinsey & Company. https://www. mckinsey. com/business-functions/operations/our-insights/operations-blog/lighting-the-way-new-leaders-in-the-fourth-industrial-revolution.

[10]Guan,C. ,Jiang,Z. ,& Ding,D. (2020). The Emerging Business Models. World Scientific.

[11]Chuah,L,Loayza,N. ,& Schmillen,A. (2018). The Future of Work:Race with-not against-the Machine. World Bank Group,Research & Policy Briefs From the World Bank Malaysia Hub,No. 16.

[12]Cisco (2020). Protecting Data Privacy to Maintain Digital Trust. Consumer Privacy Survey. https://www. cisco. com/c/dam/en_us/about/doing_business/trust-center/docs/cybersecurity-series-2020-cps. pdf? CCID=cc000742&DTID=esootr000515&OID=rptsc023525.

[13] Deloitte (2020). How Blockchain Can Reshape Trade Finance. https://www2. deloitte. com/content/dam/Deloitte/global/Documents/grid/trade-finance-placemat. pdf.

[14]Deloitte Insights (2020). The Fourth Industrial Revolution:At the intersection of readiness and responsibility. https://www2. deloitte. com/content/dam/Deloitte/de/Documents/human-capital/Deloitte_Review_26_Fourth_Industrial_Revolution. pdf.

[15]Deloitte (2021). Digital with Purpose:Delivering a SMARTer2030:Deloitte and GeSI launch a new report on the impact of digital technology on the SDGs. https://www2. deloitte. com/uk/en/pages/strategy/articles/digital-with-purpose-delivering-a-smarter-2030. html.

[16]Freeman,R. B. (2015). Who Owns the Robots Owns the World. IZA World of Labor 2015:5. doi:10. 15185/izawol. 5.

[17]Goos,M. & Manning,A. (2007). Lousy and Lovely Jobs:The Rising Polarization of Work in Britain. *Review of Economics and Statistics*,89 (1).

[18]Graham, A. (2020). TAM methodology:An Explanation and Example of Total Addressable Market Analysis. https://www. toptal. com/finance/market-sizing/total-addressable-market-example.

[19]Johnson,A. (2019). Self-Sovereign Banking Putting You Back in Control of your Money. Forbes. https://www. forbes. com/sites/alastairjohnson/2019/10/03/self-sovereign-banking-putting-you-back-in-control-of-your-money/? sh=2e44a4751f61

[20]Keynes, J. M. (1930). Economic Possibilities for Our Grandchildren. Nation and

Athenaeum 11 and 18 (October).

[21] McKinsey & Company. (2020). Global Lighthouse Network: Insights from the Forefront of the 4th Industrial Revolution. https://solutions.mckinsey.com/msd/global-iot/sites/default/files/CXO%20summary%20-%20Global%20Lighthouse%20Network%20-%20Jan%202020.pdf.

[22] Moyland, J. (2020). The Fourth Industrial Revolution: Are We Ready? S&P Global. https://www.spglobal.com/en/research-insights/featured/the-fourth-industrial-revolution-are-we-ready.

[23] Peccarelli, B. (2020). Bend, don't break: how to thrive in the Fourth Industrial Revolution. World Economic Forum. https://www.weforum.org/agenda/2020/01/the-fourth-industrial-revolution-is-changing-all-the-rules/.

[24] PWC Global (2017). The Essential Eight. https://www.pwc.com/gx/en/issues/technology/essential-eight-technologies.html

[25] Schwab, K. (2015). The Fourth Industrial Revolution: What It Means and How to Respond. https://www.foreignaffairs.com/articles/2015-12-12/fourth-industrial-revolution.

[26] Schwab, K., Davis, N., & Nadella, S. (2018). Shaping the Future of the Fourth Industrial Revolution. The Crown Publishing Group.

[27] S&P Dow Jones Indices (2020). Equity: New Economies. https://www.spglobal.com/spdji/en/index-family/equity/kensho-new-economies/#overview

[28] Szabo, N. (2001). Trusted Third Parties are Security Holes. Satoshi Nakamoto Institute. https://nakamotoinstitute.org/trusted-third-parties/.

[29] World Economic Forum (2018). Centre for the Fourth Industrial Revolution. https://www.weforum.org/centre-for-the-fourth-industrialrevolution/areas-of-focus.

练习题

请选择最合适的选项。

习题一

下列陈述正确的是_____。

A. 低端技能工人会发现他们的工作逐步被机器取代

B. 相比之下,就业状况对于中等技能劳动者来说会更严峻

C. 由于终生学习的趋势和竞争压力,高端技能劳力找工作将更加艰难

习题二

第四次产业革命与前几次的不同之处在于:_____。

A. 科技发明的速度大大加快

B. 在越是发达的国家中,科技的冲击影响越广

C. 整个生产系统都要被取代,而不是局部的某些生产设备将被取代

D. 机器在认知类任务中表现出的能力越来越强

习题三

在世界经济论坛提出的四种持续的转变趋势中,敏捷性和以客户为中心的意思是:_____。

A. 在识别消费者活动的气候影响方面反应迅速

B. 对用户偏好的变化反应迅速,及时对生产制造流程做适应性调整

C. 运用数据分析和人工智能算法对用户偏好的变化作出迅速反应

习题四

下列_____不是企业在人力开发中会遇到的问题。

A. 确认如何培训员工

B. 确认技术培训的对象

C. 确认哪些技能是必须的

习题五

政府和监管机构应该_____,以应对第四次产业革命带来的变化。

A. 采用自上而下的结构来调整、实施政策

B. 在监管稳健与科技创新中取得平衡

C. 制定所有行业通用的政策

第十三章　金融科技与金融普惠

学习目标
- 讨论金融科技是如何实现金融普惠性的。
- 基于 LASIC 原理评估成功的金融科技企业的特质。
- 评价在金融科技的应用中技术是如何提升金融服务的生产率和效率的。

主要内容

要点
- 金融科技是"金融性科技"的简称,是指通过科技来实现创新性的金融服务或产品。
- 金融普惠性是指为原先服务匮乏的细分市场提供金融服务的能力。在实践中,金融普惠性在为微小中企业(MSMEs)和服务不足的个体提供服务方面显得尤为突出。
- 成功的金融科技企业应该具有 LASIC 原则强调的五项特质。LASIC 原则是对金融科技公司相对于传统金融企业的一系列优势的简明概括,LASIC 的五个字母分别代表低利润(率)、轻资产、可调整、高创新和易合规。

重点名词
- 金融科技:以科技为依托的创新金融服务或产品。
- 金融普惠性:为原先服务匮乏的细分市场提供金融服务。
- LASIC 原理:商业模式的五个重要属性,可以成功地利用金融技术创建可持续的金融包容性商业。这五个属性为:低利润(率)、轻资产、可调整、高创新和易合规。

科技创新正在改变企业提供金融服务的方式,这种现象一般被称为"金融科技"。有些研究者把这波转变的浪潮称为"第四次工业革命"。不过,无论被冠以什么名称,可以肯定的是,金融科技对我们社会产生了深远影响。作为介绍性的一章,本章将先展现金融科技的多种优势,比如 LASIC 和金融普惠性。然后我们将讨论一些公司应用金融科技的具体案例,以提供对金融科技应用更全面的理解。

13.1　金融科技概述

金融科技(FinTech)是 financial technology 的简称,它是指通过科技来实现创新性的金融服务或产品。简单来说,它是指正被用于提升传统金融服务的一些技术。这种提升主要发生在三个方面:(1)便捷性。(2)服务涵盖的内容。(3)服务面向的人数。为了进一步说明,以下举出一些具体的例子。

(1)便捷性。移动支付不仅消除了人们携带钱包的必要,还使人们得以跳过生活缴费中长串的琐碎流程。这种对日常便捷度的提升是传统技术不可能做到的。

(2)传统金融机构为客户提供的服务内容是有限的。引入金融科技之后,平台不仅可以为客户提供支付服务,还可以提供包括保险、医疗、购物、投资和小额信贷在内的一系列相关服务。金融科技将单个平台可以提供的服务拓宽得更多。

(3)由于潜在的高成本,金融机构无法为每一个人服务。然而,有科技支撑的金融服务的成本并不高,因而可以顾及原来的欠服务人群。这些服务包括对小企业主的小额信贷,还有面向偏僻地区农民的手机银行业务。这种将服务延伸到更多人群中去的理念被称为金融普惠性,我们之后会讨论这一概念。

我们尚且难以准确地定义金融科技。但普遍的趋势是金融科技改善了我们的日常生活。随着科技的进步,现在越来越多的人将更多的时间花在手机和互联网上,这会改变消费者的预期并产生海量的数据。这种现状驱动了对与时俱进的、创新的金融产品及服务的需求。例如,现在收集到的数据量更大,企业可以在提供服务时(对客户的偏好)做出更精准的预测。

传统金融机构创新服务的反复失败导致我们转向金融科技的使用。2008 年,纳税人的钱被用于援助不负责任的金融机构,公众对此感到万分失望。原来的金融系统高度依赖于人民和投资者的信赖,全球金融危机却严重损害了大众的信心。而现在,金融科技被客户们信赖,受企业家欢迎。这种金融服务的创新替代了原有的体系,有助于重塑公众的信任。这是金融科技发轫背后的原因。

从应用层面来说,电子商务的繁荣改变了消费者的习惯,许多如亚马逊和阿里巴巴类的电商平台为客户提供类似于银行的服务,这一情况加速了将科技融入金融服务创新的趋势。金融科技亦可助力金融普惠。它为没有银行账户的个体、家庭,还有未能享受金融服务的企业,提供了有效而实惠的金融服务,这正是传统金融系统未能做到的。这两个观点在以下内容中会得到更详细的说明。

13.2 金融普惠性

金融普惠性指的是为原先服务匮乏的细分市场提供金融服务的能力,它是促成脱贫和繁荣的重要因素。世界银行指出了几个金融普惠的实现策略(The World Bank,2018),包括零售支付系统和政府支付系统的现代化,还有将科技用于金融普惠事业。这些策略其实都指向了金融科技的运用实践。

在实践中,金融普惠最突出的运用在于对小微中企业(MSMEs)和缺乏服务的个体的服务。目前,预计有超过两亿家发展中国家的微小中企业无法享用官方金融系统的服务,因此金融普惠性是经济发展的重要驱动力。金融机构可以通过提供支付解决方案、投资或者信贷业务对微小中企业提供金融普惠。拿信贷业务来说,由于缺乏盈利能力,小额贷款在传统金融体系中是难以取得的。但是,金融科技的存在使得小额贷款以低得多的成本被提供,也就是说，小额贷款也能取得利润了。

另外一个重要的服务匮乏的细分市场是个体市场。据估计，目前传统金融机构对多达20亿的个体服务不充分。金融科技以多种形式为这一部分客户提供了普惠，包括更便宜的服务、原先无法获得的新型服务或者是增值服务，一个典型的例子是移动支付的发展。在发展中国家，移动支付带来的金融普惠进一步跟上了这些国家整体的发展节奏，在这些国家中，线下金融机构的稀少使得金融科技得以发展。手机银行和移动支付克服了传统金融机构的局限性，把金融服务提供给了更多需要它的人们。

总的来说，金融科技为缺乏服务的个体和微小中企业提供金融普惠的途径及其特点，可以概括为以下三个要点。

(1)降低服务成本。金融科技大大降低了服务成本，现有的服务能够以更低的价格，甚至是免费提供服务。在一些价格敏感度较高的行业，这种较低的价格将导致需求的过度增长。因此金融科技企业在获取用户方面获得了相对优势。

(2)满足欠服务群体。相对于需求来说，金融服务的供给总是有缺口的。由于供给的成本问题，部分消费者得不到充分的服务。金融科技极大地降低了服务成本，从而可以为这些得不到充分服务的群体提供新的服务。

(3)为企业提供优化方案。金融科技如何为企业更好地服务现有客户提供了技术答案。比如，大数据分析的运用可以加深对客户的理解。

根据 LASIC 原理，几个适用于金融科技部门的原则包括：轻资产、低利润（率）和高创新。金融科技具有高度的创新性，它可以提供不同于传统银行业务的颠覆性服务。低利润率和轻资产的特点意味着金融科技能以更低的成本服务更广阔的人群。

整体来说，金融科技在推进全球金融普惠上取得了巨大进步。安永会计师事务所(Ernst and Young)的金融科技采用的指数表明，2017年，在20个成熟市场和发展中市场中，使用金融科技服务的客户平均占到33%，其中，中国的表现最为突出，金融科技采用率达到了69%。

本质上，金融科技引领着一股改变金融产品服务提供方式的浪潮。在这股浪潮之中，许多传统金融机构不得不改变现有的业务模式来与金融科技企业竞争。金融科技获得成功的关键原因是其服务模式的无差别性。金融科技是为服务大众设计而不是为了特权群体。由此，金融科技可以接触到更广的细分市场，吸引到更多的需求方。举例而言，如蚂蚁金服等金融科技公司有能力为原先处于欠服务状态的小微企业提供小额信贷。利用数据分析，蚂蚁金服可以通过支付记录评估借款人的信用等级，调整提供给这些小微企业的信用额度。以上过程并不繁琐，一日之内，贷款到位，缓解了小微企业的现金流压力。

我们现在将进一步学习金融科技在现实生活中的运用，以及金融公司具体如何在其业务模式中将这些运用落地。

13.3 金融科技的应用

金融科技可以在以下四个方面(但不仅限于这四个方面)造福消费者：(1)降低服务价格。(2)提供新型增值服务。(3)为其他行业解决经营问题。(4)专注于之前欠服务的客户群体(Guan, Jiang & Ding, 2020)。越来越多的初创公司正在进军金融科技，最热门的领域包括电子支付、智能投顾、量化交易、众筹、P2P、保险、区块链和监管科技。我们接下来逐一介绍这些领域。

(1) 移动支付

在移动支付业务中，金融科技公司搭建起第三方平台，使得资金的支付和转账可以通过手机完成。著名的移动支付应用包括美国的 Paypal，中国的微信和支付宝以及新加坡的 Paylah。电子支付改变了我们的支付习惯，商户们通过二维码收钱，水电等公共事业的缴费也在线上进行。

(2) 众筹以及 P2P 业务

筹资对企业来说十分重要。所有企业都需要资金，但不是每一家企业都能轻松地筹集到资金，对尚无贷款信用记录的小微企业来说尤为如此。然而，小企业可以通过众筹高效、经济地实现融资。众筹平台作为贷方和借方的中介，它们匹配有资金供给和需求，同时收取一定的服务费。中国的 EasiCredit，新加坡的 MooLahSense 和美国的 Lending Club 都是 P2P 平台。在传统金融机构中，提供 P2P 服务需要承担巨大的风险，然而，金融科技企业利用算法可以获取借款方的信用数据，估计违约风险，从而大大降低小微企业带来的不确定性。同时，金融科技平台是轻资产平台，运营成本较低，这也降低了为小微企业提供小额贷款的成本。

(3) 量化交易和智能投顾

量化交易和智能投顾是指运用科技和大数据进行投资、交易。智能投顾是为客户执行金融交易、挑选资产标的和管理投资组合的平台。量化交易是指用历史数据和算法做出投资决策。通常，金融科技平台会同时承载这两种服务，通过这种整合，平台能够为个体投资者提供优质的金融投资建议以及良好的投资组合管理。相比传统的资产管理，智能投顾收取的费用更低，这一点对个体投资者来说尤其具有吸引力。他们的可用资金不多，也负担不起专业的资产管理服务。另外，数字化的特点也让这些平台更吸引年轻人。他们可以通过自己更熟悉的互联网平台来投资，不用再面对面地咨询投资管理经理。除了个体投资者，很多小企业也依托智能投顾实现资产管理。与其他金融科技业务相类似，智能投顾业务的成本也大大低于传统银行。美国的 Betterment 和 Wealthfront 就是知名的智能投顾公司。只需要 25 美元的初始资金就可以成为这些公司的客户，相比之下，在传统理财公司投资至少需要 10 万美元。

(4) 监管科技

合规在金融行业中至关重要。监管科技（简称 Reg Tech）利用技术辅助监控、报告、合规方面的工作(Ascent, 2020)。在监管科技发挥作用时，两个要素十分关键。第一个是数据分析。通过数据分析，金融机构可以发现现有业务中的不足，对业务做合规性调整。另一个关键要素是自动化。审计和监督是劳动密集型的任务，但是监督和合规工作的自动化让风险识别和监管合规变得更高效、精准。商业银行和金融机构已经在采用监管科技上迈出了第一步。在不久的将来，监管科技会得到更广泛的运用。

(5) 保险科技

保险科技指的是一系列运用于保险产业的科技，这些科技提升了整个保险行业的综合效率。保险科技在提升效率方面有以下几个特点：第一，通过数据分析，保险科技让承保人对客户的金融活动有更深刻的洞察。对客户的理解越到位，为他们制定的方案就越个性化。

运用机器学习技术，保险科技可以更富创造性地满足客户的需求。第二，除了更加定制化的产品，保险科技还提供了对金融风险更准确的估计。在保险机构分析用户的金融数据后，违约风险可以得到更透彻的理解和更稳健的管理。这就降低了承保风险，是保险机构的福音。这两个保险科技的优势结合起来，给传统保险公司带来了巨大的挑战。例如，中国保险科技公司众安保险为其股东中国平安保险公司赚取了极其丰厚的保费（后者是中国最大的保险公司）。2013 年创立后，只用了一年时间，众安就协助其合作伙伴阿里巴巴实现销售额一亿元人民币的增长，货运保险单增长 50%。

（6）财富管理科技

财富管理科技为优化财务管理和投资提供了数字化的解决方案。为了应对来自精科技型初创企业的冲击，应对消费者期望的变化，财富管理科技运用如大数据和人工智能等科技来帮助财富管理公司开辟待开发的市场。一个财富管理科技的典型例子是智能投顾，它旨在利用金融科技提供与财富相关的管理建议。财富管理科技是金融科技的新兴组成部分，对其的投资从 2018 年到 2019 年约下降了 62.5%。下降的原因在于投资者将注意力转移到了即将上市或者即将被收购的公司或者其他更安全的投资选择上。毕马威会计师事务所预计，由于新冠疫情的影响，这个趋势将持续到 2020 年（Pollari & Ruddenklau, 2020）。

（7）数字银行

数字银行是指没有任何实体分支机构的具有数字或线上服务的一种银行业务模式。数字银行中采用了许多相似的技术，包括虚拟银行、网上银行、手机银行乃至欧洲正在发展的社交银行。值得注意的是，如果没有智能手机的普及，数字银行是不可能实现的。智能手机使得用户可以随时随地访问他们的线上银行账户，为用户提供了极大的便利，同时也拓展了数字银行的覆盖范围，扩大了其用户群体。目前，一些著名的数字银行都是金融科技公司创造的，我们会在后面 Fidor 的案例中描述更多的例子。金融科技巨头，比如中国的阿里集团或者是新加坡的 Grab，正在迅速拓展它们的数字银行业务。这两家公司拥有一些共性，它们都构建支付平台，打造电子钱包，拥有更高的采纳率。这些共性是它们能够高效提供银行服务的原因。

另一方面，传统银行也能够提供数字银行的功能。传统银行越来越重视协同作用，力图把握创新机遇，提供更多的数字银行服务。新技术的使用也意味着监管机构需要对持续变化的银行业保持密切关注。目前，中国在数字银行领域处于领先地位，也是全球金融普惠程度最高的国家。数字银行在肯尼亚、美国和欧洲地区纷纷建立起来，但是可持续发展的典范是中国，因为它已经将数字银行当做重要的社会议题。以客户的数量来衡量，2013 年全球最大的三家银行都是中国的——中国工商银行（手机银行客户超 1 亿）、中国建设银行（手机银行客户超 1.17 亿）、中国农业银行（手机银行客户超 0.83 亿）。

（8）其他金融科技的应用

除了以上讨论的几个金融科技领域外，金融科技的应用还有很多。金融科技还应用于贷款、汇款、聊天机器人和个人理财等方面。新加坡金融管理局正开始着手中央银行电子货币（CBDC）项目（FinTech Singapore, 2020）。这项金融科技的重要应用表明其不仅在商业世界有用武之地，亦可在政府机构手里发挥作用。金融科技在汇款业务上也有重要应用。汇款，是一种跨境支付的形式，跨境支付技术对促进贸易至关重要。如今，世界上的经济体多为开放型经济体，跨境贸易对它们的经济发展来说是关键的。如此看来，跨境支付技术显得更加重要。与此相关的更多信息详见来自普华永道会计师事务所的文献(2019)。

13.4 LASIC 准则

成功的金融科技企业应该展现出下面五项 LASIC 原则所强调的特质(Lee & Teo,2015)。如图 13—1 所示,LASIC 原则简要概括了金融科技公司相较于传统金融机构所具有的优势。

(1)低利润(率)。这一点对于企业的成功来说十分重要,尤其是在互联网和科技领域。许多用户期望免费获取信息,而在用户群和数据量相当大的情况下这是可行的。网络效应在金融科技企业的成功中扮演着重要的角色,它意味着取得更大的用户群并通过低收费高需求获取利润。

(2)轻资产。在瞬息万变的环境中,轻资产企业由于没有高昂的沉没成本,却有更强的灵活性以融入新科技,有更强的适应力来调整其产品和服务。如此,这些企业新星可以保持相对于其竞争对手更强的优势。

(3)可调整。为了更好地利用网络效应,金融科技企业应该能够进行灵活的调整。科技中应该融入新的元素来应对未来可能的变化发展。技术设计应该具有前瞻性,同时不可忽视及时调整。

(4)高创新。除了需要具有轻资产和可调整的特点,成功金融科技企业的产品和运营还需要具有创新性,这样才能适应不断变化的消费者的需求、充分利用科技创新成果来提高利润以及保证可持续发展。

(5)易合规。合规和监管方面的成本也需要被加以重视。对于金融科技企业来说,高强度监管环境下的高合规成本可能会妨碍公司的盈利,危及企业的现金流。在一个易合规的环境下,公司可以在合规方面花更少的钱,把其余的钱用于创新与发展。

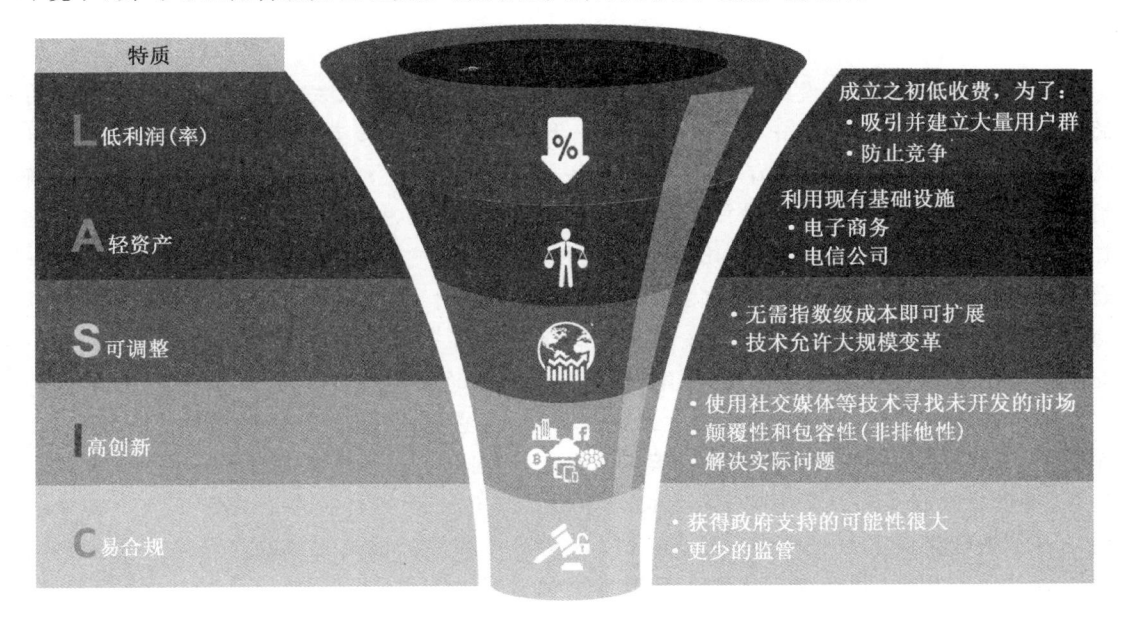

图 13—1 LASIC 原则

金融科技初创公司应致力于遵守 LASIC 原则，以实现金融普惠性可持续发展的目标。LASIC 原则的最后一点，也就是易合规，是一个外在因素。企业家可以致力于克服现有制度中的痛点，积极提高认识，突出服务于公众、用户，甚至政府的重要性，以改善监管环境，获得政府支持。本章的这一部分将提供几个金融科技公司的案例，这些公司经过了"再绑定"（Rebundle），它们往往作为一家金融科技企业诞生，然后将金融服务纳入其版图。总的说来，成功"再绑定"（Rebundle）的公司通常具有如下特征。

（1）拥有庞大的客户网络。
（2）科技紧密融入社交网络。
（3）提供富于创新性且值得信赖的金融科技服务。

案例学习 1

电信×金融科技——M-PESA

M-PESA 的成功依托于手机日益普及的现状。发展中国家往往面临着来自互联网基础设施建设不足或者智能手机匮乏的挑战，在这样的环境下，利用对设备要求低的移动技术显得十分重要。M-PESA 巧妙地利用了短信服务来实现资金转账。M-PESA 由 Safaricom 创建于 2007 年，为欠服务人群提供转账服务，使国内、国际汇款变得更加便捷，推动了金融普惠性。M-PESA 的成功引人注目，截至 2014 年，M-PESA 的注册商家累计达 122 000 家，注册用户达 1 930 万个。这些数字是令人惊讶的，因为只有五百万肯尼亚人拥有银行账户。此外，M-PESA 已扩展到其他地区，并融入其他服务。从地域上讲，M-PESA 已扩展到坦桑尼亚、阿富汗、南非、印度和东欧等国家。

案例学习 2

社交媒体×金融科技——Fidor

与发展中国家不同，发达国家的互联网联接程度更高，这导致发达国家的金融科技公司的商业模式截然不同。Fidor 银行就是这样一个例子。Fidor 银行是第一家通过互联网和社交媒体运营的银行。它在 2007 年成立于德国，规模逐渐扩大，在 2014 年时拥有 30 万注册用户和 25 万社区会员。不仅用户数量庞大，Fidor 还取得了总计 2 亿欧元的存款额以及 1.6 亿欧元的贷款额。与传统银行相比，Fidor 的手续费很低，它通过社交媒体运营，不必维持一众银行网点。因此，仅仅 34 个员工就可以维持日常运营。另外，只需 20 欧元，Fidor 就可以为一个客户提供全面的银行服务，成本比传统银行低得多。作为银行业创新的领导者，Fidor 在 2013 年获得了多种嘉奖，在德国以"最具创新力的社交媒体银行"之名受人青睐。

除了低手续费外，Fidor 在别的方面也颇有建树，它建立了银行社区，提供支付服务，还开发了一款提供数字银行转型解决方案的软件——fidorOS。该软件通过允许在社交媒体上转账、提供贷款服务和众筹服务，大大促进了社交媒体上的银行服务。为了服务于商业机构，Fidor 银行提供了另一种称为 Fidor TECS 的应用程序。该应用程序与苹果公司提供的 iTunes 非常相似，它帮助企业建立其 B2B 客户的社区。

案例学习 3

电子商务×金融科技：阿里巴巴集团

与 Fidor 银行和 M-PESA 相比，阿里巴巴集团是一个更大的商业实体。这家中国金融科技服务商在 1999 年由马云及其团队在杭州创建。业务规模巨大的阿里巴巴通过互联网提供一系列 C2C、B2C 和 B2B 的销售服务。阿里巴巴于 2004 年创立了一个简单而创新的支付平台，称为支付宝。支付宝是一个重要的支付设备，有助于促进对第三方托管机构的信任。第三方保管人将安全保管消费者的钱，并仅在消费者确认收货后才会将钱转给卖方。这项服务在中国迅速升温，用户群体日益壮大。获得了可观的用户群体之后，阿里巴巴集团将业务范围拓展到公用事业、信贷、医疗保健甚至保险等其他领域。现在，阿里巴巴还可以通过小商户使用的 POS 系统提供线下服务。

CLASSIC 准则由四大会计师事务所之一的安永提出。

C 代表以客户为中心。产品和服务力求便捷易用，企业提供的服务要围绕着具体的客户需求场景和痛点设计。为了做到这些，企业要与客户建立更密切的联系。

L 代表包袱轻。要避免被为功能单一的数字系统拖累，企业的与时俱进需要丢掉被淘汰的产品、旧资产的包袱和摆脱过多监管责任的束缚。

A 代表轻资产。小规模的固定资产能带来更大的经营杠杆系数。在资产负债表上，许多资产可以来自租借或者外包。

第一个 S 代表可调整。通过利用合作关系、经销网络和低资本金要求带来的简便，企业可以实现规模效益。

第二个 S 代表极简的价值定位。这就要求价值主张高度凝练，在业务流程中得到清晰透明的表达。

I 代表创新。创新需要贯穿全局，从业务模式、产品模式到服务模式和配送模式方面，进行全方位的创新。

最后的 C 指的是易合规。为了减少合规审批的压力，业务模式的设计需简洁，不要将众多服务聚合到一起（Lee and Teo，2018）。

CLASSIC 准则如图 13-2 所示。

共同特质	具体内容
C 以客户为中心	・产品和服务力求便捷易用 ・围绕具体的客户绣球场景和痛点设计服务 ・客户参与度高
l 包袱轻	・围绕数字渠道和履行而设计的专用系统 ・较少停产产品、旧资产的包袱和过多监管责任的束缚
a 轻资产	・小规模的固定资产带来更大的经营杠杆系数 ・在资产负债表上，许多资产来自于租借或者外包
s 可调整	・通过利用合作伙伴关系、经销网络和简便性，企业可以实现规模效益 ・低资本金要求
s 极简的价值定位	・基本简单的客户主张 ・高度专注且透明的业务流程
i 创新	・从业务模式、产品模式到服务模式、配送模式方面进行全方位的创新
c 易合规	・为了减少合规审批的压力，业务模式的设计需简洁，不将众多服务聚合到一起

资料来源：Chuen and Teo, EY analysis。

图 13—2　CLASSIC 准则

参考文献/拓展阅读

[1] Ascent. (2020). What is RegTech?. https://www.ascentregtech.com/what-is-regtech/.

[2] Cheng, M. (2019). The Future of Wealthtech. Forbes. https://www.forbes.com/sites/margueritacheng/2019/02/19/the-future-of-wealthtech/? sh=6308e50235e6.

[3] Chong, G, Jiang, Z & Ding, D. (2020). The Emerging Business Models. World Scientific.

[4] FinTech Singapore (2020). Singapore FinTech Report 2021. https://fintechnews.sg/wp-content/uploads/2021/01/Singapore-金融科技-Report-2021-Alibaba-Cloud-金融科技-News-SG-.pdf.

[5] Lee, D. K. C. & Teo, E. G. S. (2015). Emergence of FinTech and the LASIC Principles. *Journal of Financial Perspectives*, 3(3), 1—26.

[6] Pollari, I. & Ruddenklau, A. (2020). Pulse of FinTech H12020. KPMG. https://assets.kpmg/content/dam/kpmg/xx/pdf/2020/09/pulse-of-fintech-h1-2020.pdf.

[7] PWC (2019). Crossing the lines: How fintech is propelling FS and TMT firms out of their lanes. Global FinTech Report 2019. https://www.pwc.com/gx/en/industries/fi-

nancial-services/assets/pwc-global-fintech-report-2019. pdf.

[8]The World Bank (2018). Financial Inclusion：Financial Inclusion is a key enabler to reducing poverty and boosting prosperity. https：//www. worldbank. org/en/topic/financialinclusion/overview#2.

练习题

请选择一个最合适的选项。

习题一

下列_____是 LASIC 原则。

A. 低利润,重资产,可调整,高创新,重视合规

B. 低利润,轻资产,可调整,高创新,易合规

C. 高利润,轻资产,可调整,高创新,易合规

习题二

想象一下,你的客户正在向你咨询。他想要知道,在涉及监督、监管、报告、合规的时候,他应该研究哪一种金融科技。下列_____是最为合适的。

A. 监管科技

B. 众筹和 P2P 业务

C. 保险科技

习题三

下列_____最恰当地描述了 Fidor 提供的服务。

A. 专攻小企业小额贷款的 P2P 借贷平台

B. 运用社交媒体金融科技,并且 Fidor 是全球第一家纯线上银行

C. 专精于用 AI 预测风险的中国保险公司

习题四

以下有三个原因:①以低费率提供原本收费相对较高的服务,甚至是免费提供。②提供新型增值服务。③为企业提供解决方案。其中_____最恰当地解释了金融科技是如何为欠服务群体和微小中企业服务的。

A. ①

B. ①②

C. ①②③

习题五

关于监管科技的陈述以下_____是正确的。

A. 监管科技是利用科技来进行自动化监管的过程

B. 监管科技是利用技术帮助企业进行合规管理

C. 监管科技是利用技术来提高法庭诉讼效率的一种技术

第十四章　新兴技术

学习目标

讨论各种与金融科技有关的新兴技术发展情况。
考察企业如何使用新兴技术来提高效率。

主要内容

要点

- 人工智能是指开发和使用相应的计算机系统来执行原本需要人类的智慧才能完成的任务。主要包括视觉感知、语音识别、手势控制、机器学习和语言处理等。
- 通常来说，区块链是基于区块链技术的公共数据库（或分布式账本）。区块链是指由多个参与者基于现代加密技术、分布式一致协议、对等网络通信技术和智能合约编程语言形成的数据交换、处理和存储等技术的组合。
- 加密货币是指在没有托管人（例如中央银行）的情况下，使用加密技术和共识算法来确定货币政策的数字货币。比特币是首个且是加密领域交易员使用的最著名的加密货币之一。
- 云计算为用户提供了可用、便捷和按需的网络访问，允许用户进入一个基于收费模式的可配置计算资源的共享池。计算资源包括网络、服务器、存储、应用软件和服务。云计算用户只需做很少的管理工作，并且不需要与服务供应商过多地交流，即可快速获取计算资源。
- 大数据是指大规模的数据收集。数据体量巨大、数据类型繁多、价值密度低和处理速度快是大数据的四个显著特征。大数据处理过程可以分为五个步骤：数据获取、数据存储与管理、数据处理、数据分析与可视化以及数据显示。
- 物联网（IoT）是指由各种传感器设备（根据互联网协议）组成的能够通过互联网收集和共享电子信息的网络，从而可以实现监视、连接和交互。它旨在识别网络中对象与对象之间以及对象与人之间的连接。物联网的产业链可分为四个主要层：传感器层、网络层、平台层和应用层。

重点名词

- 大数据：对大规模数据的收集。数据体量巨大、类型繁多、价值密度低和处理速度快是大数据的四个显著特征。
- 人工智能（AI）：计算机科学的一个分支，着重开发可以像人类一样思考和工作的智能机器。
- 区块链：是一个公共数据库（或分布式账本），它支持点对点交易，而无需涉及任何第三方，例如中央银行或金融机构（或去中心化）。
- 云计算：计算机专业的一个分支，为用户提供了可用、便捷和按需的网络访问，允许用户进入一个基于收费模式的可配置计算资源的共享池。
- 物联网（IoT）：指由各种传感器设备（根据互联网协议）组成的、能够通过互联网收集和共享电子信息的网络，从而可以实现监视、连接和交互。

本章节主要介绍金融科技中使用的技术，包括大数据、人工智能、云计算、区块链和物联网（IoT）。另外，本章节还将讨论每种技术的简单应用。

14.1 人工智能

人工智能（AI）是指开发和使用相应的计算机系统来执行原本需要人类的智慧才能完成的任务。人工智能主要集中在六个领域：计算机视觉、图像识别、机器学习、自然语言处理、语音识别和机器人。

人工智能是关于使代理（如机器或计算机）模仿需要人类思维或人类智力才能完成的认知功能。它已从早期的符号人工智能演变为基于知识的专业系统，包括机器学习和深度学习。人工智能是一个通用领域，机器学习是人工智能的子集，而深度学习又是机器学习的一个分支。总之，由于大数据的可用性，不断迭代的先进算法以及强大的计算能力和基于云的服务，人工智能在过去十年中取得了显著的成效和进步。

根据逻辑架构，AI可以分为以下三层。

(1) 基础层为人工智能在硬件和理论层面上的实现提供了根本保障。这主要包括人工智能芯片和深度学习算法。

(2) 技术层利用基本层的支持，旨在执行过去需要人类智慧才能完成的任务。

(3) 应用层基于技术层的功能，可以解决特定的实际问题。例如，计算机视觉技术可用于安全领域的人脸识别，自然语言技术可用于智能客户服务。

14.1.1 机器学习算法

机器学习算法可分为四种主要类型：有监督、无监督、半监督和强化学习。以下是对这四种类型的简要总结，Level1 的教材中将会对这四种类型的算法进行更详细的介绍。

(1) 有监督学习是指使用给定的数据记录进行训练。这些数据已经被标记，这意味着输入数据对应的输出结果是已知的。例如，可以将信用卡申请标记为已批准或已拒绝。该算法接收一组输入（申请人的信息）以及相应的输出（无论申请是否获得批准）以促进学习。

与有监督学习不同，在无监督学习中，算法不是在"正确答案"上训练出来的。该算法尝试探索给定的数据，并检测或挖掘数据的隐藏模式和关系。在这种情况下，没有完全正确的答案。

(2) 半监督学习。它类似于监督学习，因为它经常被用来解决类似的问题。半监督学习和监督学习之间的区别在于，在半监督学习中，同时提供了少量标记的数据和大量未标记的数据。当标签过程对于完全标签的培训过程而言过于昂贵时，将使用半监督学习。利用标记的数据，可以通过半监督学习算法对大量未标记的数据进行分类。最重要的是，将使用新的标记数据集来进一步训练新模型。

（3）强化学习。它的目的是找出导致最大回报或达到最佳结果的行动。预先向机器提供了一组允许的动作、规则和潜在的最终状态，而机器的工作就是探索分析不同的动作和观察产生的反应。

与机器学习相比，深度学习使输入数据的特征自动化（学习数据的最佳特征用以创建最佳结果的过程），并允许算法自动从输入数据中发现复杂的模式和关系。深度学习是基于人工神经网络（Artificial Neural Networks，ANNs），其灵感来自类似于人类大脑中的生物系统信息处理和分布式通信节点。

14.1.2 人工智能的应用

智能语音是计算机科学的一个领域，它使计算机能够像人类一样听和说。目前，语音识别和语音合成是其核心应用。当前智能语音技术的发展已经比较成熟了。智能语音交互正迅速成为主流的人机交互模式。

计算机视觉是致力于使计算机能够以人类视觉相同的方式查看、识别和处理图像，并提供适当输出的一个计算机科学领域。计算机视觉的关键任务包括图像恢复、增强、分割、识别和处理。这就像将人的智慧和本能传递给计算机一样。近年来，随着计算机视觉技术在多个领域的突破，例如，2014年发布的生成式对抗网络（Generative Adversarial Networks，GANs）就催生了多种多样的应用，它已成为最受欢迎的人工智能技术分支。

自然语言处理（Natural language processing，NLP）是致力于使计算机能够像人类一样地理解和书写的一个计算机科学领域。自然语言处理的主要任务包括自然语言的理解和生成。自然语言处理是实现认知智能的关键技术。尽管它仍然面临着巨大的挑战，但它未来的进展和突破对人类社会将具有相当重要的意义。

人工智能利用计算机科学模仿人类一样来解决问题。典型的应用场景包括AlphaGo、智能游戏玩家AlphaStar、金融领域的反欺诈和反洗钱、机器人咨询和自动交易。

14.2 区块链

通常来说，区块链是一个公共数据库（或分布式账本），它可以进行点对点交易，而无需涉及像中央银行或金融机构这样的第三方（也叫去中心化）。区块链是指由多个参与者基于现代加密技术，分布式一致协议，对等网络通信技术以及其他功能（例如智能合约）形成的数据交换、处理和存储技术的组合。这些技术以一种新的方式结合在一起，以实现防篡改数据、链结构可追溯性、可信任的点对点传输等功能。区块链基础架构主要由六个层面组成：数据层、网络层、共识层、激励层、合约层和应用层。

14.2.1 区块链的发展阶段

区块链的发展可以分为三个阶段。

（1）阶段1：应用于货币和支付。区块链是支撑比特币的技术，比特币是第一种实现去中心化的点对点价值交换(支付)的加密货币。

(2)阶段2:在金融业的应用。许多金融服务业者已经创建了基于智能合约的加密货币服务。

(3)阶段3:扩展到公证和智能化等领域。

14.2.2 区块链的应用

(1)供应链。使用区块链技术,可以在任意时间点跟踪和记录利益相关者之间的相关商品数据。由于利益相关者之间的多次换手,这些数据对供应链的各个部门来说尤其重要。使用区块链技术还可以确保食品的生产日期、有效期以及其他数据的真实性,以确保食品的安全。

(2)医疗保健。区块链技术可以确保信息对称性,减少欺诈性医疗供应并提高医疗保健的管理效率。它可以将患者的信息汇总到一个公共数据库中,以方便安全和及时的跨机构数据共享,即使对于新患者也是如此,从而提高医疗保健系统的效率。伪造疫苗和药品的问题也可以通过区块链技术解决。我们可以通过识别记录在区块链上的不可篡改的唯一代码来验证药品的真实性。在医疗保健管理方面,区块链可以通过智能合约自动执行相关程序来提高效率,从而降低管理成本并为患者和医疗保健提供者节省时间。处理后的数据可以用于保险索赔和账单管理以降低管理成本,减轻保险欺诈等风险,同时还可以提高验证效率。

(3)公共服务。在公共服务领域,区块链技术可以提高政府效率和安全性等。例如,区块链可以使政府能够通过数字签名的方式传播可信和官方的信息;也可以记录并标记重要的时间节点,以显示项目的进度和资金使用的情况。这将提高信息透明度,使公民能够验证和监督政府项目,并增强对公共部门的信任程度。

(4)教育。教育部门的很多方面都可以利用区块链技术。包括记录的保存和证书的生成。学生的信息、凭证、文凭、证书和成绩单都可以采用数字方式存储和记录在区块链上。这样,信息就可以安全地被记录下来,并且难以更改,也可以轻松地进行验证。

(5)知识产权。区块链技术可以记录和保护作者的版权,并减少版权认证和验证的成本。此外,智能合约可用于允许作者授权他人使用其作品并支付一定的费用,并自动跟踪和分配收入。当前,许多区块链版权平台提供数字资产和版权交易功能,提高了数字资产流通的效率。在将来,越来越多的离线实物资产也可以在区块链上进行注册和交易。

(6)个人身份保护。使用区块链技术,可以保护个人数据,并可以减少身份信息盗用。通过将个人数据存储在区块链网络上,由于黑客将不再拥有单个入口点(如果它不是私有区块链),并且需要将存储在多个机构或节点中的数十万个数据破解,这就大大地增加黑客盗取数据的难度。即使数据被泄露,由于区块链的分散性,黑客也只能访问其中小部分数据,与访问集中式数据库相比,窃取过程面临着极大的挑战。

14.3 加密货币与比特币

加密货币是指在没有托管人(例如中央银行)的情况下使用加密技术和共识算法来确定货币政策的数字货币。区块链是提供加密货币安全性的基础技术。目前,市场有近850种加密货币，包括一些著名的加密货币，如比特币（Bitcoin）、以太币（Ether）和达世币（DASH）。在2015年，比特币被商品期货交易委员会（Commodity Futures Trading Commission）确认为商品，其地位与石油和黄金一样。比特币并不是中央银行发行的数字货币，因此，它不对任何政治权力或大众负责。比特币的价值取决于其供给和需求，不受政治化货币政策的影响。

在2008年11月，Satoshi Nakamoto在其发表的论文"Bitcoin：A Peer-To-Peer Electronic Cash System"中首次提出比特币。2009年1月，随着第一个开源比特币客户端的发布和第一个比特币发行给Satoshi Nakamoto，比特币的网络应运而生。比特币是由开发人员、用户、投资者和矿工组成的社区以数字方式创建的。任何人都能够以开发人员、投资者、用户或矿工的身份加入比特币的网络。在比特币的网络中没有管理员可以审查一个人的可信度。因此，比特币是一个无需许可的区块链网络。尽管没有管理员来保护比特币网络，但由于使用了加密技术和区块链技术，因此，比特币网络是安全的。比特币的网络无需任何管理员就可以运行，有关网络工作方式的所有规则和协议都由开发人员编码到了网络中。比特币的网络参与者必须遵守那些规则，以维持整个网络的一致性状态，从而保证网络的安全性。

14.4 云计算

云计算为用户提供了可用、便捷和按需的网络访问，允许他们能够进入基于收费模式的可配置计算资源的共享池。计算资源包括网络、服务器、存储、应用软件和服务。云计算用户只需做很少的管理工作，并且不需要与服务供应商过多地交流，即可快速获取计算资源。

云计算聚集分散的计算资源，形成共享资源池，并通过网络进行组织和部署，以实现大规模的信息处理并优化信息处理效率。在传统的部署框架中，企业系统框架的部署、操作和维护会消耗大量的成本和时间。

但是，可以对云计算技术、计算、存储和网络进行虚拟化，以形成可以快速实施产品部署，减少管理和构建流程并提高公司运营效率的数据库。

云计算具有以下特征。

（1）强大的计算能力。"云"具有相当大的规模，并拥有许多服务器，可以为用户提供超级计算能力。

（2）高可靠性。"云"使用诸如多个数据副本的容错能力、同类计算节点以及可互换性等措施来确保服务的高可靠性，从而使云计算比本地计算机更可靠。

（3）按需付费。云计算可以通过虚拟化技术构建巨大的资源池，该系统可以执行计量服务，并且可以检测、测量甚至控制资源的使用。同时，用户可以根据自己的需求使用相关资源，并根据需求付费。

（4）资源共享。云计算的虚拟化技术将计算机的物理资源（例如服务器、网络、内存和存储）映射到虚拟资源中，从而安装和部署多个虚拟机以实现多用户的物理资源共享。

（5）低成本。云计算的自动集中管理使大量企业免于因日益增长的数据中心管理成本而产生的负担，并且其多功能性与早期的传统系统相比，显著提高了资源利用率。这使用户可以充分享受"云"的低成本优势。

有三种类型的云：公共云、私有云和混合云。云服务可以分为 IaaS(Infrastructure as a Service)、PaaS(Platform as a Service)和 SaaS(Software as a Service)。云计算通过提供低成本和高效率的基础设施来支持更高级的金融系统。目前，它广泛用于保险业和银行业等金融行业，这些行业需要利用大数据分析和高速的计算能力。

14.5 大数据

14.5.1 什么是大数据

大数据是指大规模的数据收集。数据体量巨大、数据类型繁多、价值密度低和处理速度快是大数据的四个显著特征。

在移动互联网快速发展和信息爆炸的背景下，移动硬盘的容量单位已从以 Gigabytes (GB)增长到 Terabytes(TB)。互联网公司处理的数据量已从 Petabytes(PB)跃升到 Exabytes，甚至 Zettabytes(ZB)。例如，中国最大的搜索引擎百度每天处理的数据量接近 100PB，相当于 5 000 个国家图书馆的信息量。

许多传统的工具和方法不再适合处理如此大的数据。在这个大数据时代之前，许多数据都是以结构化的方式存储的，因此经常使用关系数据库。但是，由于"大数据"概念的出现，数据以半结构化甚至非结构化的形式存储。传统技术成本偏高且效率低下，逐渐不适用于如此大量的数据。

大数据处理过程可以分为五个步骤：数据获取、数据存储与管理、数据处理、数据分析与可视化以及数据显示。首先，我们从浏览历史记录或交易记录等中收集结构化或半结构化的原始数据。然后，使用 Hadoop 生态系统或 NoSQL 来存储和管理原始数据。此后，用户可以根据自己目的访问处理后的数据，例如决策支持、商业智能和推荐系统等。最后，他们可以将数据可视化。

近年来，各种传感器设备已经迅速增加，例如个人电脑(PC)和移动电话。在因特网(Internet)普及和物联网(IoT)渗透的背景下，数据的快速增长为大数据行业提供了一个庞大的数据库。GPU、FPGA 和 TPU 等芯片的出现为处理大数据提供了硬件基础。云计算以及人工智能等新技术的出现也为大数据产业的发展提供了技术支持。云计算可以实现按需计费，降低企业应用大数据的难度和成本，使企业能够构建非凡的大数据解决方案，并促进大数据产业的发展。人工智能通过诸如深度神经网络等尖端算法，大大地提高了大数据算法的效率。

金融服务部门的数据资源相对容易获取，并且其业务发展高度依赖于此数据。因此，大数据技术在金融服务领域的应用起步较早，而且发展迅速。相比于其他行业，大数据在金融行业的应用已经渐趋广泛和成熟，并取得了显著成效。数据的"资产化"变得越来越重要，而大数据的深入分析也变得越来越重要。同时，用户的画像和知识图谱已经成为必不可少的技术。

14.5.2 大数据的应用

大数据已在金融服务行业中得到广泛的使用。以资产质量评估和业务咨询为核心，大数据已经在银行、证券和保险行业中建立了广泛的应用前景。

大数据技术主要应用于银行部门的信用风险评估和供应链金融。在信用风险评估方面，传统的信贷业务是基于客户过去的信用数据和交易记录，计算相应的违约概率，并决定是否批准贷款。通过使用大数据分析的技术，银行可以将内部数据（信贷和交易记录）与外部数据（例如客户消费信息、信用记录等）深度集成，以获得多维度的结果。结合客户的历史信誉、行业的发展状况和实时的运营状况，银行还可以得出更接近事实的结论。在供应链金融的应用方面，银行可以生成企业间关系图。该图表明企业之间以及股东与法人之间的投资、控制、借贷和担保关系。

在证券行业，大数据技术可用于定量投资和智能投顾。在定量投资方面，大数据有助于做出更精确的预测。证券公司可以通过分析每日股票市场信息和市场情绪来预测股票市场的价格和走势。在智能投顾业务方面，它可以分析客户的需求和风险状况，最后为客户提供投资建议。同时，借助自然语言处理（NLP）技术，智能投顾业务可以回答标准化的问题并降低金融客户服务的工作成本。

在保险业中，大数据技术可用于欺诈性保险的识别和风险的定价。在保险欺诈的认定识别方面，通过内部和外部数据的整合，可以建立相应的保险欺诈的识别模型，以有效监控异常数据，并挑选出可能属于"欺诈性保险"的索赔案件。在风险定价方面，以车辆保险为例，保险公司可以通过安装在车辆上的智能监控设备收集驾驶数据、行为数据和健康数据等来确定当期的保费。在理赔过程中，基于机器学习技术的图像评估可显著提高索赔效率并降低运营成本。

14.6 物联网（IoT）

互联网的发展首先以 PC 互联网为代表（大量信息通过 Internet 互连和共享）。其次是通过移动互联网阶段来确保人们可以彼此通信。目前，物联网是互联网发展的第三阶段。

物联网（IoT）指由各种传感器设备（根据互联网协议）组成的能够通过互联网收集和共享电子信息的网络，从而可以实现监视、连接和交互。它旨在识别网络中对象与对象以及对象与人之间的连接。

物联网的产业链可分为四个主要的层面：传感器层、网络层、平台层和应用层。传感器层主要由芯片模块和终端设备组成。网络层和平台层主要由通信和平台服务支持。应用层主要由因特网（Internet）厂商领导的数据分析和相关应用程序，以及传统厂商领导的垂直行业应用程序服务组成。

物联网的通信技术包括短距离链接、蜂窝链接和低功率广域链接。不同的链接技术有不同的优点和缺点，相应的应用场景也不同。

（1）有线通信技术。以太网是用于连接有线局域网（LAN）或广域网（WAN）设备的传统技术。

（2）无线短距离通信技术。Wi-Fi 是常见的家庭网络通信技术。ZigBee 是一种低成本、低功耗和低速率的双向通信技术。

（3）无线远程通信技术。NB-IoT 提供远程、低功耗、低延迟灵敏度和安全的数据传输技术。LoRa 是在较长距离上提供间歇性低频数据连接的理想选择。

物联网可以应用于很多方面。移动物联网是指物联网在移动行业中的扩展和使用。它可应用于大规模的消费行业,例如智能硬件、智能家居和汽车联网等。工业物联网(IIoT)是指物联网在工业、农业和能源等工业领域中的扩展和使用,可用于构建工业基础设施并帮助其实现产业转型和升级。

城市物联网允许城市访问以及城市系统有关的实时数据的管理,包括水、废物、能源和交通。以人工神经网络为代表的深度学习算法不断得到推广和优化,使大数据算法可以有效地处理海量数据并分析 IoT 的海量数据。这让控制和交互变得更加智能,而云计算技术可以显著降低成本,从而促进了物联网的发展。

参考文献/拓展阅读

[1] Guan, C. , Jiang, Z, & Ding, D. (2020). The Emerging Business Models (Chapter 4 Introduction to Financial Technology). World Scientific.

[2] Goodfellow, I. , Bengio, Y. , Courville, A. , & Bengio, Y. (2016). Deep learning. Cambridge:MIT Press,1(2).

[3] James, G. , Witten, D. , Hastie, T. , & Tibshirani, R. (2013). An introduction to statistical learning. New York:Springer,112.

[4] McAfee, A. , Brynjolfsson, E. , Davenport, T. H. , Patil, D. J. , & Barton, D. (2012). Big data:the management revolution. *Harvard Business Review*,90(10).

[5] Ng, A. (2019). Machine learning yearning:Technical strategy for AI engineers in the era of deep learning. Retrieved from https://www.mlyearning.org.

[6] Sagiroglu, S. & Sinanc, D. (2013). Big data:A review. In 2013 IEEE international conference on collaboration technologies and systems (CTS).

练习题

请选择一个最合适的选项。

习题一

以下有三个选项:①数据采集。②数据分析与可视化。③数据显示。其中_____属于大数据处理流程。

A. ①②
B. ②③
C. ①②③

习题二

以下_____代表了大数据处理过程的正确顺序。

A. 数据采集—数据存储—数据处理—数据分析和可视化—数据显示
B. 数据存储—数据采集—数据处理—数据分析和可视化—数据显示
C. 数据采集—数据处理—数据存储—数据分析与可视化—数据显示

习题三

下列_____不是人工智能的三个等级之一。

A. 计算智能
B. 视觉情报
C. 认知智能

习题四

下面有三个领域：①教育、智慧城市、可穿戴智能设备。②医疗，安全，自动驾驶。③构建计算基础设施。其中_____是我们可以应用人工智能的？

A. ①②
B. ②③
C. ①②③

习题五

以下_____不是云计算的特征。

A. 低可靠性
B. 即期付款
C. 资源共享

5

第五部分

区块链、加密货币和投资

第十五章　区块链技术

学习目标
- 区分区块链、分布式数据库和分布式账本技术。
- 检查区块链系统中的组件。
- 评价不同类型区块链的特征。

主要内容

要点
- 尽管术语"区块链"通常与"DLT"互换使用，但要记住，有些 DLT 不使用"区块链"模型。
- 区块链有三种类型：私有区块链、公共区块链和联盟区块链。
- 区块链设计本质上是不变的。这意味着存储在区块链上的信息不能被篡改。它通过加密方式将一系列事务绑定到一个有序的块链中来实现这一点。

重点名词
- 区块链：指的是一个分布式的记录保存系统，它只能够附加，并且使用加密技术和一共识协议进行保护。
- 点对点网络：进网络元素之间的交互、发现和数据共享的网络。简单地说，每个元素代表一台计算机。两台或多台计算机的组合形成一个允许这些计算机绕过服务器并开始共享信息的 P2P 网络。
- 共识机制：共识机制是一种算法，它允许去中心化系统中的节点确定哪些事务有效、事务的顺序如何等。

本节从几个方面描述区块链、分布式账本技术和分布式数据库之间的区别，包括对抗性和底层数据结构。它还研究了区块链系统中的各种组件，并详细介绍了适合不同应用的不同区块链类型的特征。

15.1　区块链概述

15.1.1　集中式数据库 vs 分布式数据库

这一章节将同时介绍集中式和分布式的数据库系统（Tupper,2011）。这两种数据库系统的第一个区别在于组件的位置。集中式数据库的所有组件都位于一个计算机站点上。这些组件包括数据本身、分布式数据库管理系统(DDBMS)以及维持数据库有序运行所需的其他存储介质。将所有组件集中起来是系统得名的原因。第二个区别是访问方式。在集中式数据库下,是由智能工作站和远程访问终端的组合提供访问的。对于远程访问终端,它们利用定向的通信链路。

最近,出现了一种新技术,它允许数据和过程分布在一个大的地理区域,同时通过通信网络连接在一起。这就是分布式系统。

分布式数据库和集中式数据库之间的第一个关键区别在于它们的位置。顾名思义,分布式系统不再局限于单个计算机站点。就其本身而言,这些网络被认为是独立的、智能的通信计算机和通信机制。通信系统的分布式形式在当今世界至关重要。由于全球化,我们经常遇到巨大的地理障碍,尤其是在不同国家之间。而我们现在可以通过分布式系统连接位于不同区域的几个分散的站点,从而克服这些障碍。

乍一看,分布式模型的用户视图层和概念层几乎与传统数据库的设计相同,相似之处在于数据的一致性。在分布式系统中数据的一致性至关重要。在分布式系统下,用户从物理视图下被切断。因此,在数据库中建立一个一致的链接变得相当重要。然而,在物理层面上,情况开始大不相同:关键的区别是由数据库的分布式特性导致的。这意味着数据分布在多个站点、多台不同的机器上。就格式或数据结构而言,每个站点都可能持有不同的信息。

另一个关键原则是在分布式系统中战略性的定位数据结构。这种战略性布局的设计减少了形成分布式接点的机会,从而降低了此类接点带来的高开销成本。有时,通过复制数据而不是拆散数据,可以进一步降低成本。选择复制而不是拆散数据的决定取决于数据库的类型,无论它是只读型还是交易型。

然而,尽管有这些区别,与集中式系统相比,分布式系统也有一些特有的问题。这些问题的主要根源是分布式系统的高度复杂性。分布式系统在物理和软件组件方面是复杂的,在网络组件方面也有其复杂性,这个组件后来被集成在 DDBMS 下。其中一个问题在于分布式信息的同步。数据的多个副本需要作为参考数据保留,并且它们需要相互同步。为了实现这种一致性,需要建立一个并发管理机制。与集中式数据库相比,这些措施极大地增加了分布式数据库的复杂性。

15.1.2 区块链、分布式数据库和分布式账本技术

区块链这一名词最初描述的是比特币协议使用的分布式记录保存系统。然而,今天这个术语通常是指受比特币区块链设计启发的分布式账本技术(DLT)。

区块链指的是一个分布式的记录保存系统,它只能够附加,并且使用加密技术和一共识协议进行保护。虽然术语"区块链"经常与"DLT"互换使用,但要记住很重要的一点:有些分布式账本技术(DLT)不使用"区块链"的模型。以下描述了术语"分布式数据库""DLT"和"区块链"之间的区别。(Infocomm Media Development Authority,2020)

- 分布式数据库:在没有集中控制的情况下运行的数据库。每个数据段都跨不同的节点和设备进行复制。将这些分散的数据组合在一起,以维护整个数据库的整体视图。办公室位于不同的地理位置的组织通常使用分布式数据库。
- 分布式账本:设计考虑了对抗威胁性的必要防御措施。通过这样做,分布式账本可以

减少网络中的恶意节点,并且能够容忍拜占庭式错误。

● 区块链:分布式账本的衍生产品。区块链的一个关键特征是使用区块捆绑交易和/或促进数据向所有区块链参与者传播。

分布式数据库中的用户(或节点)被认为是可信的,他们将协作并诚实地执行数据库的复制和更新。然而,分布式账本的假设中,存在可能执行恶意行为的用户,例如试图修改、删除或向账本添加信息,或者只是拒绝工作或协作。区块链假设了与分布式账本相同的对抗性威胁模型,并使用"加密链接区块链"作为其底层数据结构。图15—1描述了这种关系。

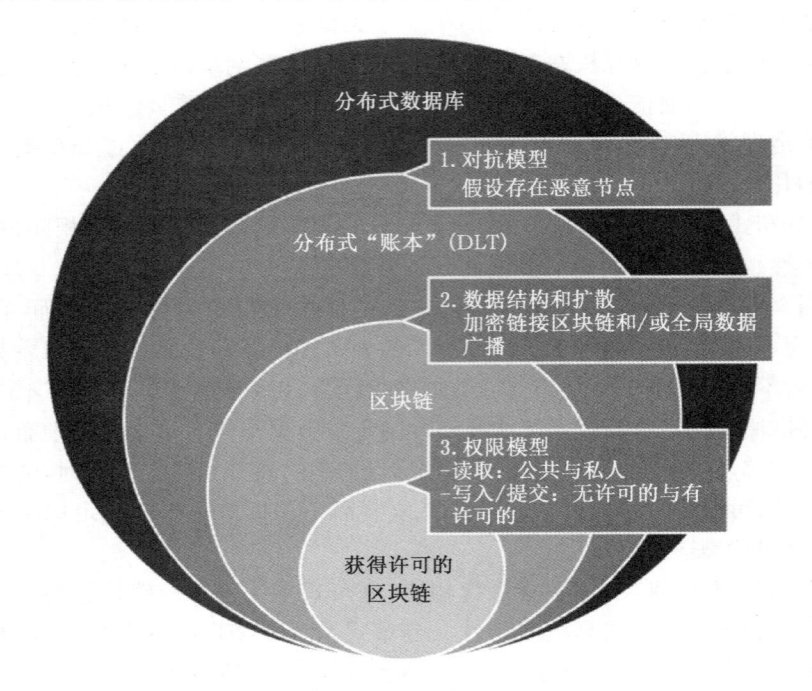

资料来源:Hileman and Rauchs(2017)。

图15—1 区块链、分布式数据库和分布式账本技术

15.1.3 区块链的定义

在美国商务部国家标准与技术研究所起草的NISTIR 8202区块链技术概述文件中,区块链定义如下。

"区块链是以加密签名交易的分布式数字账本,同时交易被分组到区块中。每一个块都与前一个块加密相连(防止其被篡改),随着新块的添加,较旧的块变得更难修改(产生抗篡改能力)。新的数据块会在网络中的账本和副本之间复制,任何冲突都会使用已建立的规则自动解决"(Yaga et al,2018)。

15.1.4 区块链组件

区块链通常具有以下组件。

(1)钱包。这通常是指个人和企业用于访问基于区块链服务的设备。数字钱包可以是

安装在用户计算机或移动设备上的软件钱包也可以本质上是由安全芯片（或等效物）保护的硬件设备的硬件钱包。还有一些，完全是离线钱包，被叫做"冷钱包"，用于在区块链上冷藏加密货币和其他数字资产，它们只连接到互联网发送和接收数字资产。另一种变体是纸质钱包，只是一张写有私钥的纸片。

（2）节点。通常，节点是在区块链系统上执行操作的实体或计算机。节点可以是普通用户或是一道验证程序。普通用户通过使用钱包创建交易，并使用区块链作为平台来执行特定的操作。验证器收集、验证并向区块链添加交易。虽然大多数公共区块链只提供概率确认，但记录在区块链上的交易被认为是已确认的。

（3）交易。根据实际的区块链系统，交易是由节点创建的数据结构，可能包含诸如发送方、接收方、传输量和任意数据等信息。大多数公共区块链都会提供交易的概率确认。换言之，只有在将一定数量的块附加到包含交易的块之后，交易才被认为是"已确认的"，即不可能撤回。所需的时间称为通向定局的时间（巴特林，2016）。

（4）块。区块链上的一种数据结构，包含区块体的一系列交易和区块头中的其他数据，例如区块编号、时间戳、前一个区块的哈希值等。

（5）密码学。密码学被认为是一种技术。其中最突出的是"单向哈希函数"。单向哈希函数通过计算区块头中的哈希值来生成块的唯一标识符。从概念上讲，每个区块都存储其前一区块的区块头哈希值。这种设计创建了一个连接所有区块的链接，称为加密链接。这种联系形成了区块链完整性保护的基础，使区块链能够抵抗篡改。

（6）点对点（Peer-to-Peer，P2P）网络。促进网络元素之间的交互、发现和数据共享的网络。简单地说，每个元素代表一台计算机。两台或多台计算机的组合形成一个允许这些计算机绕过服务器并开始共享信息的P2P网络。

（7）共识机制。共识机制是一种算法，它允许去中心化系统中的节点确定哪些事务有效、事务的顺序如何等。

（8）有效性规则。网络中普遍采用的一套规则。这可能包括确定交易的有效性或如何更新分类账的规则。

在这个关键时刻，强调区块链设计的完整性是很重要的。区块链的设计本质上是不变的。这意味着存储在区块链本身的信息不能被篡改。它通过加密方式将一系列交易绑定到一个有序的块链中来实现这一点，也因此产生了"区块链"这一名称。区块链使用到的加密技术是哈希函数。在这个过程中，所发生的事情是，每当添加一个新的块时，它的加密哈希值就会对照前一个块进行验证。只有在成功验证后，才能将新块永久添加到链的末端。此验证过程由其他验证节点执行。这些节点分别代表系统中的其他参与者，并且通过使用数字签名的方式提供验证。

该系统有效地利用了哈希函数和数字签名来创建区块链的已验证但不可变的记录链。任何颠覆系统或改变分类账数据的尝试都是不具有经济可行性的。颠覆经济不可行性是可能的，由于破坏加密技术的不可行性和共识算法的弹性，要求区块链中至少一半的节点是可信的。因此，要使攻击者成功地对系统进行颠覆性的攻击，51%的节点必须被攻击者控制。这一行动本身就需要大量的计算能力，成本极高。因此，攻击者能被成功阻止攻击区块链（Lee & Low，2018）。

15.1.5 区块链的架构(六个层)

万向区块链实验室将区块链分解为六层(万向,2017),即数据层、网络层、共识层、激励层、合约层和应用层。每个组件的简要概述如图15-2所示。

应用层	各种应用场景和案例
合约层	脚本代码,算法机制,智能合约
激励层	发行机制,分配机制
共识层	共识算法
网络层	分布式组网机制,数据分发机制,数据验证机制
数据层	数据块,时间戳基本数据,基本算法

图15-2 区块链的六层

15.1.6 区块链的类型

图15-3阐述了按许可模式细分的区块链的主要类型(Infocomm Media Development Authority,2020)。

区块链类型			比较点		
			读	写	验证
区块链类型	开放区块链	无需许可公有链	开放入口给所有人	所有人	所有人
		公有许可链	开放入口给所有人	授权人员	授权人员范围内的所有或特定个人
	封闭区块链	联盟链	访问权限仅限于已批准列表中的参与者。	授权人员	授权人员范围内的所有或特定个人
		私有链(企业)	完全私有或严格限制的授权节点	只允许网络运营商	只允许网络运营商

来源:Hileman and Rauchs(2017)

图15-3 按权限模型划分的不同类型的区块链

区块链是高度特定用例的技术。两种类型的区块链(私有和公有)都是为提供共享的保存历史访问而设计的,由参与者的共识和运行智能合约的选项来驱动。除此之外,私有区块链和公共区块链几乎没有共同点(Buterin,2015)。

(1)公有链。假设来自公共互联网的任何人都可以加入或退出区块链的网络,而无需提供任何形式的身份证明或请求许可。为了实现这一设想,这个设计假设利他主义并不存在,所有参与者都受到他们的激励。因此,公共区块链中的共识机制应该采用加密经济学的概念来激励协作和抑制欺骗。这种共识机制的一个例子是比特币中的工作量证明(Proof-of Work:PoW)。PoW 奖励矿工的代币可以在现实世界中进行交易以获取价值。这对任何用户颠覆网络都是一种抑制,因为现实世界中电力投资的成本超过了由此产生的任何收益。

(2)私有链。假设所有网络参与者都是已知且可信的,并且属于受控成员。这些参与者可以是个人,例如是公司或公司内部部门的员工。通常,参与者会起草有形的、合法的合同和协议来规范他们的行为。他们受制于人们制定的规则和条款,以及在现实世界中可以合法执行的责任和义务。因此,私有区块链可以采用基于投票的共识机制,而不是像 PoW 这样的计算密集型共识机制。

因此,该解决方案可以获得更好的表现。私有区块链可能需要为不同的用户角色精心设计不同的访问级别。例如,要参与共识、读取或创建交易、执行智能合约,可能需要显示一组不同的授权权限,可能还需要中控进行许可审查和批准。

(3)联盟链。非常类似于区块链的混合状态,即半私有半公有。该系统的一个显著特点是包含了一个在不同组织间运行的受控用户组。更生动的描述是,它是一个组织的中央集合体,而不是一个以分布式方式管理区块链的单一授权,很像一个"联邦"政治体系。在实践中,联盟链在跨学科效率方面得到了积极的应用。例如,全球供应链中的多个利益相关者组成了一个联盟来共享和跟踪货物的流动。这对于今天的商业世界来说是至关重要的,因为跨职能团队经常被指派在给定的任务上进行协作。

许可和无需许可模型的主要区别因素是:参与者是否"被授权"加入区块链并执行写入操作或验证操作。例如,比特币是一种无需许可模式,因为任何人都可以加入并执行写入和验证操作,只要他们有一个(相对强大的)具有互联网连接的工作站。采用权益证明的区块链系统要求在允许对区块链执行写入操作和验证操作之前,必须证明已经下注了特定数量的存款。这些系统采用许可模式。许可模式和无需许可模式都各有利弊。采用何种模型受实际业务用例、公司政策,甚至法规等主观因素的影响。

15.2 区块链的特征及应用

学习目标

- 评价区块链设计中的密码经济学概念。
- 解释区块链系统的属性。
- 研究区块链的演变,探索区块链的潜在应用。

主要内容

要点

● 第一代区块链始于比特币和加密货币。第二代区块链随着以太坊和智能合约的发展而出现。第三代区块链正在开发中,试图解决区块链中的技术挑战,例如性能、可伸缩性、互操作性和隐私问题等。

- 区块链系统以分布式方式提供真相的单一版本。区块链通常被认为是一个不可变的、有序的交易记录。它利用加密技术和分布式共识算法的显著特点，提供一个透明、可靠和同步的"账本"，由一组相互不信任的用户在地理分布的网络中维护。

重点名词
- 加密经济学：加密经济学的概念在区块链应用中至关重要。"加密经济学"一词由两部分组成，"加密"指的是密码学，而"经济学"指的是经济激励。
- 以太坊：一个全球分散的应用平台，用于智能合约的开发和运营。
- 图灵完备性：它是一个数学概念，是对编程语言可计算性的度量。非图灵完备的语言意味着该语言的设计没有复杂的构造，例如循环和条件语句，从而限制了使用该语言创建通用的应用程序的能力。

本节主要介绍在不同类型的区块链中，加密经济学是如何管理节点的。区块链背后的设计思想产生了显著特征，这些显著特征使得区块链技术如果在使用得当的情况下，会更适合应用于一些行业。本节还将描述区块链如何从 Satoshi Nakamoto 所描述的分散式点对点支付系统发展为工业应用的技术。

15.2.1 加密经济学

加密经济学的概念在区块链的应用中至关重要。Vitalik Buterin 认为，术语"加密经济学"由两个词组成，即用于加密的"加密"和用于经济激励的"经济学"（Buterin，2017）。一般来说，区块链中使用加密技术来证明过去发生的消息的属性，并防止不诚实的用户试图欺骗。经济激励在区块链系统内定义，以鼓励或激励期望的财产在未来继续持有；它是用来奖励诚实的用户以此维护账本的完整性，如果用户"行为不端"，它也是惩罚系统的一部分。
- 加密经济安全边际：一笔钱 X，你可以证明"要么满足给定的担保金额 G，要么违反担保 G 的人比他们本来至少要穷 X。"
- 加密经济证明：由参与者签名的消息可以翻译为"我证明 P 是真的，或者我承担 X 大小的经济损失。"

示例 1

工作量证明

在比特币区块链中，新交易被分组到区块中，并添加到当前区块链的末端。这个过程称为挖矿，进行挖矿的节点（或用户）称为矿工。矿工们每成功开采一个区块就可以获得一定数量的比特币，他们还可以收取该区块所包含交易的交易费用。比特币总量固定为 2 100 万个，每开采 21 万块（大约每四年一次），开采报酬将减半（bitcoin Wiki，2020）。开始的奖励是每个区块 50BTC，现在一个区块的奖励是 6.25 BTC（自 2020 年 5 月起）。据预测，如果开采能力保持不变，最后一枚比特币将于 2140 年 5 月 7 日开采完毕。

比特币网络的共识机制是工作量证明（PoW），决定了何时可以成功开采区块。PoW 共识机制设计的目的是要求网络中的所有节点去为了奖励而竞争。这种竞争涉及要使用纯粹式暴力破解的处理能力去搜索一个被称为 nonce（一个在密码学中只能使用一次的数字）的数字。得到的区块头重的哈希值①要低于网络设置的目标值。当前区块的区块头哈希值在下一个区块形成时会被包含在其中。这将创建一个(加密)"块链"。如果恶意节点试图更改一个区块中的交易,则区块头的哈希值将被更改;此更改将"传播"到下一个区块,并导致所有后续区块的区块哈希值发生更改。

请注意,使用哈希函数和区块头哈希值来形成区块的加密链并不是比特币独有的。大多数区块链,如 Ethereum、Litecoin、Zcash 和其他许多区块链都采用类似的方法。它们的区别主要体现在区块包含的数据、交易结构、系统中的节点遵循的规则,这些规则决定了区块何时可以被成功挖掘,何时可以成功采矿。形成区块的加密链使修改变得困难,对于一个区块中的交易,任何微小的更改都将导致修改效果溢出并反映在所有后续区块中。一个关于修改效果如何传播的优秀演示可以在 Anders Brownworth② 的页面上找到。由于两个或多个不同节点几乎同时找到 PoW 算法的可能解是有一定概率发生的,区块链可能会临时分叉(Schär,2020),这允许平行链临时共存。当此类事件发生时,节点将为下一次的增加选择最长的链。因此,攻击者要破坏网络,就必须争夺添加块和生产最长链的权利。恶意操作者想通过生成多个节点来操纵系统,这种方式在经济上是不可行的,它又称 Sybil Attack(西比尔攻击),如 Matt(2018)所述。比特币系统因此消除了诸如攻击之类的不良行为。

需要注意的是,在使用 PoW 的网络中,节点的计算能力越强,其找到 nonce 的机会就越高,导致区块头的哈希值低于网络设置的目标值。在这个过程中,节点消耗电力和计算能力,但是他们被激励这样做,因为获胜的节点会得到一个块的奖励和交易费用。此外,他们被鼓励添加只包含有效交易的区块(即不包含双重支付),因为不这样做,他们生成的区块将是无效的,会被其他诚实的矿工拒绝,因此将会白白浪费电力和计算能力。

示例 2

权益证明

股权证明网络通常独立于矿工运作。这些系统所依赖的是拥有投票权的验证器。对于这些验证器,他们持有的投票权与他们在网络上持有的加密货币(股份)的数量成比例。其基本原理是,验证器持有的权益越多,它攻击系统的可能性就越小,这会使手中的权益贬值。因此,"权益证明"(Proof of Stake:PoS)的名称就是从这里衍生出来的。

这种设计有它自己的一套含义。验证器不使用计算能力,而是将他们的资金作为押金,使自己能够拥有加入新区块机会的资格。权益越高,成功添加区块的概率就越高。验证器只有在被选中并且在他们提出的交易被验证的情况下,才会收到新添加区块的交易费用。

最初,早期的 PoS 网络存在着无利害关系的问题(Martinrz,2018)。在 PoS 网络的最初实现中,例如 Peercoin,生产有效的区块就会获得奖励。然而,如果用户同时在不同的链上创建区块,就不会有惩罚。这种制度激励了合理的验证器③一次为多个区块投票,试图从所有区块中提取信息。因此,验证器不会继续在单个链上工作,而是在多个链上添加备用区块

---

① 哈希函数是一种密码技术,类似于指纹生成器。区块的哈希值可被视为该特定区块的唯一指纹(即序列号)。
② Anders Brownworth 区块链演示:https://andersbrownworth.com/blockchain/blockchain。
③ 合理的验证器这样做并不是为了破坏网络,而是为了最大化他们自己的利益。只有利他的验证器才会放弃这种利益,遵守规则并不断地造福于网络。

以挑战系统的规则。这使得网络无法就哪条链是"真正的链"达成共识。这个问题被称为"无利害关系"的问题。

为了克服这个问题,必须施加足够的惩罚以提供恰当的经济激励。为了做到这一点,需要以"安全押金"的形式施加惩罚。行为不端的节点将丧失其部分或全部押金。这种对策可以抑制验证器增加无效的交易或一次在多个链上工作。

15.2.2 区块链属性

(1)记录的不可更改性

区块链中各区块之间的加密链接使存储在区块链中的数据具有防篡改性。区块链上的信息只能被"更新"而不能被修改。例如,一旦一个交易被写入区块链,就不能被删除。如果出现错误,可以写入另一个交易来更新交易的状态,纠正错误。在这种情况下,交易的痕迹就被保留下来。这一特点使人们对正在交易的价值的出处充满信心,并加强了欺诈的检测。

(2)真相的单一版本

区块链系统以分布式的方式提供单一版本的真相。区块链通常被认为是一种不可改变的、有序的交易记录。它利用加密技术和分布式共识算法的显著特征,提供一个透明、负责任和同步的"账本",由一群在跨地域网络上相互不信任的用户维护。对于一个被添加到区块链上的区块,需要至少有51%的验证节点必须对区块的有效性达成共识,然后用新区块更新他们的账本。验证器被激励更新,以继续进行下一个区块的工作,并争夺挖矿奖励。因此,在中心化的一方缺席的情况下,可以提供一个单一版本的真相。

(3)点对点(P2P)数据传输

点对点(P2P)网络构成了区块链背后的技术骨干。区块链是一种分布式账本的形式。这意味着,区块链内的每一个节点都被授权直接沟通,而不是依赖一个中心机构。因此,通讯的权限或权力被分配给区块链中的每个节点。由于没有中心权威,每个节点都行使平等的权利,区块链内的交易将以点对点的P2P方式被公开。这种平等的结构意味着这项交易需要由所有区块链节点使用一套固定的规则进行验证。一旦得到验证,该交易就可以被添加到每个节点所维护的"账本"副本中。尽管看起来很公平,但这种机制并不总是可行的,可能会有潜在的延迟或拥堵,这阻碍了各节点收到相同版本的区块链。为了克服这个缺陷,每个节点都会保留状态的高分版本。这意味着每当每个节点收到一个得分较高的状态时,它将对其分类账进行修改,在此基础上,它将这一点告知区块链中的其他对等者。这个过程使交易的验证更加容易。一个节点可以简单地查询其附近的对等节点的分数。经过充分的交叉比对,一个节点就可以知道自己的得分(Lee & Low,2018)以下几个方面。

(4)信任的非中介化

网络中没有中心方,降低了第三方的风险。许多现有的应用倾向于采用受信任的第三方的解决,诸如隐私、完整性或检测商业关系中的违约等问题。然而,对可信第三方的依赖是单点失效的,这也是系统设计中的一个安全漏洞。在区块链中,不可变的账本与算法共识过程一起成为信任代理,并为之前中介机构代理信任的交易提供了一个基础设施。此外,智能合约还支持业务逻辑的自动化。只要两个或多个交易方之间达成商业条款,如支付条件,就可以将逻辑编码在智能合约中,当条件得到满足时,将自动执行商定的条款(Miller 等,2019)。对智能合约及其应用的研究总是与智能合约是否构成合法合约交织在一起。从法律的角度来看,采用智能合约的挑战包括(Levi & Lipton,2018)以下几点。
- 非技术方如何协商、起草和裁决智能合约?
- 智能合约如何提取区块链上没有的信息(即链外数据)?
- 交易各方之间的"最终"协议是什么?
- 智能合约的自动化性质是否与现实世界中的企业运作方式一致?
- 如果智能合约的用户来自世界各地,应该使用哪里的法律体系?

(5)透明度和可追溯性

对于公有区块链,所做的每一笔交易都将毫无例外地播报给整个网络。之后,验证器节点将验证交易,并放入它们正在处理的区块中,随后广播给其他节点。每个节点都可以访问区块链中进行的所有交易,因为它是分布式和开放的。

(6)可扩展性和性能

分布式共识协议有很多优点。然而,它不能同时满足可扩展性和性能的要求。事实上,必须做出妥协,因为共识协议的分布等级与可扩展性和性能成反比。这意味着,高性能会带来低可扩展性,反之亦然(Vukolic,2015)。

为性能设限的一个机制是目标值。在比特币区块链的工作量证明(PoW)共识下,将根据当前网络的整体计算能力施加一个固定的目标值。比特币网络要求每10分钟左右产生一个区块。因此,目标值将根据过去的数据定期调整(每两个星期)。如果在过去的两周里,或2016年的区块,平均不到10分钟就产生一个区块,这意味着网络的整体计算能力较高。因此,目标值将被固定为一个较小的值,这样,生产一个新区块的时间就被调整回平均10分钟。①

因此,比特币交易在确认前需要等待六个区块,这被称为比特币区块链的"六块确认规则"。这个规则是PoW在性能方面的瓶颈所在。由于这一限制,区块链的共识延迟为60分钟,基于1MB大小的区块,吞吐量为每秒7次交易(TPS)。与信用卡相比,这个瓶颈限制了比特币的交易速度。

相比之下,比特币交易严重落后于全球信用卡交易的平均吞吐量(VISA,2015)2 000 TPS(峰值为56 000 TPS)。然而,比特币在可扩展性方面有其他优势。比特币的可扩展性要强得多,而且这种可扩展性随着加入网络的节点数量的增加而增加。更多的用户数量也会增强网络的安全性。

反过来说,性能也可以提高,但在可扩展性方面要做出妥协。传统的共识协议,例如PBFT,通常被设计为适合小规模的任务。一个典型的共识协议只能处理文件系统或基于状态机复制的10~20个节点的数据库。他们还没有被证明可以在更大规模的系统上工作,如比特币。这是因为这些传统的共识协议要求节点提前进行身份验证,同时拒绝未经许可的任何节点进入和离开。这种设计允许共识协议实现高性能,因为有一小部分现有的经过认证的用户在验证交易。通常情况下,交易可以以每秒几万笔的速度快速发生,这是在受到网络延迟的限制的情况下。然而,这种设计极大地阻碍了可扩展性。由于所有节点都需要参与审批过程,增加节点的数量会增加这种审批过程所需的时间和资源。为了取代这种限制,传统的共识协议只能在确保节点在相近的物理距离的情况下进行扩展(Lai & Lee,2018)。

---

① Blockchain.com (n. d.) "Network Difficulty": https://www.blockchain.com/charts/difficulty.

(7) 用户身份和认证

私有区块链是受监管的或受许可的访问。因此，与公有区块链相比，用户的身份及其他各自的身份认证在私有区块链中变得非常重要。然而，私有区块链容易受到拜占庭容错的影响，当区块链无法从信息中识别出错误的节点时，这种影响将更加严重。根据兰伯特的说法，一些条件在减少这些拜占庭式的故障中是必要的。例如，如果任何数量的拜占庭节点都是经过认证的，就允许共识收敛。消息也被做成不可伪造的。对于允许解决方案能够容忍超过33%的拜占庭节点来说，这些条件是必要的(Lai & Lee, 2018)。

(8) 智能合约

就像区块链一样，智能合约也没有标准的定义可用。Ethereum 普及了智能合约一词，并称其为"涉及数字资产和两方或多方的机制，其中部分或所有参与方投入资产，并根据基于合同启动时未知的特定数据的公式在这些方之间自动重新分配资产"。Ethereum 所做的是为开发者配备他们自己的一套图灵完整语言，称为 Solidity。这种能力相当于提供了一个全球分布式计算平台(Lai & Lee, 2018)。Multichain 的开发者全面介绍了不同平台（即 Hyperledger Fabric、Multichain、Ethereum 和 Corda）上的智能合约如何解决以下关键挑战：(1)交易规则如何表示？(2)代码是如何确定执行的？(3)如何防止冲突？（Greenspan, 2018）

15.2.3 区块链应用

自 2009 年发表比特币论文、向世界介绍区块链技术以来，区块链的应用不断发展和多样化。2010 年的第一代区块链是围绕比特币和加密货币展开的。随着 Ethereum 和智能合约的发展，区块链的应用扩展到了金融领域之外，并在此后获得了对其改造各行业潜力的认可。然而，如性能和可扩展性、互操作性和隐私性等技术挑战仍然存在，第三代区块链正在开发中。

(1) 区块链 1.0

区块链 1.0 系统的代表是比特币。Bitcoin 一般是指基于 Satoshi Nakamoto 在 2008 年发表的一篇论文中的协议和网络(Nakamoto, 2008)。bitcoin（小写"b"）于 2009 年 1 月发布的加密货币，它是用比特币协议实现的。区块链这个词指的是比特币中使用的底层技术，由于它的区块和链结构而得名。比特币区块链是一个分布式的公共账本，记录了比特币的交易。比特币区块链中的每个区块都包含交易的数据，众多的数据区块通过加密技术被链接在一起。

比特币是一种依托于点对点分散网络的数字货币。中心化货币是由中央银行发行，并通过某些机构进行交易，就像大多数传统货币一样，而比特币是一种点对点网络中的去中心化货币，其生成和验证由节点（用户）而非中心化的第三方完成。

在比特币协议发生之前，数字货币的主要挑战是解决所谓的双重支付问题。与任何实物不同，数字货币以数据的形式出现。因此，它有可能被复制并同时发送给两个不同的收件人。对于具有全球流通性的官方货币来说，这不是一个难以解决的问题，但去中心化的平台却无法轻易解决这个问题。要回答的一个难题是：究竟哪个版本的账本才是真实的？

然而，比特币率先以完全去中心化的方式成功地解决了这个问题。它使用一个不可改变的分布式记录系统和一个以加密经济学概念设计的共识协议的组合实现了这一点。受比特币设计的启发,公共区块链没有使用中心化的权威机构来监督和阻止恶意行为,而是使用奖励和惩罚机制来激励良好的行为,并抑制恶意行为。分布式记录系统意味着,只要区块链系统中 51% 以上的节点保持诚实,就可以相信账本是合法的,即只包含合法交易。

比特币区块链是区块链 1.0 的主要代表。它的主要功能是促进去中心化的点对点支付。比特币区块链是完全透明的。换句话说,每笔交易中的发送方和接收方都显示得很清楚(尽管发送方和接收方的真实身份被隐藏在钱包地址后面)。此外,交易的金额也是清楚的。另一类为这种去中心化的点对点支付系统增加隐私层的加密货币是隐私币。这类区块链的代表系统是 Zcash。

Zcash[①] 是公共区块链的先驱之一。Zcash 是一个重要的研究案例,因为它代表了第一个具有完全隐私保护方案的公共区块链。这是通过两种机制实现的,即加密和简短零知识证明(zk-SNARKS)算法。加密是对交易数据进行的,而 zk-SNARKs 则用于确保用户的匿名性和交易的隐私性。当通过 Zcash 进行交易时,交易的价值可以是透明的或屏蔽的。这些都有不同的意义。透明传输机制与比特币类似,而屏蔽交易是 Zcash 独有的。这是由 Zcash 的独特设计实现的。他们的设计包括两个地址,即私有地址(Z-address)和透明地址(T-address)。这种设计赋予了三种形式的交易,即两个透明地址之间,两个私有地址之间,或者一个私有地址和一个透明地址之间。在这些交易中,透明地址对透明地址的交易类似于比特币交易,因为它使交易方和金额成为公共信息。然而,两个私有地址之间的交易是私有的。与比特币交易不同,交易方和交易金额都是加密的。最后,屏蔽交易包括从一个透明地址到一个私有地址的交易。反过来说,从私有地址到透明地址的交易将被称为"去屏蔽"交易(Lo,Wang & Lee,2018)。

(2)区块链 2.0

Ethereum 是一个全球去中心化的应用平台,用于智能合约的开发和运作(Antonopoulos & Wood,2018)。它于 2014 年 7 月在推出,最初销售了 6 000 万以太币,价值约为 1 800 万美元。

虽然比特币只作为一种主要用于支付的虚拟货币,但 Ethereum 试图通过在其区块链中加入智能合约功能来执行更多内容,而不仅仅是在个人和实体之间转移加密货币。智能合约允许创建去中心化的应用程序,使各方之间能够进行复杂的、点对点的互动,而不需要依赖可信的第三方。简单地说,智能合约能够促进资产、财产、金钱和任何有价值的东西透明地自动交换,同时在这个过程中消除任何中间人。

"去信任"源于这样一个事实:在公共区块链上,区块链的用户不需要信任对方或智能合约,因为区块链的设计可以防止不正确的交易。所以奇怪的是,"无信任"意味着不需要信任。换句话说,我们可以绝对信任无信任系统的正确运作,我们不需要知道或信任对方。

所有与区块链关联的交易以及对地址或智能合约状态的任何改变都可以在账本上公开查看。因此,像 Ethereum 这样的公共区块链的最大价值的主张是问责制。

比特币区块链包含一种叫做 Script(O'Reilly, n. d.)的编程语言,Script 使用逆波兰表示法,使用堆栈和后缀算法进行处理。Script 操作产生的结果只限于布尔输出,即 True 或 False。比特币中使用的 Script 语言也被称为非图灵完整语言。它是一种初级的、基于堆栈

---

① Zcash(2021 年)。取自 https://z.cash/。

的编程语言,用于处理比特币区块链上的交易。

图灵完整性是一个数学概念,是一种编程语言计算能力的度量[①]。非图灵完整性语言意味着该语言的设计没有复杂的结构,如循环和条件,限制了其创建通用程序的能力。在比特币的案例中,这是有意为之,因为它避免了会使整个系统崩溃的不良编程的风险,如无限循环会导致整个系统崩溃。

Ethereum 最初是作为比特币 2.0 的一个提议;它为开发者提供了名为 Solidity 的图灵完整语言,这本质上是一个全球分布式计算平台。

图 15—4 总结了 Bitcoin 和 Ethereum 之间的比较。

	Bitcoin	Ethereum
代币	比特币(BTC)	ether(ETH)
区块链	比特币区块链	Ethereum 区块链
共识	工作量证明	工作量证明/权益证明(计划在 2021 年从 PoW 切换到 PoS)。
编程语言	Script	Solidity

图 15—4　比特币和以太坊之间的比较

鉴于 Ethereum 是当今最知名的智能合约平台,大多数人使用其对"智能合约"的定义:"涉及数字资产和两方或多方的机制,其中部分或所有参与方投入资产"。这些资产将根据基于合同启动时未知的特定数据的公式,在这些方之间自动重新分配。

虽然比特币区块链也可以用来创建智能合约,但使用起来会非常困难。这类似于使用计算器编写软件应用程序(通常使用逆波兰表示法)。Ethereum 利用区块链技术维护去中心化的支付网络存储计算机代码,这些代码可用于支持防篡改的去中心化金融合约和应用程序。Ethereum 的应用和合约由 Ethereum 网络的货币——ether 来驱动。

如果比特币可以被描述为中心化货币体系中的去中介化,那么我们可以将智能合约视为律师界中的去中介化。然而,这在商业世界中并不显示,因为法律实体受法律管辖,需要人为的解释和执行。

现今智能合约主要是用 Solidity 编程语言进行编写。然而,Solidity 并不是唯一支持智能合约的编程语言。Vyper(一种 Python 3 衍生的编程语言),也在逐渐流行起来。在类似地支持智能合约(或 Chaincode)的 Hyperledger Fabric 中,可使用的编程语言包括 Go、Javascript/Java,SDKs in Node. js、Java、Go、REST 和 Python。

智能合约的逻辑是使用所选择的编程语言进行编写并被编译成字节码或机器可读的代码,然后字节码将由 Ethereum 虚拟机(EVM)解释和执行。具体如图 15—3 所示。

在部署智能合约之前,基本要注意到的是:去中心化的应用程序和传统的编程之间有一些区别。不同于传统的编程那样,人们可以轻松地改变代码并重新部署程序,但对于智能合约来说,这一过程并不那么简单明了。一旦智能合约被部署(即发布)到 Ethereum 区块链上,它就是不可改变的,无法再被编辑。此外,执行智能合约中的每一行代码都需要付费,因

[①] 关于图灵完整概念的视频介绍可以在 Computerphile 的网页 https://www.youtube.com/watch? v=dNRDv-LACg5Q 上面找到。

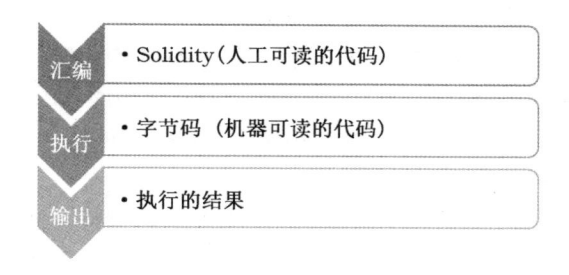

- 汇编 • Solidity（人工可读的代码）
- 执行 • 字节码（机器可读的代码）
- 输出 • 执行的结果

图 15－5　编译和执行智能合约的过程

此在部署前必须对代码进行优化。为了帮助开发者完成这一过程，已经创建了测试网以模拟实际的以 Ethereum 块链或主网的实际合约的性能。值得注意的是，测试网不能与 Ethereum 区块链上的真实区块链进行交互。

值得注意的另一点是，大多数部署在公共区块链上的智能合约对所有人都是可见的。屏蔽式智能合约，如与屏蔽式交易和账本一起运作的隐私币，在技术上是可行的。

（3）区块链 3.0

随着区块链和智能合约的发展，区块链的应用扩展到了金融领域之外，也自此获得了对其改造各行业潜力的认可。这些实际应用是利用了区块链的特性来降低信任成本，提高商业效率。联合国开发计划署（UNDP）确定了区块链可以为世界银行的可持续发展贡献的六个领域。这些领域是：支持普惠金融、负担得起的清洁能源、负责任的消费和生产、保护环境、为所有人提供合法身份以及提高援助效率（UNDP，2020）。

然而，诸如性能和可伸缩性、互操作性、安全性和数据隐私等技术挑战仍然存在。。区块链被采用来解决现实问题，同时区块链生态系统上的数据或设备不可避免地要与其他技术对接，如物联网（IoT）、人工智能、加密协议、支付网关和安全硬件。研究这样一个生态系统的性能、可扩展性、安全性和隐私是至关重要的。

互操作性和融合性是任何有效的社会技术基础设施的两个关键特征。随着信息系统规模的扩大和用户差异性的增加，互操作性和融合性的实现存在风险和复杂性。有了互操作性和融合性，就可以实现社交可扩展性和区块链在行业中的大规模应用。

区块链 3.0 时代试图修复这些问题，来促进区块链的大规模应用。

参考文献/拓展阅读

[1]Antonopoulos，A. M.，& Wood，G.（2018）. Mastering Ethereum. O'Reilly Media，Inc.

[2]Blockchain. com（n. d）. "Network Difficulty."https：//www. blockchain. com/charts/difficulty

[3]Buterin，V.（2015）. "On Public and Private Blockchains."Ethereum Blog. https：//blog. ethereum. org/2015/08/07/on-public-and-private-blockchains/

[4]Buterin，V.（2016）. "On Settlement Finality."Ethereum Blog. https：//blog. ethereum. org/2016/05/09/on-settlement-finality/

[5] Buterin, V. (2017). "Introduction to Cryptoeconomics." https://2017.edcon.io/ppt/one/Vitalik%20Buterin_Introduction%20to%20Cryptoeconomics_EDCON.pdf

[6] Greenspan, G. (2018). Smart contract showdown: Hyperledger Fabric vs MultiChain vs Ethereum vs Corda. MultiChain. https://www.multichain.com/blog/2018/12/smart-contract-showdown/.

[7] Hileman, G. & Rauchs, M. (2017). Global blockchain benchmarking study. Cambridge Centre for Alternative Finance. https://assets.ey.com/content/dam/ey-sites/ey-com/en_gl/topics/emeia-financial-services/ey-global-blockchain-benchmarking-study-2017.pdf.

[8] Infocomm Media Development Authority. (2020). Artificial intelligence, data and blockchain in a Digital Economy. World Scientific. Singapore University of Social Sciences-World Scientific Future Economy Series: Volume 3. https://www.worldscientific.com/worldscibooks/10.1142/11787.

[9] Lai, R. & Lee, D. (2018). Handbook of blockchain, digital finance, and inclusion (Chapter 7 Blockchain-From public to private), 145–177. https://www.sciencedirect.com/science/article/pii/B9780128122822000073.

[10] Lee, D. K. C. & Low, L. (2018). Inclusive FinTech: Blockchain, cryptocurrency and ICO. World Scientific.

[11] Levi, S. D. & Lipton, A. B (2018). An introduction to smart contracts and their potential and inherent limitations. Harvard Law School Forum on Corporate Governance. https://corpgov.law.harvard.edu/2018/05/26/an-introduction-to-smart-contracts-and-their-potential-and-inherent-limitations/.

[12] Lo, S. W, Wang, Y & Lee, D. (2021). Blockchain and smart contracts: Design thinking and programming for FinTech. Singapore University of Social Sciences-World Scientific Future Economy Series: Volume 4. https://www.worldscientific.com/worldscibooks/10.1142/11919.

[13] Martinrz, J. (2018). Understanding proof of stake: The nothing at stake theory. Coinmonks. https://medium.com/coinmonks/understanding-proof-of-stake-the-nothing-at-stake-theory-1f0d71bc027.

[14] Matt, B. (2018). Bitcoin's attack vectors: Sybil & eclipse attacks. Chainrift Research. https://medium.com/chainrift-research/bitcoins-attack-vectors-sybil-eclipse-attacks-d1b6679963e5.

[15] Miller, D. et al. (2019). Blockchain: Opportunities for private enterprises in emerging markets. International Finance Corporation, World Bank Group. http://documents1.worldbank.org/curated/pt/260121548673898731/pdf/134063-WP-121278-2nd-edition-IFC-EMCompass-Blockchain-Report-PUBLIC.pdf.

[16] O'Reilly. (n.d). Chaper 5. Transactions. https://www.oreilly.com/library/view/mastering-bitcoin/9781491902639/ch05.html.

[17] Nakamoto, S. (2008). Bitcoin: A peer-to-peer electronic cash system. https://bitc-

oin. org/bitcoin. pdf.

［18］Schär, F. (2020). Blockchain forks: A formal classification framework and persistency analysis. Munich Personal RePEc Archive. https://mpra. ub. uni‐muenchen. de/101712/1/MPRA_paper_101712. pdf.

［19］Tupper, C. (2011). Data architecture: From Zen to reality. Elsevier, ISBN: 9780123851260.

［20］UNDP. (2020). Beyond bitcoin. UNDP | Beyond Bitcoin. https://feature. undp. org/beyond-bitcoin/.

［21］VISA (2015). Visa fact sheet. https://usa. visa. com/dam/VCOM/global/about-visa/documents/aboutvisafactsheet. pdf.

［22］Vukoli, M. (2015). The Quest for Scalable Blockchain Fabric: Proof-of-Work vs. BFT Replication. International Workshop on Open Problems in Network Security (iNetSec), Zurich, Switzerland, 112－125, ff10. 1007/978-3-319-39028-4_9ff. ffhal-01445797f. https://hal. inria. fr/hal-01445797/document.

［23］Wanxiang Blockchain Labs (2017). The digital migration for mankind. https://www. blockchainlabs. org/index_en. html.

［24］Bitcoin Wiki. (2020). Controlled supply. Retrieved from https://en. bitcoin. it/wiki/Controlled_supply.

［25］Yaga, D. et al. (2018). Blockchain technology overview. National Institute of Standards and Technology, US Department of Commerce. https://csrc. nist. gov/CSRC/media/Publications/nistir/8202/draft/documents/nistir8202-draft. pdf.

练习题

请选择最合适的选项。

习题一

EVM 是＿＿＿＿的。

A. 验证交易

B. 执行智能合约

C. 保护比特币

习题二

"记录的不可更改性"是指＿＿＿＿。

A. 公有区块链上的记录不能被更新或修改，但可以被删除

B. 公有区块链上的记录不能被删除

C. 公有区块链上的记录只能更新其状态

习题三

以下＿＿＿＿不是公有许可区块链的特征。

A. 区块链上的数据可以被任何人读取

B. 只有经过授权的人员才可以向区块链写入数据

C. 任何人都可以验证区块链上的交易

习题四

以下_____是关于权益证明的真实情况。

A. 它要求验证者拥有较高的计算能力,以成功添加一个区块

B. 它要求验证者交纳押金以获得增加区块的机会

C. 如果验证者改变了一个区块中的交易,那么改变的效果将"传播"到所有后续区块

习题五

关于Ethereum,以下_____的叙述是真的。

A. 智能合约可以使用Solidity、Java和Python编程

B. Ethereum区块链同时记录支付信息和智能合约代码

C. 与比特币不同,以太坊区块链的吞吐量高得多,可与Visa媲美

第十六章　密码学

学习目标
- 理解密码学的内涵,并能够掌握哈希函数和数字签名的设计原理。
- 理解密码学技术是如何保护公有私有区块链的安全性的。

主要内容

要点
- 密码技术的安全性是基于数学难题的难易性。
- 哈希函数和数字签名会输出随机出现的文本字符串。
- 公有和私有区块链都广泛地使用加密技术来提供用户和数据认证,并保护分布式账本的完整性。
- 密码技术也被用于分布式一致算法,如工作量证明(PoW)。
- 用户的私钥、公钥和钱包地址的生成过程是单向且不可逆的。

重点名词
- 哈希函数:它具有类似指纹函数属性的加密函数,它能够为输入数据输出唯一的"指纹"。
- 数字签名:它是一种使用公钥和私钥的加密技术,使用户能够证明自己对于钱包地址的所有权。
- 公钥和私钥:这是属于单个用户的一对密钥。其中私钥用来"解锁"资金供用户使用,公钥类似于用户接收资金的一个账号。
- 工作量证明(PoW):比特币中广泛使用哈希函数的一个共识机制。

　　密码学是用其他技术对信息进行加密或解密,以隐藏其真实的含义,实现秘密传输信息的一种科学。在计算机科学中,它特指利用一种难以破译的、能够转换信息格式并保证数据安全的算法。韦氏词典对密码学的定义是"用密码加密和破译信息",后来又添加了"信息的计算机编码和解码"的定义,将更加广为人知的现代化定义包含进来。现代定义则将密码学与更多的数字术语(如哈希表和数字签名)联系起来。本章将简要介绍现代密码学的历史,其中重点介绍哈希表、公开密钥基础设施和数字签名。

16.1 密码学概述

古典密码学已经存在了几千年,最早的密码使用记录可以追溯到古埃及。古典密码学之所以成为一门艺术,是因为在密码的构造和解密背后几乎没有理论,也没有关于安全密码须满足的系统性要求。它的主要目的仅仅是实现保密,且由于花费巨大,它的使用仅限于政府和军事组织。若说一个最著名的例子,或许是德国人在20世纪早期发明的恩尼格玛密码机,它曾在二战期间被德国纳粹用来加密军事通信。

从那时起,密码学领域有了很大的发展。与古典密码学不同,现代密码学不仅是一门艺术,而且是一门科学和数学学科。如今,这个领域依赖于严格的安全证明,而非模糊的、直观的、复杂艰深的概念。我们可以把现代密码学看作是一套基于难题的难解性的算法,这里的"难题"是指那些无法在"合理的时间"内解决的问题。换言之,现在的密码算法并不完善,它们只不过是在计算上暂时无法被打破(Henderson,2013)。

与古典密码学相比,现代密码学更加普及。它已经超越了秘密通信的领域,延伸到保护用户以及静止(存储)和传输(通过网络发送)中的数据——它几乎成为所有计算机系统中不可或缺的一部分。密码学在人们的日常生活中得到了广泛的应用(例如,发送电子邮件或用交通卡支付乘车费用时都涉及了密码学的应用)。

16.1.1 哈希函数

哈希函数是一种将任意长度的输入映射到固定长度的输出的方法,此输出称为哈希值("散列"或"消息摘要")。若使用编程术语,哈希函数(记作 hash())将任意长度的消息 m 作为输入,并产生固定长度 l 的哈希值 h:

h=Hash(m)

哈希函数包括 MD 家族(即 MD2、MD4 和 MD5)、SHA 家族(SHA-1 在 2017 年被 CWI Amsterdam 和 Google 碰撞成功,还有 SHA-2 和 SHA-3)、BLAKE 家族、RIPEMD 哈希家族和其他家族。不同的哈希函数会产生不同长度的哈希值,如表 16-1 所示。除此之外还有许多不同的因素,如安全性和性能、安全目标和长度,等等,这些因素都会影响决定使用哪个哈希函数。

表 16-1　　　　　　　　哈希家族及其各自成员

哈希族	成员	长度
信息摘要(MD)	• MD2 • MD4 • MD5 • MD6	• 128 位 • 128 位 • 128 位 • 变量*
安全哈希算法(SHA)	• SHA-0 • SHA-1 • SHA-2 • SHA-3(即 Keccak 算法)	• 160 位(已弃用) • 160 位(已弃用) • 可变的* • 可变的*

续表

哈希族	成员	长度
RACE 原始完整性校验讯息摘要（RIPEMD）	• RIPEMD－128 • RIPEMD－160 • RIPEMD－256 • RIPEMD－320	• 128 位 • 160 位（最常用） • 256 位 • 320 位
BLAKE 算法	• BLAKE－224 • BLAKE－256 • BLAKE－512 • BLAKE－384 • BLAKE2 • BLAKE3	• 224 位 • 256 位 • 512 位 • 384 位 • 可变的* • 可变的*

请注意，注：此列表并非详尽无遗。＊取决于各个变体情况。

这种不变性是分布式账本技术和哈希函数结合使用的结果，它不允许对区块及其交易进行任何修改使之处于隐蔽状态。哈希函数具有如图 16－1 所示的属性。

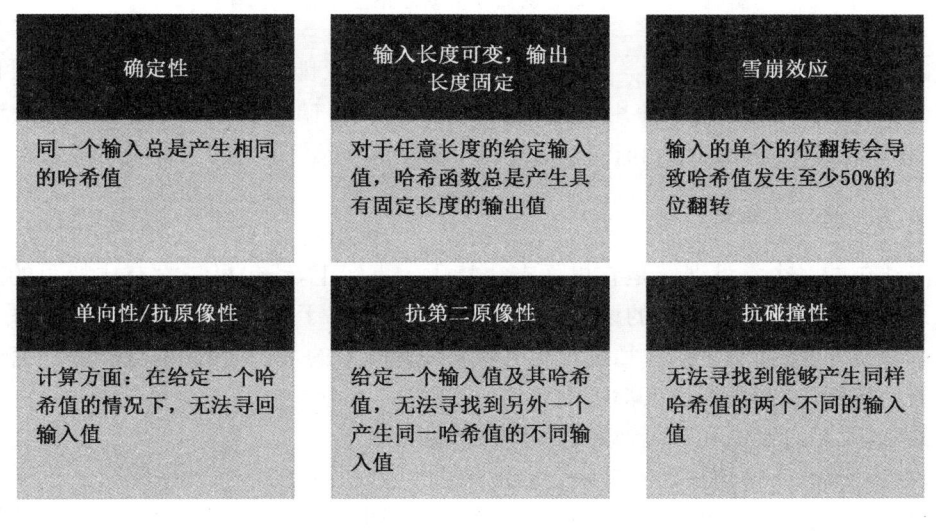

确定性
同一个输入总是产生相同的哈希值

输入长度可变，输出长度固定
对于任意长度的给定输入值，哈希函数总是产生具有固定长度的输出值

雪崩效应
输入的单个的位翻转会导致哈希值发生至少50%的位翻转

单向性/抗原像性
计算方面：在给定一个哈希值的情况下，无法寻回输入值

抗第二原像性
给定一个输入值及其哈希值，无法寻找到另外一个产生同一哈希值的不同输入值

抗碰撞性
无法寻找到能够产生同样哈希值的两个不同的输入值

图 16－1　哈希函数的性质

在非常高的级别上，哈希函数通过接收输入数据并对输入数据执行排列和替换，来消除输入数据和哈希值之间的统计相关性来实现以上性质。因此，我们无法从计算角度判断输入数据是否能确定一个哈希值，也无法打破一个哈希函数的抗第二原像性和抗碰撞性。对于恶意用户来说，要想破坏这些属性，他们只能通过尝试所有可能的输入数据并检查结果哈希值来开展暴力行为（或试错）。

哈希函数的主要目标是保护数据的完整性，尽管有些应用程序可以使用它的单向属性来实现保护隐私这一点。哈希函数能够输出对输入数据唯一的哈希值，并保护哈希值使其不可变（例如在分布式账本上）。我们可以证明用哈希函数得到的数据是原始的、没有被修改过的，因为在哈希值中发现在计算上冲突是不可行的。

哈希函数已被用于无数的应用程序，以保护数据的完整性。例如，它被用作对从网络下载的软件的完整性校验，如图 16—2 所示。

Ghostscript is available under both an Open Source AGPL license and Commercial license. Please visit artifex.com/licensing/ to understand the differences in these licensing agreements, or to acquire a commercial license.

Platform/License	AGPLv3 GNU Affero General Public License	Artifex Artifex Commercial License
Ghostscript 9.53.3 for Windows (32 bit)	Ghostscript AGPL Release	Ghostscript Commercial License
Ghostscript 9.53.3 for Windows (64 bit)	Ghostscript AGPL Release	Ghostscript Commercial License
Ghostscript 9.53.3 for Linux x86 (32 bit)	Ghostscript AGPL Release	Ghostscript Commercial License
Ghostscript 9.53.3 for Linux x86 (64 bit)	Ghostscript AGPL Release	Ghostscript Commercial License
Ghostscript 9.53.3 Source for all platforms	Ghostscript AGPL Release	Ghostscript Commercial License

NOTE: The Linux binaries are for testing/evaluation purposes only, they do not come as installers or installable packages.

MD5 Checksums
SHA512 Checksums

图 16—2　关于哈希函数检验软件完整性的一个例子①

在区块链中，它被用来生成一个唯一的“交易序列号”(即交易哈希值)，并用于保护区块不被修改。在实践中，比特币使用 SHA-256 和 RIPEMD 哈希函数；Ethereum 区块链使用 kecack-256；而 Hyperledger Fabric 使用 SHA3 SHAKE 256 作为其主要哈希函数。

16.1.2　公共和私有密钥

关于钱包的一个常见误解是它里面有比特币。事实上，钱包里是没有比特币的。比特币钱包只是反映了比特币钱包的地址。除此之外，它是属于用户的私钥数据库。每个用户除了拥有私钥外，还拥有公钥。私钥对所有者来说是唯一的，就像我们的银行账户密码一样是保密的。然而，公钥是任何人都可以看到的东西。

公共密钥、私有密钥和钱包地址之间的关系如下。

(1)在注册后，一位用户的私有密钥会被随机生成。

(2)公共密钥是根据预先确定的算法从私有密钥中计算出来的。该算法的计算是单向的，因为如果一个人拥有私钥，那么他应该可以计算相应的公钥，但反之不可行。我们目前的计算能力无法解决特定的数学难题(如离散对数问题②)，这就保证了单向的性质。其实我们也能用矛盾法来论证这一点——如果我们的计算机能解决这个数学难题，那么当给出公钥时，我们也能由它获得私钥。

(3)用户的公共和私有密钥之间是一一对应的。换句话说，若给定一个私有密钥，那么将有且仅有一个公共密钥。

(4)给定公共密钥，我们可以利用预先给定的单向算法(例如哈希函数)来计算出用户的钱包地址。

因此，钱包中的比特币只能通过相应的私钥解锁，而且仅有钱包的所有者才能拥有私

① https://www.ghostscript.com/download/gsdnld.html.

② Flylib.com (n.d). Discrete Logarithms 来自 https://flylib.com/books/en/3.190.1.79/1/。

钥。在单向和一对一的关系下，没有其他用户可以仅根据钱包地址或公钥推断私钥。只要所有者将私人密钥保密，其他用户就无法解锁钱包中的比特币。

16.1.3 比特币私钥

比特币私钥是一个以真随机的方式生成的 256 位的数字。"真随机"意味着在生成过程中将从无法复制或模仿的源（例如 15 秒的光标随机轨迹）获取参数。这在本质上意味着，如果用户丢失了（或遗忘）私钥，那么他就不再可能找回它。而这将导致的结果是，钱包中与私钥对应的比特币就"丢失"了（即无法解锁也无法再被使用）。

比特币的私有密钥可以存储为十六进制的数字，具体如图 16-3 所示。

图 16-3　以十六进制数字形式存储的私有密钥

或者 Base-58 编码字符串，这也称为钱包交换格式（WiF），如图 16-4 所示。

图 16-4　以钱包交换格式存储的私有密钥

注意：这里使用了两种编码系统，十六进制和 Base58。Base58 是一种二进制到文本的编码系统，用于将较大的整数表示为字母数字文本，它最早由 Satoshi Nakamoto 引入，应用于比特币。它由 26 个字母（大写和小写）和数字 0~9 组成，其中不包括 0（零）、O（大写 O）、I（大写 I）和 l（小写 L）。表 16-2 举例说明了两种编码系统是如何表示十进制数的。

私钥应该由所有者独立管理，因为公开私钥将授予其他人访问您的货币、资产和现金流的权限。例如，他人可以通过 HSM（硬件安全模块）实现这一点。

比特币公钥来源自比特币私钥。其他人不需要知道您的私钥，便可以使用公钥来验证您的钱包的所有权。

公共密钥可以被表示为：一个以 4 开头的 65 个字节的十六进制数字（旧式的未压缩格式下），或者一个以 2 或 3 开头的 33 个字节的十六进制数字（新式的压缩格式下）。

比特币钱包的地址可以由公共密钥计算出来，而这地址会被用于：由他人在区块链上给你发送本地货币或本地资产[①]，验证你对他人在区块链上被记录的项目的所有权，通过区块链验证你的权限。

[①] 本币是基础区块链上的加密货币。例如，Ethereum 区块链的本币是 ether，但使用 Ethereum 区块链的 ERC-20 代币不是本币或资产，因为它们依赖于其他区块链。

Dec	Hex	Base58	Dec	Hex	Base58	Dec	Hex	Base58	Dec	Hex	Base58
0	0	1	15	F	G	30	1E	X	45	2D	n
1	1	2	16	10	H	31	1F	Y	46	2E	o
2	2	3	17	11	J	32	20	Z	47	2F	p
3	3	4	18	12	K	33	21	a	48	30	q
4	4	5	19	13	L	34	22	b	49	31	r
5	5	6	20	14	M	35	23	c	50	32	s
6	6	7	21	15	N	36	24	d	51	33	t
7	7	8	22	16	P	37	25	e	52	34	u
8	8	9	23	17	Q	38	26	f	53	35	v
9	9	A	24	18	R	39	27	g	54	36	w
10	A	B	25	19	S	40	28	h	55	37	x
11	B	C	26	1A	T	41	29	i	56	38	y
12	C	D	27	1B	U	42	2A	j	57	39	z
13	D	E	28	1C	V	43	2B	k			
14	E	F	29	1D	W	44	2C	m			

图 16-5 两种编码系统中数字的表达

钱包地址形如图 16-6 所示。比特币钱包地址可能以 1、3 或 bc1 开头,这取决于实际情况。[1]

Base58Check

16UwLL9Risc3QfPqBUvKofHmBQ7wMtjvM

图 16-6 钱包地址

但它是这样存储的,内部有 25 个字节的(见图 16-7):

Hexadecimal Bitcoin Address (25 bytes)

| 00 | 010966726006953D5567489E5E39F86A0D2738EE | D61967F6 |

Version byte
MainNet: 0x00
TestNet: 0x6f

Public Key Hash 20 bytes　　Checksum (4 bytes)

图 16-7 比特币钱包存储

图 16-8 展示了比特币钱包地址的公共密钥的形成过程。

---

① Wikipedia. (2020). "Invoice address." 引自 https://en.bitcoin.it/wiki/Invoice_address。

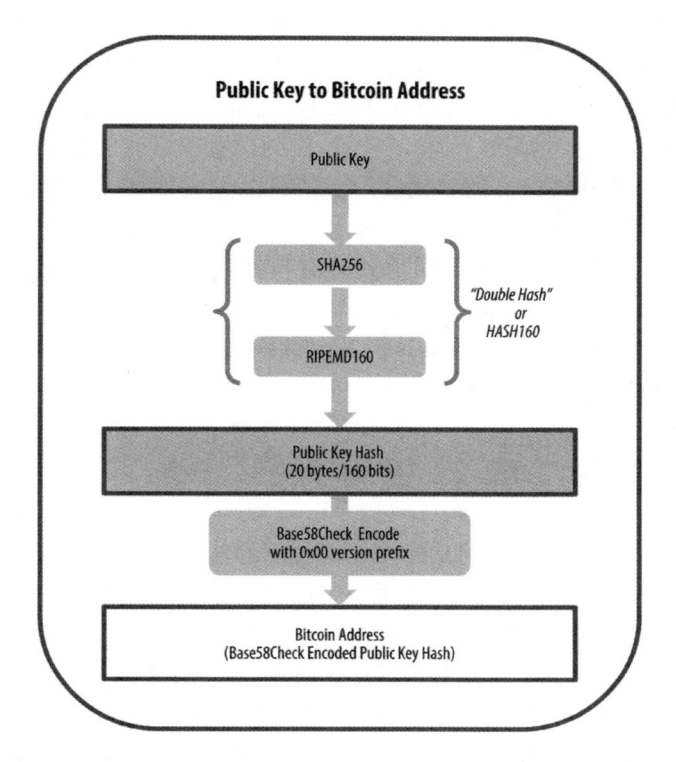

资料来源：Antonopoulos，2017。

图 16－8　比特币钱包的公共密钥的形成过程

16.1.4　Ethereum

与比特币相比，Ethereum 钱包地址的生成过程非常简单。Ethereum 地址只是一个十六进制数，标识符来自公钥 Kecack-256 哈希的最后 20 个字节。

下面我们来学习数字签名。

数字签名是由发送者（签名者）使用其私钥（签名）产生的伪随机数字字符串，用以证明数字签名所计算的信息的真实性（完整性保护和来源验证）。任何使用发送者（签名者）的公共验证密钥的人都可以验证信息的真实性。

在比特币网络中，若要进行交易，发送方需要在签名（注意，"签名"行为本质上是使用数据、私钥执行数学计算和其他系统参数，即向整个网络公开信息）数据中使用他或她的私钥，并将签署的数据一起发出计算签名（一个非常大的整数），此外还需要相应的公钥接收者的参与（公共密钥在网络上对所有人可见）。

然后，接收方可以使用公钥验证发送方是否签署了数据（或者发送方是否确实是该消息的所有者）。如前所述，私钥和公钥是一对一的，它们具有数学关系。"验证"的行为只是使用公钥、数据和签名（使用私钥计算）的另一个数学计算过程。由于私钥和公钥之间具有这样的数学关系，"验证"计算将输出数字"1"（验证成功）或"0"（验证失败）。

总之，数字签名是一种用于验证数字消息或文档真实性的数学方案。在满足先决条件的情况下，有效的数字签名给接收方提供了非常有力的理由，使其相信消息是由已知的发送方创建的(身份验证),并且消息在传输中没有被更改(完整性)。它还能够防止发送方否认他/她创建了该消息(责任性),因为只有他/她才拥有计算签名的私钥。

数字签名是大多数加密协议套件的标准元素,通常用于软件发布、金融交易、合同管理软件以及其他重要情况,这些情况下,确定来源、检测伪造或篡改的情况是十分重要的。

RSA 数字签名方案将发送方的私钥应用于消息以生成签名,然后可以通过验证过程对消息和签名应用相应的公钥来验证签名,并提供有效或无效的结果(Kaliski,2001)。

区块链中的数字签名是发送者证明他或她有权在特定钱包中消费比特币的一种方式。但是,RSA 数字签名在区块链系统中并不常用。相反,数位签章的另一种变体,称为"椭圆曲线数字签名算法"(ECDSA)应用较多。在密码学中,ECDSA 提供了数位签章算法(DSA)的一种变体,它在原理上使用的是椭圆曲线密码学。

16.2 密码学和区块链

简单地说,哈希函数(hash)指的是接受任何长度的输入数据并返回固定长度值的函数。而加密哈希函数的一个特性是:在计算上无法"预测"给定输入数据的输出哈希值。此外,输入数据的变化与哈希值的变化结果之间也没有统计相关性。

在比特币中,系统要接受一个比特币区块为真值,其区块哈希值必须低于当前设定的目标难度值。然而,当区块上的内容发生变化时,无论变化多小,都会导致产生不同的区块哈希值,且由于我们不可能预测出区块哈希值将如何变化,也不可能对区块内容进行精心设计,使得到的最终的区块哈希值低于目标难度值。

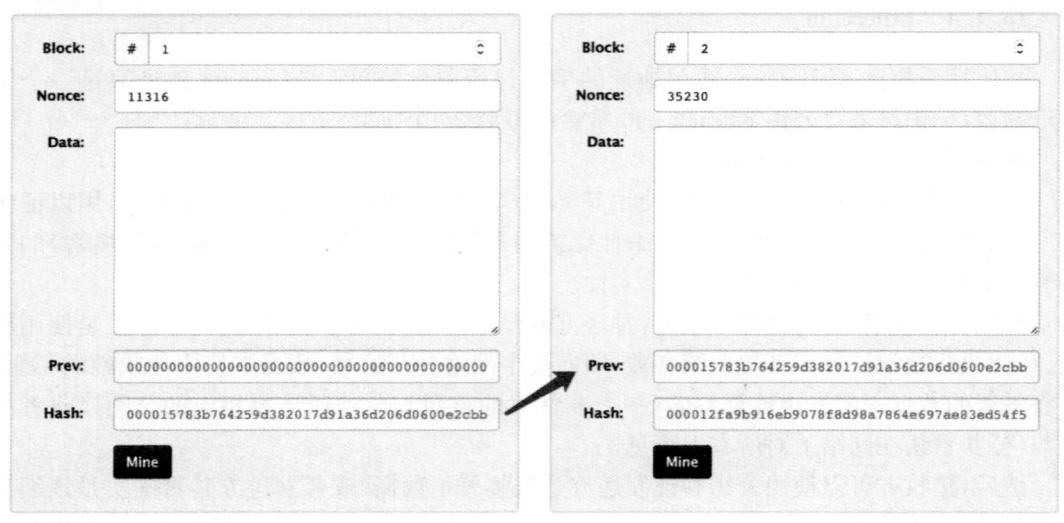

来源:Brownsworth(n. d)。

图 16—9 前一个块的哈希值会被存储到第二个块中

更广泛的一种情况下,在区块链系统中,通过在新块中包含上一个区块的哈希值,每个新区块都以加密方式链接到前一个区块,如图 16-8 所示。因此,修改前一个区块的内容将导致前一区块的哈希值发生变化,从而影响新区块的哈希值。换句话说,对区块 n 内容的修改会体现在从区块(n+1)到最新的所有区块中。

私钥是唯一的密钥,只有所有者可以看到,因此它是由比特币的发送者用来证明比特币的所有权的。私钥用于生成公钥,所有者可以像使用密码那样使用私钥,但不同的是,任何人都可以使用我们的公钥,验证我们是否知道一个"秘密"(即私钥)。公钥对每个人都可见,社区中的任何人都可以使用它来验证某个用户的比特币的所有权。

私钥和公钥的主要用途是用于数字签名的计算,而所谓的"授权的数字签名"就是指那个让拥有私钥的人产生正确的签名。这个正确的数字签名将被相应的公钥验证,之后将会被提供执行比特币交易的权利。

16.2.1 交易哈希

在区块链中,每笔交易都有它的哈希值。哈希值是使用事务数据作为哈希函数的输入来计算的。根据特定区块链系统的不同,将会使用不同的哈希函数,对哈希函数的输入也因设计而异。但关键是,交易散列值要作为交易的唯一标识符(类似于我们的实体银行票据上的序列号)。与所有支付系统一样,在执行交易之前,必须确认交易的有效性。

有效性检查包括:验证发送方是否拥有将要花费金额的所有权;验证输出的总价值是否小于或等于输入的总价值;验证该交易是不是双重支付。双重支付可以理解为一种攻击,是指一组给定的加密货币在多次交易中被使用。比特币、Ethereum、Litecoin 和 Zcash 等公共区块链会使用分布式账本记录那些曾经发生过的所有交易,并要求至少有 51% 的验证节点来检查给定的交易是否在过去某个时间发生过,从而防止重复消费。

由于哈希函数能够输出类似于唯一序列号的交易哈希这一特性,因此在验证节点时只需对交易哈希进行查询来实现检查。图 16-10 展示了一个关于比特币交易的例子。

Field		Description
vin_sz		1
vout_sz		1
in	prev_out	7b844fe6a2ce9b1c7ea2f02bfb802a095ad3352a092ac83aef0562ee5952b1d7
	scriptSig	Bob's public key and digital signature
out	value	5 btc
	scriptPubKey	Charlie's public key hash

Transaction hash:
317b9591b0a9d74afacd5735812d236681e5111982d2d57be21a598ad1cba628

图 16-10　比特币交易的例子,"in"字段指定发送方的公钥和数字签名,
"out"字段指定接收方的公钥和要发送的数量

16.2.2 数字区块链

区块链本质上是由于区块构成块的链。它是一个数字账本,且这个"数字链"是通过使用哈希函数实现的。从本质上讲,哈希值是基于区块头中的数据计算的(我们称这个值为"区块头的哈希")。对于大多数主要区块链应用程序来说,这样的概念都是正确的。在不失普遍性的前提下,我们可以用比特币作为例子。图 16-10 展示了一个比特币区块的结构。

在第 i 区块中（图中表示为 Bi）展示了一个比特币交易的列表。

Block i (B$_i$)

Header
- Hash of previous block B$_{i-1}$ header
- Timestamp of this block B$_i$
- Difficulty target
- Nonce (32 bits)
- Hash_Root of transactions in this block B$_i$

Transactions
- Transaction 1
- Transaction 2
- ...
- Transaction (n-1)
- Transaction n

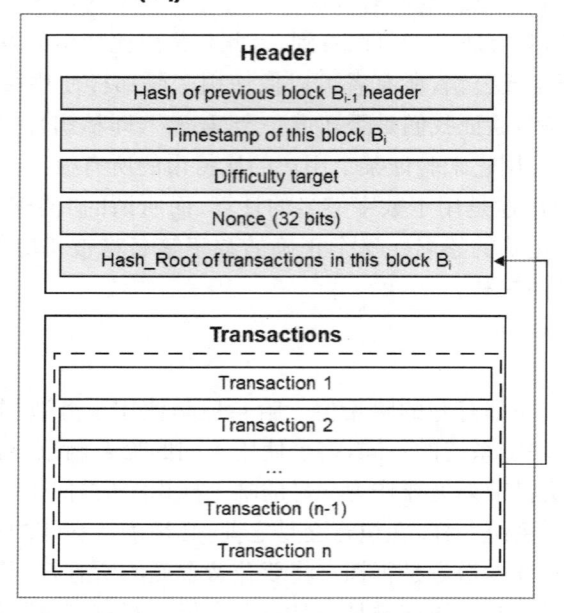

图 16—11　比特币区块的结构

要保护区块的完整性，只需保证区块头的完整性就足够了。这是因为交易列表是使用存储在区块头中的根哈希值进行"汇总"的，修改任何一项交易都将更改根哈希值，更改区块头中的数据，从而导致区块头中的哈希值发生更改。

比特币不对区块头哈希值进行直接计算。相反，比特币中的工作量证明（PoW）共识算法要求矿工改变 32 位的 nonce，并迭代计算区块头哈希值，直到结果哈希值能够满足难度目标（见图 16—12）。一个有效的比特币区块是指区块头的哈希值"难度目标"小于设定的固定值。

由于安全哈希函数输出的哈希值是伪随机的，而且我们无法事先预测哪位 nonce 会产生一个有效的区块头哈希，PoW 共识算法本质上其实是矿工之间的一个抽签系统。每个矿工只能迭代改变 nonce，重新计算区块头哈希值，并检查区块头哈希值是否有效。这就是工作量证明的过程。每个矿工都有相等的概率找到提供有效区块头哈希的 nonce，当找到一个有效的区块头哈希时，矿工将把整个区块广播给整个网络（称为"解决方案"）。此时，网络中的其他矿工会对这一解决方案进行哈希检查，当确定结果的区块哈希值满足（即小于）难度目标时，他/她才会接受这个块是有效的。

难度值/目标值是网络中矿工普遍接受的共识规则的一部分。

作为共识机制的一部分，一旦某一个矿工提交了他/她的工作量证明，网络中的其他矿工就必须接受这个新区块。

女巫攻击（Sybil Attact）是对系统的一种安全威胁，它是指一个用户试图通过创建大量匿名身份来接管网络，并利用它们获得不成比例的高影响力。而工作量证明（Proof-of-

Work)共识算法则要求一个节点(或一组节点)创建区块的能力必须与总处理能力成比例。这能使女巫攻击不具有经济可行性,因为试图发起女巫攻击的一方总是需要拥有极高的计算能力来不断创建新块。

基于同样的逻辑,要想改变比特币网络上之前的区块也显得格外困难。在 PoW 共识算法下,所有节点都要接受并遵循最长链的原则,并在这条链上的下一个区块上工作。如果一个节点改变了之前的区块,它将不得不创建新的区块,以比世界上其他节点更快的速度附加到改变后的区块上,这样才能使它的链超过原来的链。然而要想实现这一目标,至少需要整个网络 51% 的计算能力。

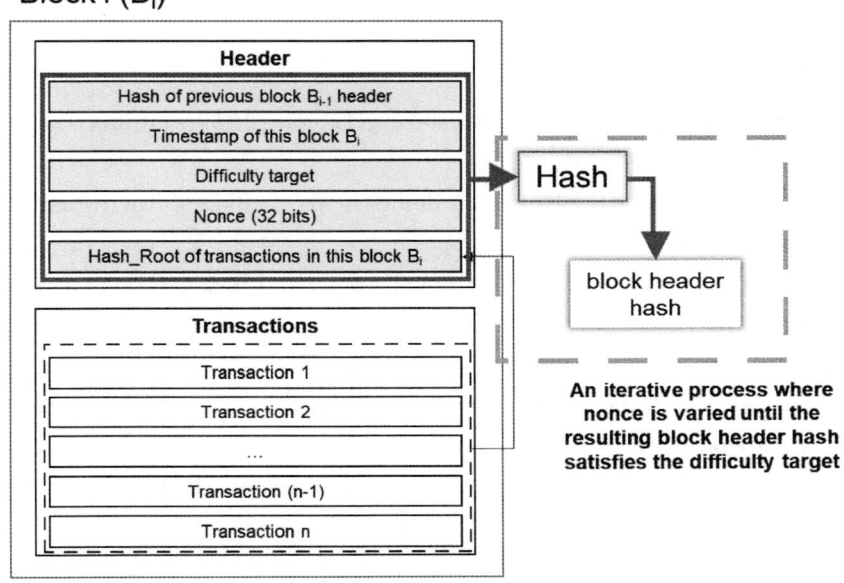

图 16—12　比特币区块头哈希计算(PoW)

区块链的数据结构是一个数据块的链表(因此称为"链")(见图 16—13)。每个区块都包含前一个区块的哈希值,最为与前一个区块的链接,并建立整个块链的顺序。

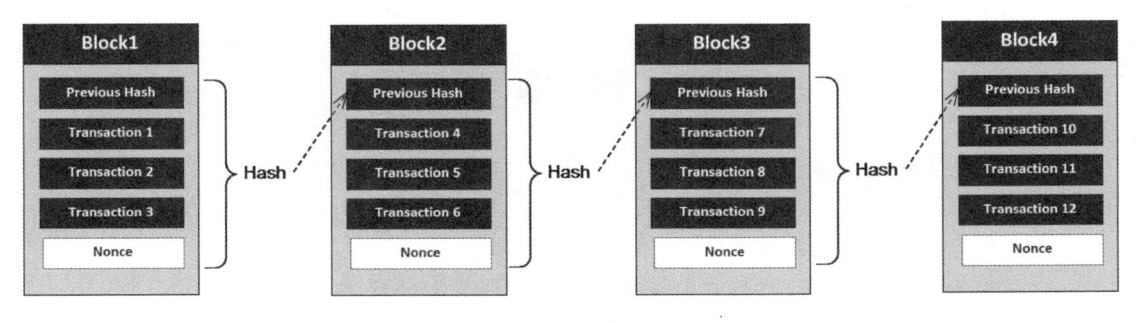

图 16—13　区块链数据结构

16.2.3 钱包所有权的证明

回想一下用户的私钥、公钥和钱包地址之间的关系。从本质上讲,钱包地址的生成顺序如下为:私钥→公钥→钱包地址。

出于安全性的考虑,私钥是真随机字符串。利用私钥,可以使用单向(不可逆)的且预先确定的方式计算用户的公钥,然后对公钥进行散列和编码,形成用户的钱包地址。因此,"如果交易中的数字签名可以使用 Bob 的公钥进行验证,则说其拥有包含 5 个 btc 的钱包的所有权"是一条基于事实的结论,即当且仅当 BobBob 首先拥有创造数字签名的私钥时候,那么他/她只提供(正确的)公钥即可。

参考文献/拓展阅读

[1] Antonopoulos, A. M. (2017). Mastering Bitcoin: Programming the open blockchain. O'Reilly Media, 2nd edition.

[2] Brownworth, A. (n. d). Blockchain demo. https://andersbrownworth.com/blockchain/blockchain.

[3] Flylib. com (n. d). Discrete logarithms. https://flylib.com/books/en/3.190.1.79/1/.

[4] Greenspan, G. (2018). Smart contract showdown: Hyperledger Fabric vs MultiChain vs Ethereum vs Corda. MultiChain. https://www.multichain.com/blog/2018/12/smart-contract-showdown/.

[5] Henderson, T. (2013). Cryptography and complexity. Hackthology. https://hackthology.com/cryptography-and-complexity.html.

[6] Kaliski, B. S. (2001). RSA digital signatures. https://www.drdobbs.com/rsa-digital-signatures/184404605.

[7] Lo, S. W., Wang, Y., & Lee, D. K. C. (2021). Blockchain and smart contracts: Design thinking and programming for FinTech. Singapore University of Social Sciences-World Scientific Future Economy Series: Volume 4. https://www.worldscientific.com/worldscibooks/10.1142/11919.

练习题

请选择最合适的选项。

习题一

下列表述中_____是错误的。

A. 密码技术是安全的,因为它们目前对他进行计算上的攻击是不可行的

B. 用户的钱包地址与用户的私钥没有任何关系

C. 哈希函数被用来获取交易与区块的哈希值

习题二

六块确认规则(six-block confirmation)正确的表述是_____。

A. 在将交易视为已确认交易之前,用户应等待六个区块被附加到其交易所在的区块上

B. 在验证交易之前,矿工应该至少搜索其他六个区块,以确保该交易不是双重支付的交易

C. 一个创造了一个新的区块并获得了区块奖励的成功矿工应该等待至少六个区块才能花掉这份区块奖励

习题三

关于哈希函数,以下表述中_____是不正确的。

A. 哈希函数总是确定性的

B. 哈希函数是一个加密函数

C. 哈希函数被用于输出交易的唯一序列号

习题四

关于数字签名,以下表述中_____是正确的。

A. 拥有比特币的证明需要签名和公钥

B. 数字签名是由签名者的公钥产生的

C. 在比特币中使用的数字签名是RSA数字签名

习题五

以下表述中_____不是哈希函数的性质。

A. 相同的输入总能产生相同的输出

B. 输入值的细微变化会引起输出值的极大变化

C. 给定一个输入值,它会产出一个真随机的哈希值

第十七章 共 识

学习目标
- 讨论分布式系统的特征并将其与区块链联系起来。
- 描述共识算法的基本特性。
- 分析公有和私有区块链共识算法的设计。

主要内容

要点
- 区块链类似于分布式系统,其特点有:并发性、不存在全局时钟、组件独立故障和同步/异步消息传递。
- 共识在区块链网络和分布式账本中是一个重要的概念,因为没有中心新机构提供真相的来源。
- 分布式共识算法应该在同步性、活性、安全性和弹性方面拥有或明确定义其性能。
- 由于权限和用户认证模型的不同,公有区块链和私有区块链共识算法的性能存在较大差异。

重点名词
- 分布式系统:分布式系统包括一组不同的节点/计算机,它们通过通信链路相互传递信息,并相互配合以完成一个共同的目标。
- 分布式共识算法:是一种允许网络成员按照协议中设定的一组规则来判断网络在某一时间点的状态的算法。

共识是区块链和分布式账本技术中的一个关键概念。区块链网络的分布方式在某种意义上使得参与者不一定知道或信任彼此。这使得人们很难就网络的状态达成一致,尤其是在可能存在不良行为的情况下。共识协议旨实现网络内的一致,并确保参与者以网络的最佳利益行动。

17.1 分布式系统及其特点

分布式系统包括一组不同的进程(如节点/计算机),通过通信链路相互传递信息,并相互配合以完成一个共同的目标(如解决一个计算问题)。分布式系统的最早形式是局域网，其中一组网络节点共享其工作的共同目标，每个节点本质上都有自己的处理器和内存。分布式系统有四个特性(Kasireddym, 2018)。

(1)并发性。系统中的进程并发运行，意味着多个事件同时且独立地发生。Zaifenbushi 系统中，由于延迟的存在，并发控制是一个难点。

(2)不存在全局时钟。对于一个分布式系统来说，我们需要通过一种方法来确定事件的顺序。然而，在一组同时运行的计算机中，有时不能确定两个事件中哪一个最先发生，因为计算机在空间上是分开的。换言之，没有一个全局时钟可以决定网络中所有计算机上发生的事件顺序。

(3)组件独立故障。分布式系统中的组件可能会出现故障。许多不同类型的故障，包括死机、信息丢失或残缺，甚至是恶意消息。死机故障是指节点由于断电或硬件故障而停止工作，而拜占庭故障是指节点表现出"语义矛盾"的行为。

(4)消息传递。分布式系统中的计算机通过一个或多个其他计算机之间的"消息传递"进行通信和协调。消息传递环境有两种类型：同步和异步。同步消息传递意味着消息将在某个固定的、已知的时间内传递，而异步消息传递意味着消息可能无限延迟、重复或无序传递。

最后我们定义以下概念。

(1)简单容错。假设系统的所有节点都严格遵循协议，否则系统会崩溃。

(2)拜占庭容错。假设节点可以崩溃或传递恶意消息。

区块链本质上是一个分布式系统，分布式系统是一个计算机网络，它是一个并行、独立地处理同一问题的计算机网络。在这个系统中，没有一个全局时钟来指示事件的顺序。有些计算机可能是诚实的，有些可能会崩溃，有些是拜占庭节点。此外，还缺乏可靠的通信链路，消息可能会无限期地丢弃或延迟。挑战在于让所有节点在这种情况下达成共识。

17.2 共识的动机

对共识算法的研究已经进行了多年。最早的研究是实用拜占庭容错(PBFT)共识，它是许多现有许可区块链共识算法的基础。然后是基于领导者的共识机制，如 Paxos 和 RAFT (Seibold & Samman, 2016)。比特币的工作量证明共识是这一领域的一个突破点，因为它是第一个随着节点数量的增加而进行适度扩展的共识算法，它允许相互不信任的节点达成一个共识。

一个团体内成员间要达成共识，就应该共同作出决定并予以支持。这个决定应该是一个团体内可以接受的决议，即使它不是团体中某成员的首选。政府选举就是一群人聚在一起做出决定的一个例子。

在一个由计算机共同工作以维护一个数据库或账本的分布式网络中，共识协议(或算法)声明了网络的规则，并被网络中的计算机所遵循。由于区块链网络本质上是分布式的，参与者不一定知道或信任彼此，共识算法是一种机制，允许这些互不信任的节点中的大多数就区块链的共同状态达成一致。在交易被制定并广播后，验证节点将根据共识算法验证并生效交易。

对于区块链网络和分布式账本来说，共识是一个重要的概念，因为没有中心机构来提供真相的来源。网络成员必须遵循一套规则来判断网络的状态。这些规则就是被编写进区块链协议中的共识算法。

公有区块链容易受到拜占庭容错和女巫攻击（Sybil attacks）。女巫攻击是点对点网络中的一种攻击，其中网络中的一个节点同时操作多个身份，并破坏信誉系统中的权威或权力。拜占庭容错是一种故障类型，它假定节点可能发生故障或恶意故障。它包括数据损坏故障或节点合谋。因此，共识算法必须是容错的。

一个好的共识协议需要维护共识账本，包括保持网络更新、修复错误、并忽略恶意节点。区块链网络还需要确保账本上记录的交易是有效的。对于共识算法来说，要实现维持有效的区块链账本的目标，它需要能够做到以下几点。

（1）如果恶意节点试图广播无效的交易，它们应该被正常的节点忽略，并且不会被账本记录。

（2）当恶意节点试图用无效或欺诈的交易挖掘一个区块时，网络中的大多数节点都应该同意不继续扩展该区块链。

图 17-1 好的共识算法的例子

在图 17-1 中，假设网络上有 4 个节点，正确的操作是"进行"。节点 B 上有错误的信息"等待"，节点 D 试图恶意让其他节点"取消"。好的共识算法需要更新节点 B 的状态，选择"进行"，同时忽略恶意节点 D。

为了实现这一点，区块链节点需要做到以下几点。
（1）能够跟踪历史交易。
（2）鉴定并验证当前广播的交易。
（3）与其他节点就账本内容达成一致。
（4）接受适当的激励来"做正确的事情"。

17.3　主要的共识算法

17.3.1　FLP 不可能定理

研究者 Fischer、Lynch 和 Paterson（简写 FLP）在 1985 年发表的论文（Impossible of Distributed Consensus with One Fault Process）中指出，即使是一个单一的错误进程也无法在确定性异步进程中达成共识（Fischer，Lynch，& Paterson，1985）。如果我们不能假定异步环境中的最大信息传递时间，那么实现终止将更加困难。

克服这个问题的一种方法是设定超时。如果在最后的时刻中没有任何进程运行,当达到设定超时,共识步骤将重新开始。这就放宽了对异步的要求。

17.3.2 基本性质

尽管工作量证明(Proof-of-Work)可能从比特币的成功中获得了一定知名度,但它绝不是唯一或最好的共识协议(严格来说,它不是传统意义上的分布式共识协议)。相反,它被设计用来解决在特殊操作条件下的独特的案例,使之可能不适用于比特币以外的情况。十多年来,分布式共识协议一直是分布式系统领域的一个研究领域,唯一不同的是,以前的大多数研究从未在全球范围内进行过,并在互联网这样的高度异步环境中运行。

(1)同步性

同步描述了网络中节点的信息传递环境。在同步环境中(例如视频会议),节点之间的信息时延是有限制的。这允许我们根据超时设定知道消息是否丢失或节点是否失败。在这样的环境下,只要失败的次数在算法设计的容忍度范围内,就可以保证达成共识。

在异步环境中,没有固定的信息时延上限(例如互联网),在这种情况下,即使节点中只出现一个故障,也不可能达成共识。这就是 FLP 不可能定理。然而,通过做出部分同步的假设,仍然有可能找到解决方案来达成共识。

(2)安全性和活性

所有的共识协议都被设计为在不同的条件下保证其中一种或两种特性。安全性是有关共识算法防止先前验证状态被重写或预破坏的能力。换言之,不管发生什么坏事,保证系统共识是最基本的要求。

活性涉及共识算法确保信息从发送节点到达最终目标节点的能力。换句话说,好事总会发生,这意味着区块链可以通过继续验证和添加新区块而存活。

大多数共识算法需要同步性来实现安全性和活性。在同步性和活性之间需要权衡。FLP 不可能定理意味着任何共识算法在具备容错能力之后,只能具备活性和安全性中的一个性质。

(3)弹性

弹性是衡量共识算法在不同的故障下,保证安全性和活性的最大恶意节点数。例如,33%的弹性水平意味着至少三分之二的节点必须是诚实的。

(4)公有区块链的共识

我们首先为公有(或不可信的)区块链引入共识,如比特币或 Ethereum,其中没有一个节点是可信的。在这样的网络中,需要适当的激励,如挖掘奖励,以确保网络成员的行为正确。激励措施必须一致,以鼓励恰当的行为。一些需要考虑的一般准则:

- 做正确的事会得到回报。
- 持续做正确的事情所带来的回报应该超过做坏事所带来的潜在净收益,即做坏事的代价很高。

接下来介绍公共区块链的三种主要共识算法,即工作量证明(proof-of-work)、权益证明(proof-of-stake)和委托利益证明(delegate proof-of-stake),每种算法都有其优缺点。在最近的这篇文章中,Vitalik 对 PoW 和 PoS 的安全性进行了分析(Vitalik,2020)。

(5)工作量证明(PoW)

在比特币中,使用的共识算法是工作量证明(Proof of Work)或比特币挖掘(Bitcoin mining)。比特币区块链上的节点可以选择将哪些交易纳入到他们正在挖掘或验证的区块中。他们也可以选择忽略广播到网络的交易。当一个区块被挖掘时,如果网络上的大多数节点选择在上一个区块上挖掘,那么它们就会同意这个状态。因此,当一个区块在区块链中被接受就会达成共识。

PoW 共识算法首次在中本聪的比特币白皮书中引入。使用 PoW 算法,通过将区块的生产频率控制在平均 10 分钟内,并为其时间戳设置固定边界来实现弱形式的同步。它是基于博弈论和计算资源的稀缺性。矿工竞相解决加密问题,并将区块添加到链中。贡献计算能力并解决了问题的矿工将获得网络数字货币的奖励。PoW 具有竞争性,因为每个区块只有一个节点能够获得采矿奖励。PoW 的步骤如图 17-2 所示。

①接收新广播的交易,并与账本核对,以确保其合法(确定发送方已签署交易以及发送方地址有足够的余额)。

②如果发现交易无效,则丢弃交易。

③将合法的交易打包到当前区块。

④尝试挖掘区块。

⑤如果成功,将挖出的区块广播到网络。然后重新从步骤 1 开始,并在刚刚挖掘的模块顶部继续挖掘。

如果不成功(下一个区块在你之前广播),检查广播的新区块是否有效,返回步骤①,在新区块的顶部进行挖掘。

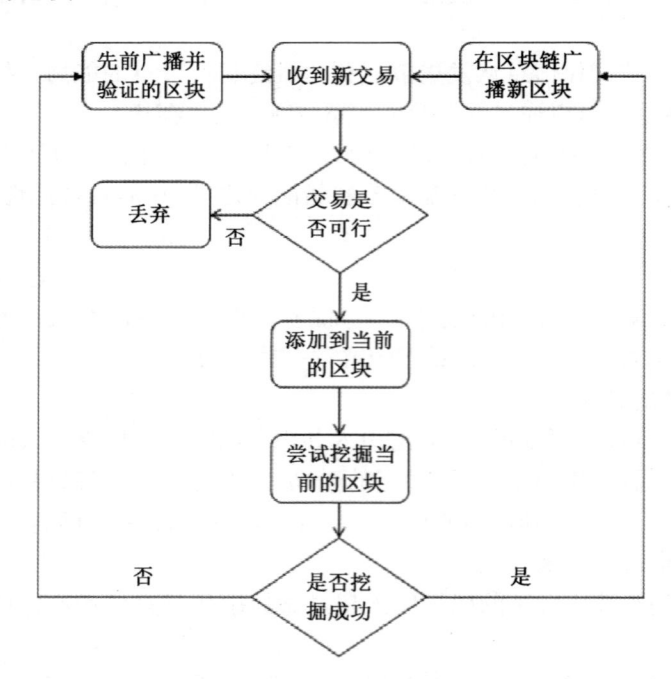

图 17-2 PoW 共识的步骤

挖矿行为是为了解决一个需计算能力的密码难题。交易不是立即进行的,因为解决密码难题需要时间。挖矿也是不环保的,因为它需要大量的能源。

拥有的算力越多,每秒可以尝试的排列组合就越多,挖掘到区块的可能性也就越大。多年来,竞争激烈的挖矿促使矿工们积累了大量强大的计算机硬件,以增加获胜的机会。这往往有利于拥有大量资源的节点,因为使用 100 美元资源来挖矿的矿工比 100 个使用 1 美元资源来挖矿的矿工拥有更高的机会。这也被称为规模经济。然而也有人担心,由于大型公司主导了挖矿过程,比特币并没有完全去中心化。这些大公司有能力开发芯片,通过建立矿池,通过累积,努力增加盈利的机会。

(6)权益证明(PoS)

权益证明(PoS)算法在公共区块链中也经常使用。人们需要在系统中持有权益(或持有代币)才能参与 PoS。与矿工开采新区块不同,这里是验证器来创造新区块。PoS 算法识别一组拥有最多股权的验证节点,这些节点将验证交易并创建新的区块。最简单的形式是,如果你拥有所有权益的 5%,你开采下一个区块的机会也是 5%。

PoS 比 PoW 更节能,因为不需要太多的算力来解决密码谜题。PoS 也是需要竞争的,因为每个区块只能有一个挖矿者。

与 PoW 不同,PoS 不受规模经济的影响。对于拥有 100 美元的人和拥有 1 美元的人来说,挖掘这个区块的机会是一样的。攻击 PoS 的代价也比 PoW 高,因为如果网络检测到你是恶意的,将失去权益。在 PoW 中,如果你发动恶意攻击,你不会丢失你的代币或挖矿硬件。PoS 中的攻击者需要有足够的筹码来发起攻击,这在经济上是不可行的,因为这样做会导致代币贬值(Lee 和 Low,2018)。

然而,PoS 的主要问题是"无利害关系"问题。在分叉的情况下(两个矿工同时创建下一个区块),PoW 矿工必须选择一个希望在上面开采区块的节点,因为他们的算力是有限的。对于 PoS 中的验证者来说,在两个分叉上押注没有损失。当分叉出现时,赌注人将在两个分叉上都进行下注。这导致无法解决什么是正确链的问题(见图 17-3)。

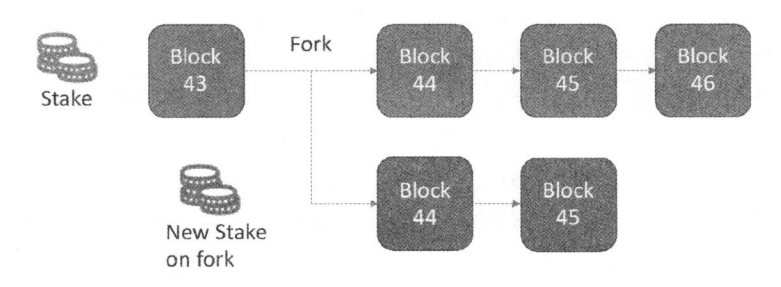

图 17-3 PoS 中的无利害关系问题

业界通常将 PoS 看作是对 PoW 资源消耗大问题最可能的解决方案,但必须解决无利害关系的问题。有各种各样的尝试来解决这个问题,有的使用经济激励,有的使用惩罚机制,比如 Ethereum 2.0 中的提议。

在公有区块链中 PoW 和 PoS 都有使用,以确保参与者通过努力获得奖励来实现网络的最佳利益。在行业中,这些共识协议有不同的迭代处理不同的用例。受许可的区块链还利用了一种不同的共识协议,因为它们的参与者通常是可信的(不像公有区块链)。

(7)权益委托证明(DPoS)

权益委托证明(delegate proof-of-stake,DPoS)听起来与 PoS 框架非常相似,但它们是截然不同的。实际在原则上,这两项协议的目标都是保持整个系统的共识。然而,权益委托证明采用了不同的方法来实现这一目标。权益委托证明是由 Dan Larimer 提出后首次在比特股(Bitshares)中使用的。它是通过一组称为见证人的节点发挥作用的。

这些见证人必须向区块链增加新的区块。基于两个系统选择证人:信誉系统和实时投票。他们通过在 t 时间间隔内轮流添加新区块来履行职责。例如,每 30 分钟,见证人的名单将重新洗牌,他们将在每 30 分钟后轮流添加新的区块。但有一个限制,每段时间中活跃见证人是有限的。这种限制根据网络而异,通常在 20~100 名见证人之间。

在权益委托证明的框架下,任何人都可以下载完整的节点并帮助验证交易。然而这并不意味着他们会得到奖励。参与者必须是前 N 名的见证人才有资格添加区块并获得奖励。N 是由特定网络的活跃用户数决定的。前 N 名参与者由每个见证人获得的票数选出。

17.3.2 私有区块链的共识

在一个用户相互信任并且行为诚实的分布式系统(或区块链)中,相应的分布式共识算法可以放宽在活跃度上的要求。换句话说,系统可能永远不会达成共识,但在私有区块链中,这种情况极不可能发生。

(1)Paxos 算法

Paxos 最著名的分布式共识算法之一,由 Lamport 提出。它被广泛应用于 Chubby、ZooKeeper 等分布式系统中。Paxos 将系统中的角色分为提议者(Proposer)、接受者(Acceptor)和学习者(Learner)。

①提议者:领导人/协调者

②接受者:倾听提议者的请求,并接受提案

③学习者:学习最新达成一致的提案(Value)

在 Paxos 中,假定消息是在没有被破坏的情况下传递的。基本过程如下。

①提议者要求决策者准备接受版本号为 n 的提案。

②接受者会响应确认,并且不会接受任何版本大于 n 的提案。接受者还会以提案 n 的值 v 做出回应。

③在收到来自大多数接受者的响应后,提议者向所有人广播接受(n,v)。

④接受者接受提议,并将接受(n,v)的信息回复给学习者。学习者学习最终的决定(n,v)。

⑤如果提议者崩溃,系统将在超时后选择一个新的提议者。

值得注意的是,提议者、接受者和学习者的身份验证是很重要的,因为只有当节点经过身份验证并且可以被追究责任时,才有可能在拜占庭容错的情况下识别出错误的节点。

(2)Raft 算法

Raft 共识中的节点在任何时候都只能处于以下三种状态之一:领导者(leader)、追随者(follower)和候选者(candidate)。Raft 的实施过程如下。

①初始阶段所有节点均为追随者。

②要成为领导者进行提案,追随者必须成为候选者并发起一轮选举投票。

③如果节点没有获得足够的投票,该节点将再次成为追随者。

④如果它获得了大多数的投票,该节点就成为领导者。

⑤如果领导者遇到故障,从故障中恢复后有新领导者被选中,那么原来的领导者会自动回到追随者状态。

为了保持其权威性,当选的领导者必须不断地向集群中的其他节点发送心跳包(heartbeat packet)。如果追随者在给定的选举超时期间没有收到心跳包,则认为领导者已经崩溃,追随者将自己的状态更改为候选者,并开始选举领导者。

(3)实用拜占庭容错算法(PBFT)

实用拜占庭容错(PBFT)共识是在1999年由Castro和Liskov提出的。在实用拜占庭容错共识中,所有节点按顺序排列,其中一个节点为领导节点(leader),其他节点为备份节点(backup)。

对于一个给定的方案,系统中的所有节点必须在多数原则的基础上相互传递信息并达成共识。

每一轮实用拜占庭容错共识被称为一个视图。在每个视图中领导节点都会发生更改,如果节点在一定时间内没有广播请求,则可以用一种称为视图切换的协议替换它。

①领导节点给信息排序并通过三步可靠的广播将其传播到备份节点。

②备份节点根据安全性和活性(使用超时)监督领导者节点。

③备份节点可以提出视图切换(如果当前的领导者节点不可用或被认为是恶意的,则选举一个新的领导者节点)。

④所有消息都必须使用数字签名进行身份验证。

显然,在Paxos、Raft和PBFT共识中,当节点数量增加时,信息传递的复杂性急剧增加;这影响了"活跃度"这一属性。换句话说,与公共区块链的共识算法相反,当不可信用户数量增加时,私有区块链的共识算法将无法很好地扩展。

参考文献/拓展阅读

[1] Alibaba Cloud. (2019). From distributed consensus algorithms to the blockchain consensus mechanism. Community Blog. 。https://www.alibabacloud.com/blog/from-distributed-consensus-algorithms-to-the-blockchain-consensus-mechanism_595315.

[2] Fischer, M., Lynch, N., & Paterson, M. (1985). Impossibility of distributed consensus with one faculty process. https://dl.acm.org/doi/10.1145/3149.214121.

[3] Kasireddym, P. (2018). Let's take a crack at understanding distributed consensus. 。https://www.preethikasireddy.com/post/lets-take-a-crack-at-understanding-distributed-consensus.

[4] Lee, D. K. C. & Low, L. (2018). Inclusive fintech: blockchain, cryptocurrency and ICO. World Scientific.

[5] Seibold, S. & Samman, G. (2016). Consensus: Immutable agreement for the Internet of value. KPMG. https://assets.kpmg/content/dam/kpmg/pdf/2016/06/kpmg-blockchain-consensus-mechanism.pdf.

[6] Vitalik, B. (2020). Why proof of stake. https://vitalik.ca/general/2020/11/06/

pos2020.html.

练习题

习题一

在拜占庭故障中，_____。

A. 对于故障检测系统来说，服务器既可以显示为故障，也可以显示为功能正常

B. 很容易将组件从网络中排除

C. 仍然可以达成共识

习题二

关于比特币共识，下面的陈述中，_____是错误的。

A. 如果输入值之和小于输出值之和，则不验证比特币交易

B. 只有一个 nonce 使得区块头哈希值小于目标难度

C. 它可以很好地扩展；随着更多的矿工加入网络，网络变得更加安全

习题三

一个好的共识协议应该_____。

A. 维持一致的账本

B. 每秒产生尽可能多的交易

C. 等待所有节点的响应，然后再完成决策

习题四

下列_____影响共识算法的安全性。

A. 节点没有及时响应提出的决策

B. 信息没有在预定的时间内到达

C. 节点对账本的相同状态没有达成一致

习题五

以下不正确的实用拜占庭容错协议的是_____。

A. 重视安全性

B. 重视活跃度

C. 所有用户都经过身份验证

第十八章 加密货币、钱包和通证经济

学习目标
- 能够分辨数字货币、加密货币和通证之间的区别。

主要内容

要点
- 加密货币和通证都属于数字货币。
- 最原始的数字货币是中央银行数字货币(CBDC)。
- 加密货币和通证是在区块链的不同层级上被创造出来的;二者都可以根据货币特征或使用目的继续向下分类。

重点名词
- 数字货币:价值以独有计价单位的数字化表示。
- 加密货币:数字货币的一种,基于区块链和加密算法技术。
- 通证:不具有内在价值但和以任何价值形式存在的标的资产相关。通证通常被看作数字资产的代表。
- 通证化:将资产或数据元素转化成通证的过程。

18.1 电子货币、加密货币和通证

数字货币并不是一个新概念。密码学和区块链技术的成熟使得去中心化的加密货币被创造出来,随着比特币的大获成功,比特币和其他加密货币一起赢得了巨大的关注。这一章节将会介绍数字货币、加密货币和通证的一些基础概念。

18.1.1 价值传输

我们可以把价值传输分成四类(Lee & Low,2018)。

中心化且并不受地域限制:例如来自金融、电信、零售公司的信用积分、飞机航行里程数、《第二人生》(Second Life)中的林登币(Linden Dollar)以及《魔兽世界》中的黄金,它是一个封闭系统,在特定的实体内进行交易。这一类货币同时也包括跨境预付的电话卡,在某种

程度上现金智能卡、预付借款和信用卡也可以被包含在内。这些卡可以是实体卡,也可以是虚拟的。另外一些例子,比如可以在不同国家进行使用的阿里云支付钱包,还有退税用的二维码(快速响应)和面部识别。可以看作线上(电子钱包)和线下(实体卡包)电子支付。这是一种不受地区限制的线上/线下价值传输和存储方式。这一类货币不同于法定货币需要受到统一管理,并且更重要的,它不受地域限制。

(1)中心化且受地域限制。数字化的国家、地方或者社区货币,比如在英国使用的 e-Brixton 英镑和 Bristol Totnes 英镑,在德国使用的 eChiemgaue。这些货币的用处更加明确,并且通常受到某些规章制度的制约,比如只适用于物品交换或者限制物品的供给数量。这类货币是集中管理并且价值传输是在一定范围内的。

(2)中心化且跨平台。Flooz 和 Beenz 都是公开市场系统,可以和其他市场实体进行交易。值得注意的是加密借记卡或者信用卡,比如 TenX 都是属于加密货币和代币的去中心化系统的。智能合约能够允许不同的数字货币在不同的系统中跨网络进行交换。治理结构是集中在去中心化上,有时会使用智能合约。价值是在平台间数字化交易的,可以线上也可以线下。

(3)完全去中心化或者分布式货币。这一类货币包含加密货币,比如比特币、以太币、e-ther、Qtum、Zcash、Litecoin 和 Dogecoin 等。他们可以和任何外部代理进行交易,归因于开源软件,它的治理和技术都是去中心化的。通常没有法律实体负责这些活动,因此它们不属于传统监管范围。

18.1.2 数字货币

有时,数字货币和加密货币可以相互替换使用,但他们实际上是不同的。数字货币具备实体货币的所有特征,但只以数字形式存在。数字货币的革新会将货币服务的功能分开(Brunnermeier,James,& Landau,2019)。最好的例子是中央银行数字货币(CBDC)(Lee & Teo,2020;Lee,Yan,& Wang,2021)。

国际清算银行(BIS)对中央银行数字货币(CBDC)的定义如下。

CBDC 是中央银行发布的、以国家为记账单位计价的数字货币,代表了中央银行的负债。如果 CBDC 旨在成为最终用户(家庭和企业)使用的现金的数字等价物,则称为"通用"或"零售"CBDC。基于此,它给大众提供了一种持有货币的新方式。CBDC 不同于现金,因为它是以数字形式出现的,不同于实物硬币和纸币。CBDC 同样与现存的消费者使用的无现金形式的支付工具不同,例如信用卡、直接借记、银行卡和电子货币等,因为其直接代表了中央银行的直接承诺,而不是以金融机构的负债形式(Boar & Wehrli,2021)。

"零售 CBDC"为大众所用,"批发 CBDC"面对的对象是金融机构和用于银行间拆借结算。根据国际清算银行(BIS)近期的调查,央行数字货币的主要作用有确保金融行业的稳定性、货币政策履行、金融普惠以及保证支付的效率和安全性。金融普惠和加固支付这两个优势是新兴市场和发展中国家的零售 CBDC 的主要动力。对于批发 CBDC,主要动力是提高跨境支付效率。

图 18-1 展示了数字货币的核心特征(国际清算银行,2020)。

2020 年受疫情影响,对数字货币的推动力度比以前更大。数字货币的使用现在被广泛认为是世界快速数字化的必然趋势。中国最近正在四个城市试推行央行数字货币,数字人

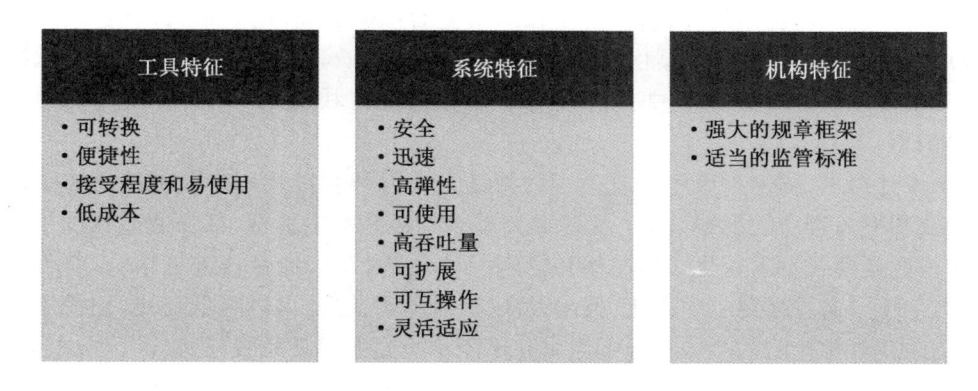

工具特征	系统特征	机构特征
• 可转换 • 便捷性 • 接受程度和易使用 • 低成本	• 安全 • 迅速 • 高弹性 • 可使用 • 高吞吐量 • 可扩展 • 可互操作 • 灵活适应	• 强大的规章框架 • 适当的监管标准

图 18—1　数字货币的特征

民币①。泰国银行在泰国境内测试和实施他们的 Inthanon 项目（Supadulya，Tansanguan，& Sethaput，2019）、与中国香港金融管理局的 Inthanon-LionRock 项目（中国香港金融管理局，2020）以及 mCBDC Bridge 项目。mCBDC 是 Inthanon-LionRock 项目的第二阶段，包含了中国香港金融管理局（HKMA），泰国中央银行（BOT），阿联酋中央银行（CBUAE），中国人民银行数字货币研究所（PBC DCI），得到了国际清算银行创新中心的大力支持。这是一个概念验证（PoC）原型，用于多司法管辖环境下，全天候进行实时跨境外汇支付与支付交易。CBDC 可以减少跨境支付结算成本、缩短结算时间、保证交易安全、保证金融普惠、提高国内交易效率和便于监管货币政策的实行，需要关注的问题则是可能出现的技术漏洞、其对货币政策和财政政策的传到和汇率的影响。

18.1.3　加密货币

加密货币是一种点对点（P2P）的可编程数字货币。它允许线上支付在没有中介中转的情况下从一方直接送达到另一方。它是一种加密数字货币，是数字货币的一种。如今，它经常被称作使用加密算法和区块链技术的数字货币。每个国家对于加密货币的定义和分类因国家而异。

第一个中心化的加密货币 eCash（Chaum，1983）在 1990 年被提出。比特币不是第一个使用加密算法的数字货币，eCash 在数年前就使用盲签名②来保护用户隐私。尽管如此，比特币的诞生还是具有创新意义的，因为它是第一个依靠 P2P 网络的分布式加密货币并且解决了双重支付的问题。双重支付问题是指电子货币可以很容易被多次使用。比特币通过加密算法、分布式共识和不变账本解决了这个问题。它为那些在全球金融危机后对中心化货币系统不再信任的用户提供了另一种选择。

自从 2008 年比特币问世以来，过去十年内上千的加密货币（或替代币 Altcoin）被创造出来。替代币（Altcoin）是比特币替代品的缩写，用来指代所有非比特币的其他加密货币。

---

①　中国的央行数字货币：为什么这位专家说数字人民币是"绝对必要的"（2020）．2020 年 8 月 12 日引自 https://fortune.com/2020/07/30/china-digital-currency-yuan-cbdc/．

②　盲签名在消息签名之前对其内容进行伪装。因此，签名者无法查看要签名的消息，但生成的数字签名可以由任何人验证。这通常用于签名者和消息所有者是不同方的情况。

他们中的有些遵循比特币的源代码，只是在参数上有细微变化，比如最大供给量、区块生成时间或增加一些性质，例如隐私性。替代币的例子如 Litecoin 和 Zcash[①]。后者为比特币添加了隐私功能以及在挖矿过程中给开发者一定数量的区块奖励，而不仅仅是成功的矿工(Song，2018)。

如果设计得当，加密货币可以成为一种帮助无银行和非银行用户的工具。加密货币是支付、融资和拆分资产的良好渠道。无论是智能合约还是智能会计，都在通过减少中间人的角色，使得商业模式发生变化。当这些和物联网(IoT)以及其他科技进行结合，它可以最大程度的数字化。通过使用去中心化、技术大众化、服务和治理，可以降低费用，使得那些不在服务范围内或者被排除的个体享受到原先并不能享受到的商品和服务。

现在市场上流通的加密货币有几千种，接下来我们介绍一些常见的货币。

18.1.4 支付用加密货币

比特币(BTC)是最早也是目前最有价值的数字货币。它依靠整个网络节点来确认、核实和记录货币交易。这是通过在工作量证明(PoW)共识机制中巧妙地使用密码技术来实现的，通常被称为"挖掘"，并形成一个不可变的分布式账本。比特币发行总量上限为 2 100 万，预计将在 2140 年完全开采。目前比特币的发行量相对于上线超过 80%(截至 2020 年 8 月 31 日)。

以太币(ETH)是以太坊区块链的本币。以太坊是一个全球去中心化应用平台，用于智能合约的开发和运营。按市值计算，它是仅次于比特币的第二大加密货币。

莱特币(LTC)是在改进比特币的基础上创造出的替代币。和比特币一样，莱特币是去中心化的，并依赖于 P2P 网络。然而，它产生区块的速度是比特币的 4 倍，供应量也是比特币的 4 倍。它使用 PoW 共识机制中名为 Scrypt[②] 的挖掘算法来加快交易确认时间。

瑞波币(XRP)是以太坊的替代平台。它不是在区块链网络上运营，而是基于一个许可的网络(国际清算银行，2018 年)。Ripple 平台的使用仅限于选定的网络节点。XRP (瑞波币)是 Ripple 网络流通的基础货币。任何人都可以创建一个 Ripple 账户，并通过 Ripple 支付网络将钱转移到任何货币，包括美元、欧元、人民币、日元和比特币。交易确认在几秒钟内完成，交易成本几乎为零。Ripple 币的最大发行量是 1 000 亿基础货币。

18.1.5 稳定币(Stablecoin)

稳定币是一种加密货币，试图将价格波动性降到最低。有很多研究在探求如何减少稳定币价格的波动，如 Mita，Ito，Ohsawa 和 Tanaka，2019；Moin，Sirer 和 Sekniqi，2019；Moin，Sekniqi 和 Sirer，2020。例如，稳定币可以由法定货币或具有购买力的商品支持。双子座美元(Gemini dollar)就是这种稳定币的一个例子。另一种方法是由其他加密货币支持，如 MakerDAO 的代币，以以太币为抵押的 DAI。第三种方法是与自动更改货币供应量以保持价格稳定的算法挂钩(国际清算银行，2018 年)。需要注意的是，尽管稳定币可能得

---

① CoinTelegraph. (n. d.). Altcoin News. 引自 2021 年 2 月 27 日，https://cointelegraph.com/tags/altcoin。
② Scrypt 是一个基于密码的密钥派生函数。与比特币的 PoW 不同，运行 scrypt 需要大量内存，这使得它具有反 ASIC 能力。其他也使用 scrypt 的加密货币有 Dogecoin 和 Auroracoin。

到法定货币的支持,但它们不能出现在央行的资产负债表上,因为它们不是由央行发行的(国际清算银行,2019年)。

18.1.6 隐私货币

隐私币被定义为一种隐藏用户数据的加密货币。比特币区块链数据是公开可见的。比特币不隐藏加密货币的痕迹,也不隐藏每笔交易的金额。因此,比特币被认为仅仅是假名的——尽管它的用户隐藏在伪随机地址串后,每个地址执行的交易都是公开可见的。研究表明,通过社会工程、操纵或消费行为的先验知识,有可能推断出特定地址背后真实用户的身份(Khalilov & Levi,2018)。

隐私币为点对点支付提供了一种真正匿名的私人手段。在私人加密货币中,交易和持有的加密货币的数量通常是不公开的。Zcash [1](ZEC)就是一种隐私币,它创建于2016年,是基于比特币的代码的。Zcash允许用户在愿意的情况下部分披露私人信息。它通过使用"零知识证明"(zero-knowledge proof)或"zk-SNARK"(zk-SNARK)来做到这一点,这是一种加密算法,允许用户隐藏交易信息,如来源、目的和金额。其他隐私币的例子还有Dash[2]、Monero[3]和Grin[4]。值得注意的是,这些隐私币都是在公共区块链上运行;这些数据虽然是可见的,但都使用加密技术进行了加密。

加密货币提供的隐私性是推动个人和企业使用私人金融交易的重要原因。然而,这带来了监管方面对隐私币现有反洗钱(AML)义务有效性的担忧。Dana、Joshua和Nick(未注明日期)讨论了现有的"反洗钱"法规如何充分控制洗钱和恐怖主义融资等风险。

18.1.7 加密货币 vs 电子货币

加密货币和电子货币的主要差别如下。

中心化 vs 去中心化与在公开的、无需许可的区块链上运行的比特币(Bitcoin)不同,数字货币(或CBDC)可能在私有的、经过许可的区块链上运行。这意味着对区块链的访问和控制仅限于一组选定的用户(例如金融机构)。

(1)匿名性和透明度。大多数在公共区块链上运行的加密货币允许部分匿名(如比特币)或完全匿名(如Zcash)。公共区块链中的交易也是透明的,除了隐私货币。另一方面,大多数数字货币在交易前需要用户身份证明。账本也不透明,只有中心机构才能看到。

(2)法律框架。比特币、莱特币、Zcash等加密货币目前没有一个清晰的法律框架来规范其使用。另一方面,由于数字货币研究通常由中央银行主导,大多数国家已经或正在研究数字货币的法律框架,如欧盟的2009/110/EC指令。[5]

需要注意的是上述数字货币的特性并不是绝对的。一些央行数字货币(CBDC)比如中国的DCEP,允许部分匿名和离线交易。因此,随着各种CBDC项目进入试点阶段,关注这

---

[1] Zcash 2021年2月27日引自 https://z.cash。
[2] Dash. 2021年2月27日引自 https://www.dash.org。
[3] Monero. 2021年2月27日引自 https://www.getmonero.org。
[4] GRiN. 2021年2月27日引自 https://grin.mw。
[5] CoinTelegraph.(2017年12月13日)。数字货币 vs. 加密货币,解释引自 https://cointelegraph.com/explained/digital-currencies-vs-cryptocurrencies-explained。

个领域是至关重要的。

把加密货币和数字货币联系起来可能是很吸引人的。然而，一些人将两者视为彼此的竞争对手，并且采用加密货币的一个主要理由是因为它们可以作为"对冲数字衍生品或央行支持现金带来的风险的工具"。(Huang, 2020)一些央行数字货币项目也计划在加密货币平台上运行。例如，澳大利亚储备银行(Reserve Bank of Australia)考虑在以太坊(Ethereum)上运行其 CBDC 项目(国际清算银行, 2020)。

18.1.8　通证

通证(或加密通证)是没有值或意义的随机字符串，它充当包含相关信息的标识符。除了表示在交易中使用的资产外，通证也可以表示实用程序。例如，如果通证在一个视频分享区块链上运行，它可以授权用户流播放指定小时的内容。

有时很难确定一种加密货币是加密货币(货币)还是通证，有些人并不区分。简单地说，货币通常指任何自带区块链的加密货币，而通证指建立在现有区块链之上的加密货币。一些监管机构将货币归类为支付通证。虽然使用开源代码在新的区块链上编写代码很容易，并且可以减少对其他团队进行定期技术增强的依赖，但许多高资本量的项目并没有他们自己建立的区块链。例如，OmiseGo[①] 构建在以太坊的区块链上，以提高以太坊的可扩展性。其他基于以太坊区块链的通证包括前面提到的臭名昭著的 CryptoKitties[②] 和 DAI。其他通证平台包括 Stellar、NEO 和 EOS。

通证化是将各种类型的数据转换为通证(或加密通证)的过程。使用区块链技术使线下资产在线上变得可行——将它们通证化为数字资产。例如，我们可以用通证来代表一头牛，以实现将一头牛通证化的目标，这样它的一部分就可以在市场上交易。通证化有巨大的潜力可以改变人们投资的方式，这种方式具有更大的流动性、更快和更便宜的交易、更大的透明度和可访问性。

正如 Kang、Cho 和 Park(2019)；Lee(2019)、Lo 和 Medda(2020)、Momtaz, Rennertseder 和 Schroder(2019)的研究显示，有许多不同的方式来对代币进行分类。根据瑞士金融市场监管局(FINMA, 2018)的报告，代币主要可以分为三种类型：支付代币、功能代币(有时被称为实用代币)和资产代币(有时称为资产支持代币或证券型代币)，以及三者可能混合的代币。

18.1.9　支付通证

支付通证是加密货币的同义词，没有其他特性或与其他开发项目的连接。这些通证可能只在某些情况下开发必要的功能，并随着时间的推移成为一种支付手段。支付通证的例子包括第一代加密货币，如 Doracoin 和莱特币，以及支付和结算通证，如 Dash[③]。结算通证可以被视为其他数字资产和法定货币之间的桥梁。当证券和法令使用通证表示时，对清算

[①] OMG Network. (2021 年 2 月 27 日)引自 https://omg.network。
[②] CryptoKitties. (2021 年 2 月 27 日)引自 https://www.cryptokitties.co。
[③] Faridi, O. (2020 年 8 月 6 日). Dash 与 Taurus.io(一个墨西哥数字资产交易所)合作推出了一种基于加密货币的借记卡 Crowdfund Insider. https://www.crowdfundinsider.com/2020/08/164961-dash-teams-up-with-taurus-io-a-mexican-digital-asset-exchange-to-launch-a-cryptocurrency-based-debit-card/。

机构的依赖就可以消除了。①

18.1.10 功能通证

功能通证如函数通证,或实用通证,是设计用于提供对应用程序或服务数字访问的通证。例如 Ripple 和 Stellar,它们在使用场景或潜在的使用场景使用通证。ERC-20 通证是以太坊通证的一种类型,是最常见的实用通证。在以太坊区块链,gas 被用于执行商业支付条款的智能合约。一些去中心化的应用程序(也称为 DApps)可能也会创建 ERC-20 通证,并将它们用于支付之外的各种功能。ERC-20 通证只在以太坊平台上使用,并遵循一定的标准,因此可以共享、交换和传输。

18.1.11 资产通证

资产支持型或证券型通证是代表实体或数字资产合法所有权的投资合同,必须在区块链中进行验证②。资产包括参与实体收益、公司股份或收益利息,或获得股息或利息支付的权利。就其经济功能而言,通证类似于股票、债券或衍生品。例如,DigixDAO 上的 DGX 通证在现实世界中有相对应的资产,因为 DGX 的价值来源于公司储备中存储的黄金。

确定通证是否可视为证券型代币的一种方法是通过 Howey 测试。③ 简言之,Howey 测试有以下认定交易为投资合同的标准(美国证券交易委员会,2019)。

(1)它是一种金钱投资。
(2)投资在普通企业。
(3)投资具有预期盈利。
(4)利润将由发起人或者第三方产生。

然而,Howey 测试并不是一个黄金标准,仅仅是一个很好的参考,因为 DAO 通证未能通过测试,但仍被证券交易委员会(SEC)视为证券。最近委员会涉及"数字资产证券"的几项执法行动说明了解释证券型通证构成的重要性。不同司法管辖区的法规和解释是不同的,为了避免出现任何法律法规的违规行为,咨询受过法律培训的专业人士是至关重要的。

18.1.12 可替代性

可替代性是指各种商品或资产相互替代的能力。这是一个重要的概念,能够将一些通证与加密货币区分开来。可替代通证意味着通证的持有者不关心他们所拥有的通证是什么类型,有别于常识中对货币的理解。大多数通证都是可替代的,因此用户和投资者不区分它们。例如,我们说"一定数量的比特币",但我们并没有把一个比特币和另一个比特币区别开来,因为它们被认为是相同的。以太坊区块链上的以太币(ETH)也是一个可替换的通证

---

① Sygnum (2020 年 8 月 5 日). Settlement tokens and their role in a tokenized. ecosystem. https://www.insights.sygnum.com/post/settlement-tokens-and-their-role-in-a-tokenized-ecosystem。

② Mitra, R. (n. d.). Utility Tokens vs Security Tokens: Learn The Difference — Ultimate Guide. 2020 年 8 月 12 日引自 https://blockgeeks.com/guides/utility-tokens-vs-security-tokens/。

③ Singh, A. (2017). What Is The Howey Test? — STARTUP BLOG. 引自 https://www.startupblog.com/blog/what-is-the-howey-test。

(ERC-20[1]标准定义了在以太坊上创建的可替换通证的特性,可以将其编程到智能合约中)。

不可替换通证(NFTs)指具有不同身份且不能被其他通证替代的通证。它们可以在DApps上使用,如加密收藏品或加密游戏,或者用作资产通证、访问通证、访问转移通证、身份通证和证书。此特性允许资产通证化具有更广泛的应用。不可替换通证以较低的成本实现任何资产的通证化。它们还可以表示唯一的证书、密钥、通行证、遗嘱和任何类型的访问权、忠诚计划、医疗数据和许多其他应用程序。NFT的一个例子是CryptoKitties通证,其中每个通证对每个CryptoKitty都是唯一的。在以太坊区块链上,ERC-721[2]标准是代表NFT的标准之一。

18.2 钱包的种类

学习目标

- 识别不同的钱包实现方法和他们的特征。

主要内容

要点

- 钱包是一种工具,用户可以使用它来跟踪他们的余额,发送/接收加密货币,并管理他们的私钥。
- 钱包的实现取决于各自的服务提供者。
- 硬件钱包是一种冷存储;加密货币交易的冷存储使用通用计算硬件。

重点名词

- 非确定性钱包:生成随机且彼此独立的私钥的钱包。
- 确定性钱包:采用预定义的标准算法并使用主私钥来生成私钥的钱包。
- 热钱包:连接到互联网的钱包。热钱包更容易使用,但与冷钱包相比,更容易受到网络攻击。
- 冷钱包:未连接到互联网的钱包。
- 冷存储:一种加密货币交易通常采用的离线存储比特币的方法,其中可以解锁比特币的私钥不会在线上流通。

加密货币钱包是一种可用于与区块链交互的工具。它存储用户的私钥,并允许用户发送和接收加密货币,跟踪余额,并管理密钥和地址。这些钱包并未实体地(或电子)存储加密货币,而只是作为密钥存储的一种方法。虽然我们明确区分了通证和货币之间的区别,但涉

---

[1] Ethereum.(2020年12月7日). ERC-20 Token Standard. 引自 https://ethereum.org/en/developers/docs/standards/tokens/erc-20/。

[2] Ethereum.(2021年1月15日). ERC-721 Non-Fungible Token Standard. 引自 https://ethereum.org/en/developers/docs/standards/tokens/erc-721/。

及通证和货币的交易会来自用户的钱包。截至 2020 年 6 月,全球区块链钱包用户已超过 5 000 万,并持续增长。[①]

18.2.1 非确定性和确定性

非确定性钱包会生成彼此不相关的独立私钥。每个钱包的生成过程将使用不同的随机数。另一方面,确定性钱包生成是从单个主密钥(也称为种子)派生的密钥。只要主密钥没有丢失,这个钱包中的所有密钥都可以重新生成(Antonopoulos & Wood,2018)。

在可用性方面,非确定性钱包要求用户安全维护一长串且不断增长的私钥列表。确定性钱包消除了这一问题,因为用户可以拥有多个私钥,并且只要主密钥是安全的,就可以一直恢复私钥。加密货币的用户喜欢拥有多个私钥(即地址)的原因有很多。众所周知,尽管 Bitcoin 和 Ethereum 等公共区块链上的用户是匿名的,身份被隐藏在一个随机的钱包地址后面,但重复使用该地址会泄露有关消费行为的信息。假设公共区块链上的所有交易都是公开可见的,那么当获得关于一个地址的足够数据时,用户的隐私就会受到损害。

确定性钱包的一个例子是由比特币的 BIP-32 标准定义的层次确定性(HD)钱包。HD 钱包标准规定了密钥是如何从一个主密钥生成的。为了保证密钥的安全备份和恢复,一种利用助记词(BIP-39)编码私钥的方法被提出,这种方法将主私钥编码为一张英语(或其他语言)单词的列表。使用助记词可以恢复已编码的私钥。因此,常见和推荐的做法是将单词列表记录在一张纸上,并将其安全地存放起来。

18.2.2 热钱包和冷钱包

热钱包指的是连接到互联网的钱包。使用热钱包的好处是使用方便,因为互联网允许钱包包含交易中使用的所有应用程序,使用户在进行频繁交易时更加方便。不幸的是,用户的私人信息通常存储在一个相对集中的互联网服务器上,因此比冷钱包更容易受到黑客的攻击。软件钱包是热钱包的典型例子,它的类别总结如下。

- 网页钱包:网页钱包允许用户通过网站与区块链进行交互。这意味着用户不需要下载任何专有软件就可以与区块链进行交互。SoFi[②] 是网页钱包的一个例子。
- 桌面钱包:桌面钱包是用户可以下载到他们的设备并获得访问的钱包应用程序。一般来说,桌面钱包被认为比网页钱包更安全。Electrum[③] 是桌面钱包的一个例子。
- 移动钱包:移动钱包是允许用户与区块链互动的移动应用程序。网页钱包通常都有一个移动应用程序,其被认为是一种移动钱包。Coinomi[④] 是移动钱包的一个例子。

冷钱包是热钱包的对立面。他们是不和互联网进行连接的钱包。以下是两种常见形式的冷钱包。

- 硬件钱包是使用随机数生成器(RNG)生成公钥和私钥的物理电子设备。

---

① Statista. 2011 年 11 月至 2021 年 2 月 22 日全球区块链钱包用户数(单位:百万)2020 年 8 月 6 日引自 https://www.statista.com/statistics/647374/worldwide-blockchain-wallet-users/#:~:text=The%20number%20of%20Blockchain%20wallets,the%20end%20of%20June%202020。
② SoFi. 2021 年 2 月 17 日引自 https://www.sofi.com/invest/buy-cryptocurrency/。
③ Electrum. 2021 年 2 月 17 日引自 https://electrum.org/#home。
④ coinmi. 2021 年 2 月 17 日引自 https://www.coinomi.com/en/。

● 纸钱包是一种离线机制下的钱包。用户通常将他们的私钥以二维码的形式记录在一张打印纸上。纸质钱包持有人可以通过扫描二维码获取交易钥匙。虽然比特币在早期因其远离互联网的安全而流行，但由于纸质钱包丢失、损坏和误读的风险增加，以及无法在交易发生时送部分资金，纸钱包不再被认为像其他钱包一样有用。

18.2.3　单一或者多种加密货币钱包

大多数钱包都有能存储一种以上加密货币的功能。研究显示（Hileman & Rauchs，2017），超过三分之一的钱包可以存储一种以上的加密货币，约20%的钱包可以存储三种以上的加密货币。绝大多数钱包支持比特币和以太币、莱特币和狗狗币等少数最流行的加密货币。为此，许多加密货币钱包整合了加密货币交易的服务，以方便交易。

18.2.4　多重签名（Multisignature）[①]钱包

多重签名钱包是指在将交易发送到网络进行验证之前，需要两个或多个私钥对交易进行签名的钱包。标准交易只需要由发送方创建一个签名。但是，M-of-N交易需要N个发送方中至少M个发送方在发送交易之前进行签名。此设计的主要目的是为了安全性。多重签名钱包提供这样的功能来创建M-of-N交易。[②]

18.2.5　冷存储（Cold Storage）

冷存储是加密货币交易常用的一种确保加密货币储备安全的方法（Hileman & Rauchs，2017）。冷存储系统的工作原理是将私钥保存在与任何形式的连接都完全隔绝的设备中，无论是有线的还是无线的。

冷存储通常使用HD钱包工作，其中交换者持有一个主私钥和相应的主公钥。对于用于一天内预期取款的储备金，只有相应的私钥保存在在线服务器上，而其余的则保存在冷存储中。该交易使用主公钥创建一个仅供预览的钱包。由于HD钱包的特性，主公钥可以用来提供接收加密货币的地址。为了满足超额提款需求，如果需要，只支持预览的钱包将创建一个没有签名的交易（因为私钥都在冷存储中）。然后，未签名的交易将被转移到线下计算机，线下计算机上的钱包再返回一个签名的交易[③]。

18.2.6　挑战和待解决的问题

区块链的一个显著特征是它是不可变的，这意味着几乎不可能通过任何方式去改变它。因此，如果黑客获得了你的私钥，他/她可以使用私钥从您的钱包创建交易，并将你的所有资金转移到另一个位置，而你几乎没有办法逆转该交易。因此，虽然区块链本身可能非常安全，但它最薄弱的环节是用户是否能够安全地保存私钥。个人私钥的安全性因人而异，取决于所使用的钱包类型。通常情况下，用户必须在钱包的安全性和便捷性之间权衡。

Hileman和Rauchs（2017）的调查显示，约32%被调查的钱包是"闭源"的，这意味着钱

[①] 多重签名（Multisignature）2021年2月17日引自https://en.bitcoin.it/wiki/Multisignature。
[②] Alex. What is a Multisignature (Multisig) or Shared Wallet? 2021年2月15日引自https://support.bitpay.com/hc/en-us/articles/360032618692-What-is-a-Multisignature-Multisig-or-Shared-Wallet。
[③] Cold storage. 2021年2月11日引自https://en.bitcoin.it/wiki/Cold_storage。

包的源代码不能供开发社区检查。一个令人担忧的趋势是所有的托管钱包都是闭源的。同样,11%的自持有钱包也是闭源。同样的问题也适用于硬件钱包。[①]

钱包也要遵守标准和法规。具体来说,要拥有一个钱包,大多数钱包服务器要求用户执行 KYC 验证。金融行动特别工作组(FATF)还寻求将传统的反洗钱(AML)框架加到虚拟资产服务提供商上(即钱包服务商)(FATF,2020)。

18.3 通证经济

学习目标
- 讨论通证经济的目的,评价通证经济设计。

主要内容

要点
- 通证被认为是可持续经济模式的推动者。
- 通证经济是指一种激励某些行为以奖励好的行为和惩罚坏的行为的机制。
- 成功的通证经济的 3 个关键要素是通证、明确定义的目标行为和备份强化物。
- 一个成功的通证经济的特点包括:促进生态系统、高价值、在交易所上市、抗通货膨胀、社区和技术可扩展性以及增长潜力。

重点名词
- 通证经济:奖励好的行为,惩罚不好行为的网络。
- 机制设计:定义规则和相应行动以获得战略结果的方法。

18.3.1 通证经济基础

通证经济是指一种通过使用加密通证进行激励的创新去中心化网络和系统。它与人类和系统行为的研究有关。奖励机制强化参与者的行为,并且被用来鼓励目标行为,如检查交易的正确性或确保网络中稳定的通证供应。在点对点去中心化系统中,惩罚机制减少了不良行为,使人们自主地追求更多的好行为,避免不良行为。

在通证经济设计中,明确通证总供应量的上限和新通证的发行方式是非常重要的。此外,鼓励目标行为的信号需要明确,奖励需要透明和明确定义。明确和透明的规则有以下几条。(1)如何赚取通证。(2)获得多少通证。(3)如何兑换奖励(或备用强化物),都应该明确说明,让通证经济按预期运行。换言之,它必须被设计成一种在可预见的未来值得持有的通证。

本节是对通证经济的简要介绍。关于通证经济设计和通证经济的更多细节将在 Level2 中介绍。

---

① Rapoza,K.(2020 年 12 月 28 日). After Ledger Hack,Who Can You Trust For Bitcoin Storage? 引自 https://www.forbes.com/sites/kenrapoza/2021/12/28/after-ledger-hack-who-can-you-trust-for-bitcoin-storage/? sh=4e06d1953840。

18.3.2 通证的作用

通证可以是价值或权利的象征。作为价值符号的通证是整个经济模式的核心,而通证经济考虑的是价值的创造和分配、消费和流通。作为权利的象征,通证代表着一种激励,而通证经济则考虑什么类型的组织架构比较合适,如何创建一个引人注目的经济学模型,用来接受合作伙伴、供应商,甚至是竞争对手和整个生态系统以及治理模型的变化(Lo,Wang&Lee,2021)。除了通证的作用,通证和通证价值的未来趋势对可持续性也至关重要。

正如 Sunyaev、Kannengieber、Beck 等人(2021)与 Kim(2018)总结出的相似结论,通证被视为可持续发展的推动者和驱动者。通证充当调节者,使业务更加顺畅,并通过确保总供应由代码"调控"的经济,从经济和社会的角度创建可持续的社会。

通证可以通过几种方式获得。作为区块链平台的用户,可以通过提供服务(如验证交易和扩展区块链)或通过投资者在发行时获得通证。这通常是通过 ICO(见第 19 章)达成的。通证也可以在二级市场上购买。[①] 然而,通证发行者的目标是确保通证经济的设计是健全的。

18.3.3 有效通证经济

对于一个有效的通证经济来说,有三个要素是必要的:通证(作为强化物来交换其他强化物),备用强化物(作为奖励),以及特定的目标行为。特别地,通证是数字的或虚拟的。它没有内在价值,但可以用来交换其他强化物、服务或特权(作为奖励的各种形式的后备强化物)。因此,当人们表现出良好行为时所获得的通证可以积极地鼓励良好的行为。

成功的通证经济有以下三个关键要素。

(1)通证。作为强化物来交换其他强化物。

(2)目标行为。明确定义。

(3)备用强化物。作为奖励,可能的形式包括物品、服务和特权。

在设计通证经济时,需要彻底检查通证的功能,以便生态系统能够良好地运行和可持续发展。在一个成功的通证经济中,发达的通证具有以下特征。

(1)促进生态系统。

(2)高价值。

(3)在交易所上市。

(4)抵抗通货膨胀。

(5)社区和技术的可扩展性。

(6)增长潜力。

通证经济学这个名词源于机制设计。机制设计是一种设计激励机制(或经济机制)以实现战略结果(用户理性行动)的经济学方法。通证设计的一个关键考虑因素是通证的创建或生成,通证如何分配到网络(是否具有竞争性),以及通证在网络中的效用。比特币的机制旨

---

① Entremont, P. (2017). Token Economy 101, or why Blockchain-powered decentralized networks are important. 引自 https://pentremont.medium.com/token-economy-101-or-why-blockchain-powered-decentralized-networks-are-important-310de1cc8bac.

在让矿工参与交易验证,确保区块链的账本是一致的,并防止货币的重复消费。这种机制的内在动因是比特币的挖矿奖励,受到比特币有限供应的推动。这反过来又给比特币带来了经济价值,并推动了挖矿者的积极性。

为了设计通证经济和通证共识,关键需要考虑的是期望结果。网络参与者的推动与实现结果的激励措施必须一致,无论是用采矿或其他方法作为激励措施。此外还需要注意不希望出现的结果。比特币被设计出来的时候,没有人预料到会出现挖矿者整合的情况。当比特币价格在现实中变得非常有吸引力时,它导致了挖矿能力的集中,并排除了计算能力较低的节点。没有人预料到,激烈的采矿竞争会导致电网的电力消耗如此巨大。

在某些情况下,期望的目标可能不仅仅是区块链网络内发生的行为,还包括通证价格,比如保持价格稳定。通证的设计可以影响价格,例如,通证的稀缺性或高实用性可能导致价格的潜在上涨。值得注意的是,通证价格也受到网络外部因素的影响,因为非参与者可能会交易通证并导致价格波动。如果想要通证在区块链网络内发挥效用,就需要考虑它在外部市场的价格波动。比特币的波动性和投机性使其无法实现作为支付通证的初衷。

参考文献/拓展阅读

[1] Ahmad, S., Nair, M., & Varghese, B. (2013). A survey on cryptocurrencies. The 4th International Conference on Advances in Computer Science, AETACS, Citeseer, 42—48.

[2] Antonopoulos, A. M. & Wood, G. (2018). Mastering Ethereum: building smart contracts and apps. O'Reilly Media.

[3] Bank for International Settlements (2018). Central bank digital currencies. Committee on Payments and Market Infrastructures. https://www.bis.org/cpmi/publ/d174.pdf.

[4] Bank for International Settlements (2019). Investigating the impact of global stablecoins. G7 Working Group on Stablecoins. https://www.bis.org/cpmi/publ/d187.pdf.

[5] Bank for International Settlements (2020). Central bank digital currencies: foundational principles and core features. Retrieved from https://www.bis.org/publ/othp33.pdf.

[6] Boar, C., & Wehrli, A. (2021). Ready, steady, go? Bank for International Settlements Survey on CBDC.

[7] Brunnermeier, M. K., James, H., & Landau, J. P. (2019). The digitalization of money (No. w26300). *National Bureau of Economic Research*.

[8] Chaum, David (1983). Blind signatures for untraceable payments. Advances in Cryptology Proceedings. 82(3): 199—203.

[9] Dana V. S., Joshua L. B., & Nick L. (2021). Anti-Money Laundering Regulation of Privacy-Enabling Cryptocurrencies. https://www.perkinscoie.com/images/content/2/3/v7/237411/Perkins-Coie-LLP-White-Paper-AML-Regulation-of-Privacy-enablin.pdf.

[10] ETH: Ethereum Whitepaper. https://ethereum.org/en/whitepaper/.

[11] FATF. (2020). Guidance for a Risk-Based Approach to Virtual Assets and Virtual Asset Service Providers. https://www.fatf-gafi.org/publications/fatfrecommendations/documents/guidance-rba-virtual-assets.html.

[12] FINMA. (2018). Developments in FinTech. https://www.finma.ch/en/documentation/dossier/dossier-fintech/entwicklungen-im-bereich-fintech/#:~:text=As%20set%20out%20in%20its,of%20money%20or%20value%20transfer.

[13] Hileman, G. & Rauchs, M. (2017). Global cryptocurrency benchmarking study. Cambridge Centre for Alternative Finance, 33.

[14] Hong Kong Monetary Authority. (2020). The Outcomes and Findings of Project Inthanon-LionRock and the Next Steps. https://www.hkma.gov.hk/eng/news-and-media/press-releases/2020/01/20200122-4/.

[15] Huang, R. (2020). Central Bank Digital Currencies Are Not Cryptocurrencies. https://www.forbes.com/sites/rogerhuang/2020/10/13/central-bank-digital-currencies-are-not-cryptocurrencies/?sh=6054bb3b27a3.

[16] Kang, S., Cho, K., & Park, K. (2019). On the Effectiveness of Multi-Token Economies. IEEE International Conference on Blockchain and Cryptocurrency (ICBC), 180—184.

[17] Khalilov, M. C. K. & Levi, A. (2018). A survey on anonymity and privacy in bitcoin-like digital cash systems. IEEE Communications Surveys & Tutorials, 20(3), 2543—2585.

[18] Kim, J. (2018). Crypto Token Economy Design for Disruptive BM. http://site.ieee.org/bcsummitkorea-2018/files/2018/06/D1_SKT_Crypto-Token-Economy-Design-for-Disruptive-BM_Jongseung-Kim.pdf.

[19] Lee, D. K. C. & Low, L. (2018). Inclusive fintech: blockchain, cryptocurrency and ICO. World Scientific.

[20] Lee, D. K. C. & Teo, E. G. (2020). The new money: The utility of Cryptocurrencies and the need for a New Monetary Policy.

[21] Lee, D. K. C., Yan, L., & Wang, Y. (2021). A global perspective on central bank digital currency. *China Economic Journal*.

[22] Lee, J. Y. (2019). A decentralized token economy: How blockchain and cryptocurrency can revolutionize business. Business Horizons, 62(6), 773—784.

[23] Lo, S. W., Wang, Y., & Lee, D. K. C. (2021). Blockchain and Smart Contracts: Design Thinking and Programming for Fintech (Vol. 4). World Scientific.

[24] Lo, Y. C. & Medda, F. (2020). Assets on the blockchain: An empirical study of tokenomics. Information Economics and Policy, 53, 100881.

[25] Mita, M., Ito, K., Ohsawa, S., & Tanaka, H. (2019). What is stablecoin?: A survey on price stabilization mechanisms for decentralized payment systems. In 2019 8th IEEE International Congress on Advanced Applied Informatics (IIAI-AAI), 60—66.

[26] Moin, A., Sekniqi, K., & Sirer, E. G. (2020). SoK: A classification framework for

stablecoin designs. In International Conference on Financial Cryptography and Data Security Springer, Cham, 174－197.

[27]Moin, A., Sirer, E. G., & Sekniqi, K. (2019). A classification framework for stablecoin designs. arXiv preprint arXiv:1910. 10098.

[28]Momtaz, P. P., Rennertseder, K., & Schröder, H. (2019). Token Offerings: A Revolution in Corporate Finance?. Working paper.

[29]Nakamoto, S. (2008). Bitcoin whitepaper. https://bitcoin. org/bitcoin.

[30]Ripple; Todd, P. (2015). Ripple protocol consensus algorithm review. Ripple Labs Inc White Paper (May, 2015) https://raw. githubusercontent. com/petertodd/rippleconsensus-analysis-paper/master/paper.

[31]Song, J., (2018). Why Hard Forks are Altcoins. https://jimmysong. medium. com/why-hard-forks-are-altcoins-e0d3836c900d.

[32]Sunyaev, A., Kannengießer, N., Beck, R. et al. (2021). Token Economy. Business and Information Systems Engineering. https://link. springer. com/article/10. 1007/s12599-021-00684-1.

[33]Supadulya, C., Tansanguan, K., & Sethaput, V. (2019). Project inthanon and the project DLT scripless bond. https://www. adb. org/publications/project-inthanon-and-project-dlt-scripless-bond.

[34]U. S. Securities and Exchange Commission. (2019). Framework for Investment Contract Analysis of Digital Assets. https://www. sec. gov/corpfin/framework-investment-contract-analysis-digital-assets.

练习题

请选择最合适的选项。

习题一

以下_____不是可替代通证的特点。

A. 可分割的

B. 唯一的

C. 可互换的

习题二

以下_____对加密货币钱包的说法是错误的。

A. 加密货币钱包包括：软件钱包、硬件钱包和纸钱包

B. 纸钱包更喜欢使用硬件钱包，因为它们可以交易部分资产

C. 移动钱包和网页钱包属于同一种类

习题三

下列_____是稳定货币。

A. Monero

B. DASH

C. DAI

习题四

以下_____对确定性钱包的说法是错误的。

A. 确定性钱包使用一个主密钥为多个用户生成私钥
B. BIP—39 标准中指定了一种确定性钱包
C. 确定性钱包使用一个主密钥来派生私钥

习题五

以下_____对通证经济的说法是错误的。

A. 设计需要考虑到平台上用户的数量
B. 设计需要考虑到通证的未来趋势和价值
C. 设计需要合理定义监管行为的结果

第十九章　交易、市场和投资

学习目标

- 叙述加密货币交易过程及其各种术语。
- 描述交易加密货币时的典型心理行为。
- 说明各种筹款方法。
- 了解一个加密货币项目或创业公司是如何启动的,以及如何筹集资金。

主要内容

要点

- 像证券一样,加密货币可以在称为加密货币交易所的交易所交易。
- 人们可以在这些交易中使用法定货币兑换加密货币,这些货币随后可用于交易其他加密货币。
- 衍生品交易可用于间接投资加密货币。
- 由于加密货币是一个相对较新的投资选择,交易者必须提防市场操纵者,他们可能采用恶意的交易手段,如拉高出货,以牺牲一般投资公众的利益来赚取快速的利润。
- 一个项目在筹款前应该有一份白皮书和流程图。在进行ICO之前,一个项目不需要有概念验证。
- 有许多不同的方式来筹集资金,这取决于公司在哪个阶段和垂直领域。
- ICO是加密货币项目或初创公司筹集资金的一种更便宜、更快速的方式,使他们能够获得更广泛的投资者。
- ICO的风险很高,尽管有很多ICO骗局,但目前几乎没有任何监管。
- STO有利于监管,具有很大的潜力,但由于某些挑战,没有像ICO那样成功。

重点名词

- 市价订单(Market orders):即时买卖加密货币的订单。
- 限价订单(Limit orders):用户设定价格的订单,只有购买价格是限价或低限价,或者销售价格是限价或更高时,订单才会执行。
- 白皮书:详细介绍新币或项目的商业、技术和财务细节的信息文件。它通常在ICO之前发布,可能以经济、技术或其他形式的白皮书形式呈现。
- 众筹:由于其投资门槛和成本较低,项目的多样性,以及普遍强调创造性,是一种吸引普通公众资金的流行筹款模式。

● 白名单：所有遵守其了解客户（know your customer，KYC）程序的投资者和利益相关者的名单。

● 首次加密通证发行（Initial Crypto-Token Offering，ICO）：将新创建的代币与流动的加密货币进行交换，使区块链初创企业能够执行其实验性的社区项目。

● 证券通证发行（Security Token Offering，STO）：STO类似于ICO，投资者用现有的加密货币换取通证，但证券通证代表对基础投资资产的投资合同，如股票、债券、基金和房地产投资信托（REIT）。

19.1 交易和市场

虽然加密货币可能给人留下一种货币形式的印象，但许多国家的监管机构并不认为加密货币是一种传统货币。原因之一是加密货币不符合储存价值的标准，因为加密货币的价值可能在短时间内波动很大。

例如，一个比特币在2019年年底的价值约7 100美元，但在2018年年底达到19 600美元的高点。这种波动使得用加密货币支付商品成为一个风险命题。许多人将加密货币视为可交易资产，就像股票或另类投资一样。在下一节中，我们将看到加密货币交易的过程以及在此过程中可能遇到的各种术语。

19.1.1 简介

像证券一样，加密货币可以在被称为加密货币交易所（cryptocurrency exchanges）的平台上进行交易。Binance[①]是加密货币交易所的一个例子。

获取加密货币类似于在证券交易所购买股票。用户可以通过以法定货币兑换加密货币的交易所购买加密货币。这些交易所通常是集中式的，它们的独特性在于用加密货币或代币交易法定（或政府支持）货币，而其他加密货币交易所则用加密货币交易其他加密货币。IQ Option[②]是用法定货币兑换加密货币交易所的一个例子。如果投资者拥有比特币或以太币等主要加密货币，他们可以在加密货币交易所用这些加密货币换取其他加密货币。卖出加密货币也可以在资金存入连接的银行账户的交易所进行。P2P交易或直接交易是交易加密货币的其他方法。

泰达币（Tether）[③]是一种与美元挂钩的稳定币种。它在2020年市场高度波动的情况下迅速发展。它的功能是作为加密货币市场的储备货币。加密货币对加密货币的交易所使用泰达币，以美元对加密货币的资产进行定价，而不需要维持美元计价的账户，解决了在加密货币领域维持银行关系的困难[④]。客户的资金也被交易所作为泰达币持有，减少了交易成

[①] BINANCE. (n. d.). 2021年2月17日引自https://www.binance.com/en。
[②] Iqoption。(n. d.). 检索，2021年2月17日引自https://iqoption.com/en。
[③] Tether. (n. d.). 2021年2月17日引自https://tether.to。
[④] Williams-Gruit, O. (2018). Everything you need to know about Tether, the cryptocurrency academics claim was used to manipulate bitcoin. Businessinsider.com 引自https://markets.businessinsider.com/currencies/news/tether-explained-bitcoin-cryptocurrency-why-people-worried-2018-1-1014668761。

本,直到客户将其资金赎回为美元。

去中心化交易所(DEX),是一个数字资产市场,不依靠任何第三方个人或组织来持有客户的资金;相反,该平台提供一个直接的点对点交易机制,允许用户在自动系统上处理他们的交易。

保证金交易(Margin trading),或杠杆交易,被定义为借钱购买投资的行为。这放大了投资的收益和损失。

衍生品是一种双方之间的合同,合同的价值是基于基础资产的。这允许用户在不实际拥有任何加密货币的情况下"交易"加密货币。保证金交易也可以使用衍生品来完成。比特币期货允许交易者在不持有比特币的情况下获得比特币的风险。芝加哥商业交易所(CME)提供现金结算的月度合约。[①]

19.1.2 与交易有关的术语

(1)概述

做多/做空。当你买入并持有一种加密货币时,那么你就是做多该加密货币。当你欠下一种加密货币时,那么你就处于空头状态。例如,如果我们做多以太币/比特币(ETH/BTC)加密货币时,我们就是买入以太币,卖出比特币,即做多以太币,做空同等价值的比特币。当我们持有一种加密货币的多头头寸,如果加密货币的价值增加,我们的净值就会增加,当加密货币的价值下降时,我们的净值就会减少。当我们持有该货币的空头头寸,则情况正好相反。

订单类型。买卖加密货币有多种方式,市价订单和限价订单是其中两种比较常见的方式。市价订单是立即购买/出售加密货币的订单。该交易被保证通过,但价格由市场决定。限价订单是用户设定价格的订单,只有当购买价格为限价或更低,或出售价格为限价或更高时,该订单才会执行。

(2)操纵市场

当一个人/团体购买大量资产以推动需求,从而提高资产的价格时,就会出现拉高现象。这些大户将组织活动,推动对加密货币的热情,以煽动购买狂潮。需求的增加使加密货币的价格上升,然后诱发对加密货币的更多需求。然而,这种被操纵的上涨并不是源于货币价值的变化,通常会有抛售策略。

在加密货币的价格达到一定的目标价位后,大户就开始往反方向协调努力,清算他们在价格较低时购买的加密货币。这一系列行动被称为拉高出货,往往导致大户赚取可观的利润,而普通投资者可能因虚假的价格飙升而遭受损失。

欺骗者(shilling)指的是误导个人相信一种加密货币是有价值的,并利用加密货币价格的上涨为自己带来好处的人。

(3)投资者心理学

恐惧、不确定和怀疑(Fear, Uncertainty, and Doubt ,FUD)通常以简称的形式出现在加密货币社区,指的是市场上对某一事件或加密货币的负面看法或认知。

---

① Bitcoin- Electronic Platform Information Console - Confluence.(2020).2020 年 8 月 26 日引自 https://www.cmegroup.com/confluence/display/EPICSANDBOX/Bitcoin。

害怕错过（Fear Of Missing Out，FOMO）发生在投资者做出购买决定时，因为他们感到害怕不能成为良好的加密货币趋势的一部分，这就是大户用来不道德地进一步推动加密货币需求的心态。

错过的喜悦（Joy Of Missing Out，JOMO）是指当价格开始下跌时（由于抛售或其他原因），没有选择投资加密货币的投资者表示很高兴，因为他们在价格较高时没有跟随投资。

终身持有者（Hold On For Dear Life，HODL）或 HODLer 描述的是持有长期投资于加密货币打算购买和持有的投资者。HODL 的常见术语包括 hodler、baghodler、posthodler 或 landholder。

Rekt 是一个俚语，源于"wrecked"的故意误写。在加密货币的背景下，rekt 指的是投资者遭受严重或全部财务损失的情况。

（4）其他术语

鲸鱼（whales）被用来描述那些持有大量数字货币、股票或其他资源的人或组织。由于他们的购买力比一般用户大好几倍，他们的任何交易都会对加密货币的网络造成重大影响。

月球（mooning）是一种特定加密货币的价格飙升，推动该加密货币的价格达到新高度的情况。

跌（dip）指的是加密货币价格下跌的阶段。"买入跌停板"是一种常见的投资策略，建议投资者在加密货币经历跌势后买入，认为其价格会从跌停板中上升。

空投（Airdrop）是一个过程，一个特定的或现有的市场在遵守某些规则的情况下分发其代币。当一种新的加密货币被创造时，空投将是一种接触用户群的方式。

排放（Emission）是指新的加密货币代币被创造和使用的速度。

水龙头（Faucet）指的是一种加密货币奖励系统，通过网站或应用程序完成某些任务，以加密货币奖励新用户。它的存在主要是为了提高对加密货币的认识。[①]

19.1.3　与市场有关的术语

交易对（Pairs）指的是我们正在交易的两种资产。当买入或卖出资产时，我们总是在用有价值的东西换取另一种（大概）类似价值的东西。当购买股票时，我们倾向于用法定货币支付。在这种情况下，交易对象是股票/法定货币。例如，以太币/比特币（ETH/BTC），也被称为现货价格，指的是 1 个以太币对 1 个比特币的汇率，如图 19-1 所示，在这一天大约等于 0.030639 个以太币对 1 个比特币。

24 小时变化（24h Change）指的是过去 24 小时内现货对之间汇率的百分比变化。以图 19-1 以太币/比特币为例，在过去 24 小时内，以太币对比特币上涨了 5.43%。

24 小时最高价/最低价（24hr High/Lows）指的是该货币对在过去 24 小时内的最高/最低汇率。在图 19-1 以太币/比特币的例子中，24 小时最高/最低汇率分别为 0.030995 和 0.028900。

市值（Market Capitalisation or Market Cap）是一种加密货币在市场上的总价值。它是由每种加密货币的当前价格（通常是美元）乘以该货币的流通供应量而计算出来的。例如，

---

① 词汇｜CoinMarketCap.（2020），2020 年 8 月 26 日引自 https://coinmarketcap.com/glossary/。

Pair	Last Price	24h Change	24h High	24h Low	Market Cap	24h Volume
ETH / BTC 10x	0.030639 / $343.05	+5.43%	0.030995	0.028900	$38,414.79M	17,810.39
LINK / BTC 5x	0.00068370 / $7.66	+2.94%	0.00071101	0.00065417	$2,681.00M	3,606.55
ERD / BTC	0.00000217 / $0.024296	-13.20%	0.00000255	0.00000203	$258.25M	3,461.51
VET / BTC 5x	0.00000158 / $0.017690	+8.22%	0.00000166	0.00000144	$980.99M	2,253.02
BNB / BTC 10x	0.0018384 / $20.58	+2.22%	0.0018800	0.0017747	$3,141.86M	1,984.85
LTC / BTC 10x	0.005104 / $57.15	+1.63%	0.005320	0.004988	$3,723.07M	1,842.79

图 19-1 Binance 上的现货价格实例 [①]

以太币的市值是 384.15 亿美元。

24 小时交易量(24h Volume)指的是过去 24 小时内交易的加密货币或加密货币对的数量。在以太币/比特币的例子中，24 小时交易量是指在过去 24 小时内买入或卖出了 17 810 个以太币以换取比特币。

替代市场(Alt Market)是一个加密货币交易所，用户可以利用它来购买非比特币的其他加密货币。

循环供应量(Circulating supply)指的是所有市场参与者持有的加密货币总量，这些货币可以在市场上购买、出售或交易。储蓄而没有交易的加密货币不属于循环供应范围。

最大供应量(或总供应量)(Maximum supply or Total supply)是指可以流通的特定加密货币的最大数量。例如，比特币的最大供应量约为 2 100 万个。不同加密货币的最大供应量不同，基于其源代码，或没有最大供应量，如 EOS。

在查看加密货币价格的蜡烛图时，大阴/阳线描述了在短时间内(通常是一天)价格的急剧上升/下降。这通常代表了一个购买或出售加密货币的信号。如图 19-2 所示，灰色的大阳线描述了价格的大幅上涨，黑色的大阴线代表了大幅下跌。

[①] https://www.binance.com/en.

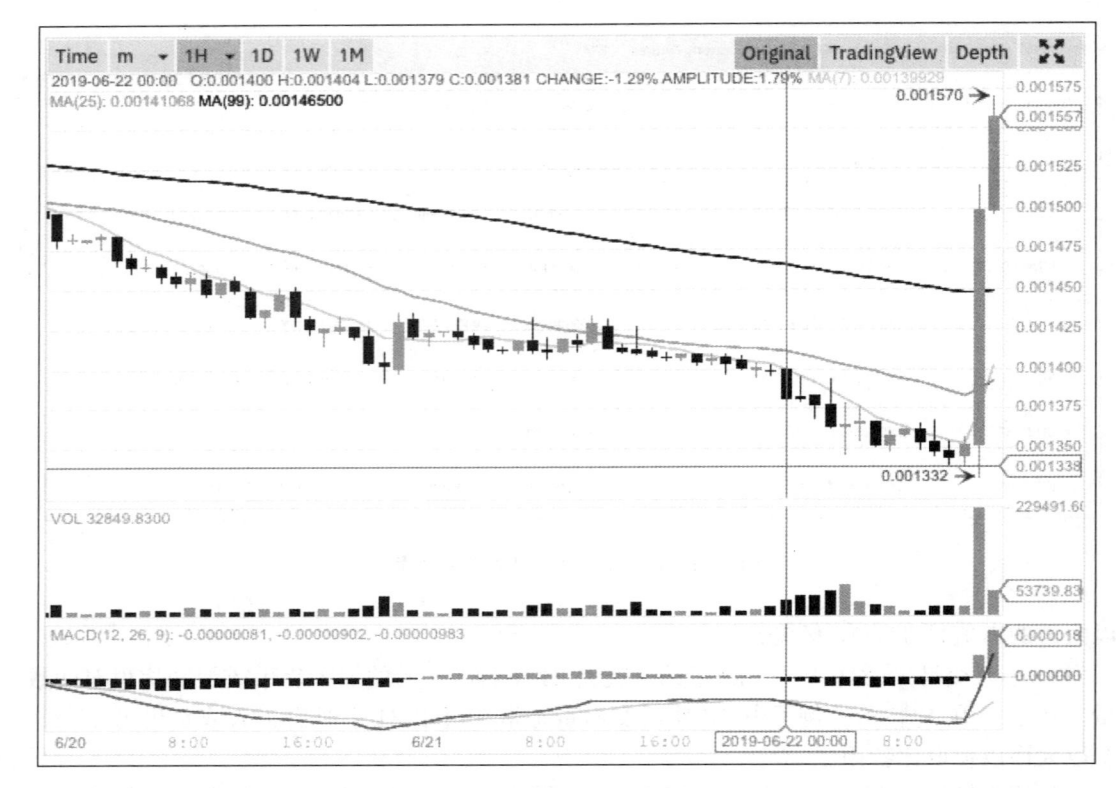

图 19—2　2020 年 7 月阿拉贡(ANT)价格中的大阳线

19.2　加密货币项目的投资

本节解释了各种筹款方法以及从监管角度分析每种方法的不同差异。

19.2.1　加密货币项目

在投资加密货币时,我们需要了解加密货币项目和区块链初创企业中的基本概念。本节解释了在加密货币项目开始时出现的各种关键术语。

由于加密货币项目通常以技术为基础,初创公司的创始团队往往拥有技术知识和技能。创始团队与创始人和联合创始人不同,因为创始团队的成员是早期的雇员,创始人是早期的所有者。它通常由少于五个人组成,其成员应该有一致的目标,但有互补的技能和知识。创始团队的成员不一定都是联合创始人,与最初的联合创始人相比,他们可能拥有很少的股权(Eurie,2020)。

有了想法之后,项目应该有一个规划良好的路线图。路线图是对项目主要内容的高度概括,如项目的目标、里程碑、可交付成果、战略和资源。这可以提醒团队注意总体目标,并跟踪他们的进展,让投资者衡量初创企业处于哪个融资阶段。

在推出一个新的货币或项目之前,公司通常会发布一份白皮书。该文件包括新币或项目的商业、技术和财务细节。可能会有几份白皮书,包括专注于项目的经济、技术和其他方面。白皮书在项目的筹款过程中非常关键,可以决定其筹款的成败。由于信息不对称,投资者依靠这份文件获得对项目和团队的了解,以确定这个项目是否确实值得投资。

黄皮书(Yellow Paper)比白皮书(White Paper)更具有技术性,可以在白皮书的基础上发布。它简洁地包含了技术的科学细节,通常出现在采用更深形式的技术初创企业中。还存在一种褐皮书(Beige Paper),它比黄皮书更简单,可读性更强。以太坊在启动 ICO 时候,就发布了以上三种文件。

一个项目也可能经历概念证明(proof-of-concept,PoC)阶段,这是想法验证的第一个阶段。一个 PoC 通常涉及一个小规模的可视化练习,以测试设计理念或假设,并证明概念的可行性(Rodela,2020)。投资者可以依靠 PoC 来更好地了解一个公司的产品,并获得对项目可行性的见解。PoC 通常会与原型(prototype)相混淆。PoC 试图证明一个产品或功能可以被开发,而原型则显示它将如何被开发(Jain,2018)。

19.2.2 通证管理的生命周期

通证管理的生命周期可分为三个阶段:通证发行、通证交易和通证销毁。

通证发行:当加密货币项目或初创公司希望筹集资金时,他们在首次通证发行(ICO)中发行专门用于其网络的通证,以换取现有的主要加密货币,如比特币和以太币,以资助其项目。

通证交易:在其各自的交易所购买和出售加密货币以换取其他资产的活动。

通证销毁:这指的是永久移除流通中的现有加密货币(Kuznetsov,2019)。它通常用于较小通证通货紧缩的目的,试图保持加密货币的稳定价值,以便激励当前的交易者继续持有他们的货币。这类似于股票回购,上市公司从市场上购买他们的股票,用更多的股票推高他们的估值,同时限制他们向公众提供的股票数量。在加密货币的背景下,通证销毁是通过将通证的签名发送到一个被称为"吞噬地址(eater address)"的公共钱包,其密钥不能被任何用户获得。销毁的通证被记录在所有节点的账本上,以确认它们确实被销毁。

19.2.3 筹款方法

我们将首先介绍初创企业或大型公司的传统筹款方法。这些方法包括天使投资、众筹、风险资本、私募股权和首次公开发行(IPO)。

天使投资(Angel investments)通常是对表现良好的项目进行投资,这些项目所展示的不仅仅是其 PoC。这些"天使"通常是成功的高净值个人,他们有建立成功公司的类似经验,现在正在寻找机会投资回技术系统以换取公司的股权。与风险资本家相比,天使投资人的筹资过程通常没有那么正式,因为天使投资人在进行全面的尽职调查方面的资源明显较少,也因为天使投资人会认为在这个阶段的投资通常没有太多可以展示的。

众筹(Crowdfunding)是早期投资的一种形式,为初创企业和投资者提供了更多获得资金和投资的机会。众筹是一种相对流行的筹资形式,因为其投资成本低,项目多样化,而且普遍强调支持创造性项目。在加密货币的背景下,项目可以通过初始加密通证发行(Initial Crypto-Token Offering,ICO)筹集资金,这是一种众筹方法,将在后面的章节中介绍。

风险投资(Venture Capital,VC)通常是在天使投资之后,当一个项目/初创企业显示出其规模能力时。风险投资基金从其有限合伙人(LP)那里筹集资金,这些合伙人可能是养老基金、捐赠基金、大公司,甚至是"天使人"。在风险投资基金中,合伙人的受托责任是通过对他们所做的投资进行仔细地尽职调查,作为其有限合伙人的管理回报。风险投资与天使投资不同,因为他们有能力开出更大的支票,但更是因为风险投资团队可以为初创企业带来关系网络和专业知识。因此,从风险投资基金中筹集资金标志着初创企业的成功程度,同时也为初创企业提供了利用风险投资基金的专业知识来扩大规模的优势。私募股权投资(Private Equity,PE)通常紧随风险投资之后,通常是创业公司上市前的最后一个投资阶段。由于其规模通常较大,PE 基金可以开出比 VC 基金大得多的支票,并可能尝试收购他们所投资的公司。与风险投资基金一样,筹集 PE 资本的初创企业可以利用 PE 基金的影响力和关系网,以更快的速度扩大其公司规模。

在股票市场上,首次公开募股(IPO)是指一家公司首次在证券交易所公开挂牌出售其股票(从而上市)的过程。这样做的目的是筹集资金,以换取公司的所有权(以股份形式)。

公开募股(Public Offering)在某种意义上类似于加密货币背景下的 ICO。ICO 阶段通常会持续数天,并分为几轮融资,给予不同的折扣。然后,硬顶和软顶将根据特定时间的融资规模来设定。

19.2.4　首次加密通证发行(ICO)

首次加密通证发行(ICO)又称通证销售或初始货币发行,是将新创建的通证与流动的加密货币进行交换,使区块链初创企业能够执行其实验性的社区项目。因此,严格来说,通证销售不是筹款,而是获得资金的途径。这是一种创新的方式,通过交换通证来获得资金,间接地获得法定货币。投资者不是在购买股权,而是用他们的加密货币换取将由软件创造的代币(Lee & Low,2018)。一个新兴的趋势是预售,投资者可以在正式的 ICO 之前为一个加密货币项目提供资金。在大多数情况下,早期投资者会得到折扣或奖金[1]。

ICO 是随着万事达币(Mastercoin)[2]的出现而开始的,并在 2015 年以太坊网络推出后得到了普及[3]。

19.2.5　ICO 发行

ICO 可能是区块链最成功的用例之一。它允许在投资后获得国际资金和即时流动性。它已成为众筹的另一种形式,为合法权益(不限于区块链项目)筹集加密货币而不是法定货币。科技初创企业可以在短时间内以较低的成本获得更多的资金。有几个项目甚至在几天内就成功地筹集到了数亿资金。任何项目都可以发起 ICO,世界各地的任何投资者都可以投资。

在发布白皮书和官方网站后,加密货币初创公司在网上宣布他们的项目,并在在线论坛 Reddit、Bitcointalk、Telegram 上的讨论组和他们的网站等平台上发布所有相关信息。公布的相关信息包括 ICO 时间表(即各阶段的数量、日期和持续时间)、代币的价格和供应量以

---

[1] What is Pre-Sale? (2020). 2020 年 8 月 3 日引自 https://decryptionary.com/dictionary/pre-sale/。

[2] CoinDesk. (n. d.). How does master coin work? 2021 年 2 月 1 日引自 https://www.coindesk.com/crypto/mastercoin。

[3] Song, J. (2018, May 01). Why hard forks are altcoins. 引自 https://jimmysong.medium.com/why-hard-forks-are-altcoins-e0d3836c900d。

及要筹集的资金数额。关于在哪里以及如何购买加密代币的信息也将在网站或在线文章/博客上公布。

为了进行通证交换,投资者必须购买指定的加密货币,通常是比特币或以太币。然后,投资者将货币发送到钱包地址,ICO 发起人将通过电子邮件将交易证明发送到 ICO 的电子邮件账户。在大多数项目中,投资者将在 ICO 结束后收到通证,并将其储存在钱包中。虽然有些通证会在交易所上市,但也有很多不成功的案例,投资者将无法出售持有的通证而遭受损失。所以,投资者在对 ICO 做出任何投资决定之前,应该理性对待,进行充分研究和分析。

在加密货币市场,投资者在 ICO 中获得的加密货币数量也可能有上限,共有三种类型的上限。

- 硬顶(Hidden cap):投资者可以投资于 ICO 的代通证或资金的最高数额,通常是创造者希望出售多少代币的严格上限。大多数 ICO 都没有硬顶。
- 软顶(Soft cap):投资者可以从 ICO 中获得加密货币的最低数额。ICO 在一段时间内开放进行交易。如果 ICO 未能达到软顶金额,筹集的资金将被退回给投资者。
- 隐顶(Hidden cap):在 ICO 期间可以从投资者那里获得的加密货币数量的一个未知限制。隐顶的情况和限制可以由开发团队实施,以防止富裕的投资者的投资过大,从而允许较小的投资者投资于新的加密货币。

加密货币项目可以为愿意参与其 ICO 的投资者提供一个白名单阶段。白名单是一个由所有遵守其了解客户(KYC)流程的投资者组成的名单。这些人可能是个人、机构、计算机程序,甚至是加密货币地址。[1]

投资回报率(Return on Investment,ROI)是反映某种投资的盈利能力的比率,其计算方法是将净利润除以净成本。自 2015 年以来,比特币的投资回报率接近 3 500%,是传统股票市场的 70 倍。[2]

19.2.6 ICO 监管

ICO 大多不受监管。因此,虽然 ICO 让区块链公司获得了急需的资金,但不幸的是,ICO 骗局已经变得很普遍。2018 年,所有 ICO 中约有 81% 是骗局。[3] 初创企业和投资者获得资金的简便性,使得骗子能够利用不了解情况的投资者。

鉴于中国的投机环境,大批的业余投资者被吸引到 ICO 中。中国人民银行(PBoC)已于 2017 年 9 月 4 日将 ICO 列为非法公共融资,理由是它违反了某些现有规则。[4] 虽然目前没有专门针对 ICO 的法规,但美国、英国、加拿大、澳大利亚、中国香港、迪拜和新加坡等金融

---

[1] Whitelist-Definition | Binance Academy. (2020). 2020 年 8 月 3 日引自 https://academy.binance.com/glossary/whitelist.

[2] Bitcoin's ROI Since 2015 Outperforms Five Major Indices by 70X. (2020). 2020 年 8 月 3 日引自 https://cointelegraph.com/news/bitcoins-roi-since-2015-outperforms-five-major-indices-by-70x#:~:text=Bitcoin%20had%20a%20nearly%203%2C500,of%20five%20traditional%20stock%20markets.&text=Bitcoin%20holders'%20ROI%20is%20calculated,crypto%20to%20its%20current%20value.

[3] The Five Biggest ICO Scams. (2020). 引自 https://medium.com/@tozex/the-five-biggest-ico-scams-54967ec92b87.

[4] https://techcrunch.com/2017/09/04/chinas-central-bank-has-banned-icos/.

中心正在向公众发出警告和咨询说明,提醒他们这些 ICO 中的一些(尽管不是全部)需要符合现有的安全法规。瑞士和新加坡是少数对加密货币市场环境相对友好的国家之二。在管理风险和鼓励创新之间取得平衡是很重要的。

19.2.7 对比 ICO,IPO 与 VC

表 19-1 总结了 ICO、IPO 和 VC 之间的主要区别。

表 19-1　　　　　　　　　　ICO、IPO[①] 和 VC[②] 融资的主要区别

	ICO	IPO	VC
投资者的权利	新通证使他们有权获得某些权利,而不是法人实体的股份。通证不能被视为证券	证券形式的股权所有权和股票权	在董事会中占有一席之地,使他们能够监督并为创业公司提供建议
规章制度	在启动 ICO 之前,没有关于披露的要求或标准,大多不受监管	需要严格的监管备案和披露	风险投资公司有适当的尽职调查程序,以确保他们投资的是合法公司
项目/公司的阶段	早期阶段,仅凭一个想法就能筹集资金	成熟,需要满足与规模和盈利能力有关的某些要求	通常要求有一个 PoC 和一个有丰富知识和经验的管理团队
投资者的类型	向全球所有类型的投资者开放	主要是机构投资者	通常来自同一国家或地区的专业投资者
投资类型	流动性投资为投资者提供了一个简单的退出策略	由于股票可以在二级市场上进行交易,因此投资具有流动性	低流动性投资和更多的长期承诺
筹集资金的限制	通常有一个上限,表示为可出售的最大数量的通证	筹集的资金没有上限	取决于 VC 的资金和投资委员会的判断

19.2.8 证券通证发行(STO)

证券通证发行(Security Token Offering,STO)类似于 ICO,投资者用现有的加密货币换取通证,但通证特征不同。证券通证代表对基础投资资产的投资合同,如股票、债券、基金和房地产投资信托(REIT)。政权统治者代表这些投资资产的所有权,并记录在区块链上。

由于 STO 是由有形资产支持的,因此很容易评估其相对于这些基础资产的公允价值。STO 的最大优势是符合证券法。由于智能合约和区块链消除了承销商等中间人和文书工作的需要,它们也比 IPO 更便宜和更快。在二级市场上,证券代币可以 24 小时交易,相比之下,IPO 后二级市场的交易时间是固定的。因此,STO 可以被视为 ICO 和 IPO 之间的混合体,结合了 ICO 的效率和 IPO 的监管合规性(Pauw,2019)。[③]

[①] ICO vs IPO:Major differences | Hacker Noon. (2018). (2018),2020 年 8 月 26 日引自 https://hackernoon.com/ico-vs-ipo-major-differences-bd23890cb83b。

[②] Mukhopadhyay, A. (2018). ICO vs VC:The Experience Matters,引自 https://101blockchains.com/ico-vs-vc-comparison/。

[③] Pauw,C. (2019). What Is an STO, Explained,引自 https://cointelegraph.com/explained/what-is-an-sto-explained。

表 19－2 总结了 ICO、IPO 和 STO 之间的主要区别。

表 19－2　　　　　　　　　　ICO、IPO 和 STO 之间的区别[①][②]

	ICO	IPO	STO
基础资产	无抵押品	以有形资产为支撑	以有形资产为支撑
规章制度	没有合规要求	严格的监管要求	符合证券法的规定
风险	高风险	低风险	中度风险
投资者库	对所有地区的所有投资者开放	投资者受到地域上的限制	认可的投资者
投资者权利	访问项目提供的网络、平台或服务	股票所有权	对项目提供的网络、平台或服务的股权所有权和使用权
项目/公司的阶段	有想法的项目或初创企业	具有盈利能力的成熟公司	发行基础资产的公司

19.2.6　STO 的挑战

STO 拥有巨大的潜力，但目前面临多种挑战，抑制了它们与 ICO 相比在主流上的成功。首先，尽管 STO 允许全球投资者轻松进入，但每个国家目前的监管环境并不明确，仅限于定期指导。这阻碍了 STO 的长期生存能力。其次，限制投资者群体和筹集资本的法规可能会阻止初创企业启动 STO。第三，尽管 STO 有了积极的发展，但这种类型的发行仍处于起步阶段，缺乏全面的标准，阻碍了有效的执行。第四，投资者需要相信，除了固有的安全风险，额外的成本（与法律、托管和监管有关）和技术风险不会令人望而却步。然而，加密货币银行和托管等中介机构，以及监管的明确性，正在降低 STO 的门槛。

19.2.7　其他筹款方法

以下是一些不太为人所知的筹款活动。

首次交易所发行（Initial Exchange Offering，IEO）。顾名思义，IEO 是由交易所管理的筹款活动，与 ICO 不同的是，ICO 是由项目组管理的筹款活动。[③] 与 ICO 相比，用户参与 IEO 更容易，风险也可能更小。

首次赏金发行（Initial Bounty Offering，IBO）。IBO 指的是在设定的时间内公开发行一种新的加密货币，以换取服务而不是实际的金钱。这种类型的发行有可能防止大买家操纵市场。

首次矿机发行（Initial Miner Offering，IMO）。与意图直接为有关公司提供资金的 ICO

[①] The Difference Between ICO and STO. (2020). 2020 年 8 月 26 日引自 https://cryptonews.com/guides/the-difference-between-ico-and-sto.htm。

[②] ICO vs STO: All You Need to Know About the New Fundraising Method in the Crypto World. | Hacker Noon. (2019). 2020 年 8 月 26 日引自 https://hackernoon.com/ico-vs-sto-all-you-need-to-know-about-the-new-fundraising-method-in-the-crypto-world-54a1a43a08d6。

[③] Initial Exchange Offering (IEO)- Definition | Binance Academy. (2020). 2020 年 8 月 3 日引自 https://academy.binance.com/glossary/initial-exchange-offering。

和 IPO 不同，IMO 是为挖矿组织进行的筹资活动。由于工作证明共识奖励最快的矿工，挖矿业务已变得更加制度化，因为只有企业才有资本购买领先的技术和讨价还价的高效电价。这些公司利用 IMO 来筹集他们的初始支出。

首次分叉发行(Initial Fork Offering，IFO)。IFO 是加密货币的另一种筹款方式，以绕过禁止 ICO 的某些法规。在这种情况下，现有的加密货币发生硬分叉，一些预先开采的"新"加密货币被出售给投资者(Lambert，Liebau，& Roosenboom，2020；OECD，2019)。

参考文献/拓展阅读

[1] Eurie, K. (2020). Founder vs. founding team member. Stanford eCorner. https://ecorner.stanford.edu/in-brief/founder-vs-founding-team-member/.

[2] Fang, F., Ventre, C., Basios, M., Kong, H., et al. (2020). Cryptocurrency trading: a comprehensive survey. arXiv preprint arXiv: 2003. 11352.

[3] Jain, M. (2018). What is the difference between proof of concept and prototype? https://www.entrepreneur.com/article/307454.

[4] Kuznetsov, N. (2019). Token burning explained. https://cointelegraph.com/explained/token-burning-explained.

[5] Kyriazis, N. A. (2019). A survey on efficiency and profitable trading opportunities in cryptocurrency markets. Journal of Risk and Financial Management 12, 67.

[6] Lambert, T., Liebau, D., & Roosenboom, P. (2020). Security token offerings. Working paper.

[7] Lee, D. K. C. & Low, S. (2018). Inclusive fintech: Blockchain, cryptocurrency, and ICO. *World Scientific*.

[8] Lee, J. Y. (2019). A decentralized token economy: How blockchain and cryptocurrency can revolutionize business. *Business Horizons*, 62(6).

[9] Mukhopadhyay, U., Skjellum, A., Hambolu, O., Oakley, J., et al. (2016). A brief survey of cryptocurrency systems, in 2016 14th annual conference on privacy, security and trust (PST), IEEE.

[10] OECD. (2019). Initial coin offerings (ICOs) for SME financing. www.oecd.org/finance/initial-coin-offerings-for-sme-financing.htm.

[11] Pauw, C. (2019). What is an STO explained? Cointelegraph. https://cointelegraph.com/explained/what-is-an-sto-explained.

[12] Rodela, J. (2020). How to create a proof of concept in 2020. https://www.fool.com/the-blueprint/proof-of-concept/.

[13] Sharma, S., Krishma, N., & Raina, E. (2017). Survey paper on cryptocurrency. *International Journal of Scientific Research in Computer Science, Engineering and Information Technology* 2(3).

练习题

请选择最合适的选项。

习题一

一种新的加密货币 CryptoX 具有以下特性。

Crypto X(于 2021/1/31)	
循环供应	10 000
最大供应量	500 000
当前价格	$3
24 小时最高/最低价	$5/$2
24 小时交易量	500

CryptoX 的市值为_____。

A. $1 500 000

B. $30 000

C. $1 000 000

习题二

如果在 2020/1/31 的交易期开始时下单,以下订单_____会被执行。_____

秩序	类型	目标价格
1 买入	市价订单	n/a
2 买入	限价订单	1
3 卖出	市价订单	n/a
4 卖出	限价订单	5

A. 1,3

B. 1,3,4

C. 1,2,3,4

习题三

关于拉高出货,以下_____是正确的。

A. 拉高出货对加密货币来说是非法的,因此不经常发生

B. 对于加密货币来说,拉高出货并不是正式的非法行为,因此投资者需要警惕这种计划

C. 拉高出货是抬高加密货币价格的行为,从而使资产价格不断上涨

习题四

需要进行概念验证的原因之一是_____。

A. 让项目组测试需要多少资源来建造他们的产品

B. 提高他们的可信度，以便投资者在项目团队进行投资时推出 ICO

C. 让项目组测试构建其产品的方法

习题五

以下_____类型的投资者应该投资于 ICO。

A. 世界各地的任何投资者，只要拥有一个现有的加密货币钱包，就可以与 ICO 中发行的代币进行交换的加密货币

B. 熟悉区块链和加密货币的投资者，并在评估该团队是否可信时保持谨慎

C. 想快速获利的投资者

习题六

尽管 STO 结合了 ICO 和 IPO 的好处，但 STO 没有像 ICO 那样受欢迎的原因之一是_____。

A. STO 必须遵守证券法

B. STO 还没有找到产品的市场定位

C. STO 的成本更高

附录

练习题参考答案

第一章

习题一

选项 C 是正确的。

CFtP 执照持有人必须在其专业或工作范围以外的组织中发挥领导作用,以培养道德行为。然而,与其他两人不同的是,该下属没有直接义务遵守 CFtP 道德规范和业务标准。

习题二

选项 C 是正确的。

虽然 CFtP 考试的考生应该为雇主的最大利益而工作,但这一事实不应妨碍诚实的需要。

习题三

选项 B 是正确的。

汤姆的表现超出了他的能力范围,因为他不是这方面的专家。他还犯了不遵守法律法规的错误。

习题四

选项 C 是正确的。

根据 CFtP 的工作标准中有关领导的标准规定,CFtP 持有人在行使领导职能时,应考虑下属的工作与生活平衡。

第二章

习题一

选项 B 是正确的。

遵守法律和法规是对所有专业人士的要求,拥有知识和技能是做好工作的前提条件;而工作环境中的信任是基于专业人士的诚信。

习题二

选项 B 是正确的。

将客户的利益放在首位是良好道德行为的基础,专业人员有义务保证不滥用他所拥有的客户信息。

习题三

选项 C 是正确的。

选项 A 不正确,因为政府很难将其权力扩展到其边界之外。选项 B 不正确,因为遵守法规是强制性的,而不是选择性的。选项C是正确的,特别是在数字化的跨境交易中,规则和条例的执行并非总是可能的。

习题四
选项B是正确的。

选项A不正确,因为法规并未强制要求软件透明。选项C不正确,因为没有"黑匣子"并不一定意味着软件容易被人理解。选项B是正确的,因为用户会因软件的开放性、透明性而建立起对软件的信任。

第三章

习题一
选项C是正确的事件$|X-Y|>4$由结果$(X,Y)=(1,6),(6,1)$组成,因此,$P(|X-Y|>4)=2/36=1/18$.

习题二
选项B是正确的。在所有36种可能的结果中共有两个结果符合$2X=3Y$,分别是$(X,Y)=(3,2)$和$(6,4)$。

习题三
选项B是正确的。均值$E(X)=\int_0^1 xf(x)\mathrm{d}x=\int_0^1 2x^2\mathrm{d}x=\left[\frac{2}{3}x^3\right]_0^1=\frac{2}{3}$。

习题四
选项A是正确的。

首先计算出$E(X^2)=\int_0^1 x^2 f(x)\mathrm{d}x=\int_0^1 2x^3\mathrm{d}x=\left[\frac{1}{2}x^4\right]_0^1=\frac{1}{2}$。

进而,方差为$\sigma^2=E(X^2)-(E(X))^2=\frac{1}{2}-\left(\frac{2}{3}\right)^2=\frac{1}{18}$。

标准差为$\sigma=\frac{1}{\sqrt{18}}=0.2357$。

习题五
选项C是正确的。

$P(X<0.7)=\int_0^{0.7} 2x\mathrm{d}x=\left[x^2\right]_0^{0.7}=0.49$

习题六
选项C是正确的。

首先计算出$E(X^2)=\frac{1}{2}$。

进而

$E(X^2-5)=E(X^2)-5=-4.5$。

习题七
选项B是正确的。$E(2Z_1-Z_2)=E(2Z_1)-E(Z_2)=2E(Z_1)-E(Z_2)=2\times 0-0=0$

习题八
选项C是正确的。方差$\mathrm{Var}(2Z_1-Z_2)=2^2\mathrm{Var}(Z_1)+(-1)^2\mathrm{Var}(Z_2)=4+1=5$。

习题九

选项 A 是正确的。我们可以观察到 $Y=2Z_1-Z_2 \sim N(0,5)$。进而，需要的概率为 $P(0<Y<3)=P\left(0<Z<\frac{3}{\sqrt{5}}\right)=0.41$。

习题十

选项 B 是正确的。假设 X 表示调查中没有参加过志愿者工作学生的数量，则 X 服从二项分布 $X \sim B(7,0.8)$，仅有一名同学参加过志愿者工作的概率为 $P(X=1)=\binom{7}{1}\times(0.8)\times(0.2)^6=0.000358$。

习题十一

选项 A 是正确的。没有学生参加过志愿者工作的概率为 $P(X=0)=\binom{7}{0}\times(0.8)^0\times(0.2)^7=0.000013$。

习题十二

选项 C 是正确的。得到更加极端的拒绝原声明结果的概率是 $P(X\leqslant 1)=P(X=0)+P(X=1)=0.000371<0.04\%$，这种极低的概率表明 80% 的声明很可能是不可信的。

第四章

习题一

选项 C 是正确的。

样本均值服从正态分布 $N\left(\mu,\frac{2^2}{n}\right)$。为了精确到 1 位小数，满足 95% 的置信水平，我们代表性的选取 2 个标准差等于或小于 0.1，得到 $2\times\frac{2}{\sqrt{n}}\leqslant 0.1$。解上述方程得 $1\,600\leqslant n$。

习题二

选项 C 更准确，尽管所有选项在理论上都正确。

因为他们的回报率都服从均值为 10% 的正态分布，每一个投资组合都拥有 50% 的机会得到大于等于 10% 的回报率。

习题三

选项 C 是正确的。

平均回报率都服从均值为 10% 的正态分布。拥有最小标准差的分布的左尾最小（分布更加集中在均值 10% 附近）。也就是说，投资组合 C 的回报率小于 9% 的可能性最小。

习题四

选项 A 是正确的。

平均回报率服从均值为 10% 的正态分布。拥有最大标准差的分布有最大的右尾。也就是说，投资组合 A 获得大于等于 12% 回报率的可能性最大。或者从另外一个角度来思考，投资组合越大，投资组合的（样本均值）回报率会越难偏离均值 10%。一个小的投资组合更具有可变性，因此拥有更高的几率得到大于等于 12% 的回报率。

习题五

选项 B 是正确的。

投资组合 C 的一年回报率服从正态分布 $N\left(10\%, \dfrac{(30\%)^2}{20}\right)$。因此 $P(R<0\%)=P\left(\dfrac{R-10\%}{\frac{30\%}{\sqrt{20}}}<\dfrac{0\%-10\%}{\frac{30\%}{\sqrt{20}}}\right)=P(Z<-1.4907)=6.80\%$。

习题六

选项 B 是正确的。

考虑长期投资组合 C。持有期间的平均年化回报率 $\overline{R}$ 服从正态分布 $N\left(10\%, \dfrac{30\%^2/20}{n}\right)$。我们需要决定样本容量 n 使得 $P(\overline{R}\geqslant 9\%)=0.80$。因此，$P(\overline{R}\geqslant 9\%)=P\left(\dfrac{\sqrt{n}(\overline{R}-10\%)}{?}\geqslant\dfrac{\sqrt{n}(9\%-10\%)}{?}\right)=P(Z\geqslant -1.4907\sqrt{n})=0.8$。

查表可知，$-1.4907\sqrt{n}=-0.84162$。解出答案 $n=31.9$ 年。这个例题说明波动性对于投资回报率是有害的。即使 Alice 只想要高于 9% 的平均回报率，她也需要持有投资组合 32 年才能保证有 80% 的可能性达到目标。

习题七

选项 A 是正确的。

运用中心极限定理，样本均值 $\overline{X}$ 近似服从 $N\left(\mu, \dfrac{s^2}{n}\right)$，当样本容量 $n=50$ 且样本标准差 $s=4.2$。对 u 的 95% 置信区间两端的端点值可以表示为 $\overline{X}\pm Z_{0.025}\dfrac{s}{\sqrt{n}}=2.9\mp 1.96\times\dfrac{4.2}{\sqrt{50}}=1.74, 4.06$。

习题八

选项 C 是正确的。

设 μ 和 $\overline{X}$ 分别表示总体均值和样本均值。设 s 为样本标准差，n 为样本容量。我们回顾 $T=\dfrac{\overline{X}-\mu}{s/\sqrt{n}}\sim t_{n-1}$。对 u 的 95% 置信区间两端的端点值可以表示为

$\overline{X}\pm t_{n-1}(0.025)\dfrac{s}{\sqrt{n}}=2.9\mp 2.1448\times\dfrac{4.2}{\sqrt{15}}=0.57, 5.23$。

习题九

选项 B 是正确的。

样本均值是对总体均值的一个很好的估计。我们能够通过结合样本均值来得到更好的估计吗？是可以的，简单的算术平均 $=(2\,813+2\,758)/2=\$2\,785.50$ 是一个合理的估计。那我们可以得到相比直接平均更好的估计吗？是可以的，一个更好的估计是给每一个观察值都赋相同的权重。也就是说，一个更好的估计是对两个样本均值的加权平均，也就是 $(30\times 2\,813+40\times 2\,758)/70=\$2\,781.57$。

习题十

选项 C 是正确的。

对总体标准差有很多种的估计方法。一个合理的估计是将两批数据合成一个大样本，并计算大样本的标准差。令 $n_i, \overline{X}_i$ and s_i 分别表示样本容量、样本均值和样本标准差，其中 $i=1$ 表示第一批的三十个案例，$i=2$ 表示第二批的四十个案例。设 $\overline{X}$ 和 s 为合并样本的样本均值和样本标准差。此处 $\overline{X} = \dfrac{n_1 \overline{X}_1 + n_2 \overline{X}_2}{n_1 + n_2} = \dfrac{30 \times 2\,813 + 40 \times 2\,758}{30 + 40} = 2\,781.57, s = 332.09$。

习题十一

选项 C 是正确的。

选项里的置信区间都是合理的。最有效的是 D 选项，因为它拥有 95% 的置信区间且长度最短。它是通过合并样本的样本均值 $\overline{X}$ 和样本标准差 s 来构造的，也就是 $\overline{X}=2\,781.57$ 和 $s=332.09$。95% 置信区间的端点值为 $\overline{X} \pm z_{0.975} \dfrac{s}{\sqrt{n}} = 2\,781.57 \pm 1.96 \dfrac{332.09}{\sqrt{70}}$。

第五章

习题一

选项 C 是正确的。

临界值为 $\mu + Z_\alpha \dfrac{s}{\sqrt{n}} = 3 - 1.6449 \times \dfrac{4.5}{\sqrt{50}} = 1.95$。

习题二

选项 B 是正确的。

p 值是 $P(\overline{X} \leqslant 2.1) = P\left(\dfrac{\overline{X}-\mu}{s/\sqrt{n}} \leqslant \dfrac{2.1-3}{4.5/\sqrt{50}}\right) = P(Z \leqslant -1.41421) = 7.86\%$。

习题三

选项 C 是正确的。

考虑到数据，(1) 这个替代假设没有意义，因为不会拒绝原假设。(1) 和 (3) 都是适合检验的替代假设。

习题四

选项 A 是正确的。

拒绝域是

$\overline{X}_1 - \overline{X}_2 \leqslant \mu_1 - \mu_2 + Z_\alpha \times \sqrt{\dfrac{s_1^2}{n_1} + \dfrac{s_2^2}{n_2}} = 0 - 1.6449 \times \sqrt{\dfrac{49^2}{50} + \dfrac{70^2}{30}} = -23.91$。

习题五

选项 C 是正确的。

临界值为

$\mu_1 - \mu_2 \pm Z_{\alpha/2} \times \sqrt{\dfrac{s_1^2}{n_1} + \dfrac{s_2^2}{n_2}} = 0 \mp 1.96 \times \sqrt{\dfrac{49^2}{50} + \dfrac{70^2}{30}} = \mp 28.49$。

习题六

选项 C 是正确的。

检验的 p 值是

$$P(\overline{X}_1-\overline{X}_2\leqslant 502-529)=P\left(\frac{(\overline{X}_1-\overline{X}_2)-(\mu_1-\mu_2)}{\sqrt{\frac{s_1^2}{n_1}+\frac{s_2^2}{n_2}}}\leqslant \frac{-27-0}{\sqrt{\frac{49^2}{50}+\frac{70^2}{30}}}\right)$$
$$=P(Z\leqslant -1.8572)=3.16\%$$

第六章

习题一
选项 A 是正确的。
倍数 R 给出了简单线性回归中两个变量之间的相关性。

习题二
选项 B 是正确的。
这是由与 STI 指数相关的系数给出的,它是 1.1478。

习题三
选项 B 是正确的。
检验统计量有一个自由度为 10 − 2 = 8 的 t 分布。

习题四
选项 C 是正确的。
检验的 p 值为 0.36%,远小于 1%。因此,被拒绝。

习题五
选项 B 是正确的。
检验统计量 $t=1.5069$ 的 p 值为 17.027%。因此,20% 的显著性水平将导致拒绝原假设。由 17.027%(双尾)的 p 值可知,$t>1.5069$ 为 17.027%/2=8.514% 的概率。因此③中的设置将导致对原假设的拒绝。

习题六
选项 B 是正确的。
由表可知,R 方是 0.8134。

习题七
选项 C 是正确的。
根据定义,$R^2=0.0972/0.9971=0.0975$。

习题八
选项 C 是正确的。
一般来说,样本相关性是 R 的平方根²。但我们必须注意这个标志。由于系数的估计值为负,样本相关性为 − 0.3122。

习题九
选项 C 是正确的。
在简单线性回归中,f 检验相当于自变量系数的 t 检验。由于—value 是 1.52%,我们得到 c 的结论。

习题十
选项 C 是正确的。
由于系数为 -2.5529,平均回报率将降低 2.55%。

习题十一
选项 C 是正确的。
因为的 95% 置信区间是 $(-4.5949, -0.5109)$,并且它包含的值是 -4.5,所以在 5% 的显著性水平下,原假设不会被拒绝。

第七章

习题一
选项 C 是正确的。

习题二
选项 A 是正确的。

习题三
选项 B 是正确的。

习题四
选项 C 是正确的。

习题五
选项 A 是正确的。

习题六
选项 B 是正确的。

第八章

习题一
选项 B 是正确的。
任何非零数字的零次幂等于 1,因此在这道题中。
$5 \times 8^0 = 5$
$3 \times 8^1 = 24$
$2 \times 8^2 = 128$
相加后得到 $5 + 24 + 128 = 157_{10}$。

习题二
选项 C 是正确的。
八进制数字只能由 0 到 7 的数字组成。

习题三
选项 C 是正确的。
$92B_{16} = 9 \times 16^2 + 2 \times 16^1 + B \times 16^0 = 2\ 304 + 32 + 11 = 2\ 347$
$4\ 453_8 = 4 \times 8^3 + 4 \times 8^2 + 5 \times 8^1 + 3 \times 8^0 = 2\ 048 + 256 + 40 + 3 = 2\ 347$

$100\ 100\ 101\ 001_2 = 1\times 2^{11}+1\times 2^8+1\times 2^5+1\times 2^3+1\times 2^0 = 2\ 048+256+32+8+1 = 2\ 345$

习题四

选项 C 是正确的。

$V = 111\ 001\ 100_2 = 1\times 2^8+1\times 2^7+1\times 2^6+0\times 2^5+0\times 2^4+1\times 2^3+1\times 2^2+0\times 2^1+0\times 2^0$

$= 256+128+64+8+4 = 460_{10}$

$W = 1\ 230_7 = 1\times 7^3+2\times 7^2+3\times 7^1+0\times 7^0 = 343+98+21+0 = 462_{10}$

$X = 714_8 = 7\times 8^2+1\times 8^1+4\times 8^0 = 448+8+4 = 460_{10}$

$Y = 1CE_{16} = 1\times 16^2 + C\times 16^1 + E\times 16^0 = 1\times 16^2 + 12\times 16^1 + 14\times 16^0 = 256+192+14 = 462_{10}$

因此,V=X=460,且 W=Y=Z=462,即只有(3)和(4)是正确的。

第九章

习题一

选项 C 是正确的。

A. $71 \equiv x \pmod 8$

　　$71 = 64+7 \equiv 0+7 \pmod 8$

　　所以 $x \equiv 7 \pmod 8$。x 的最小值是 x=7。

B. $78+y \equiv 3 \pmod 5$

　　$78+y-3 \equiv 0 \pmod 5$

　　$75+y \equiv 0 \pmod 5$

　　$0+y \equiv 0 \pmod 5$

由于 y 必须是正的,所以我们选择 y=5,因为它是最小的正整数。

C. $89 \equiv (z+3) \pmod 4$

　　$89-3 \equiv z \pmod 4$

　　$86 \equiv z \pmod 4$

　　$2 \equiv z \pmod 4$

因此,z 的最小正值必须为 2。

习题二

选项 A 是正确的。

注:1x1=1 (mod 12)、5x5=1 (mod 12)、7x7=1 (mod12)、11x11=1 (mod12)。其余元素 0、2、3、4、6、8、9 和 10 不具有乘法逆元。在 mod n 中,当且仅当 gcd(m、n)=1 时,非零元素 m 才具有乘法逆元。

习题三

选项 C 是正确的。

我们运用了欧几里得的算法:

$85\ 387\ 500 = 1\times 43\ 832\ 250 + 41\ 555\ 250$

43 832 250＝1×41 555 250＋2 277 000

41 555 250＝18×2 277 000＋569 250

2 277 000＝4×569 250＋0

因此,gcd(43 832 250,85 387 500)＝569 250。

习题四

选项 B 是正确的。

从欧几里得的算法中来看,

2 277 000＝4 569 250×

41 555 250＝18×2 277 000＋569 250＝(18×4＋1)×569 250

43 832 250＝1×41 555 250＋2 277 000＝(73＋4)×569 250＝77×569 250

85 387 500＝1×43 832 250＋41 555 250＝(77＋73)×569 250＝150×569 250。

我们看到 43 832 250＝77×569 250 和 85 387 500＝150×569 250。

因此,lcm(43 832 250 85 387 500)＝77×150×569 250＝6 574 837 500

注意,lcm(m、n)× gcd(m、n)＝m×n。

习题五

选项 C 是正确的。

$F(x)+2G(x)=x+3+2(2x+1)=5x+5=0 \pmod 5$

习题六

选项 B 是正确的。

$F(x) \times G(x)=(x+3)\times(2x+1)=2x^2+2x+3=2x+4 \bmod(x^2+2)$

习题七

选项 A 是正确的。

设为 $F^{-1}(x)=ax+b$ 则 $(x+3)(ax+b)=1 \bmod(x^2+2)$,

扩大左侧,我们有

$ax^2+(3a+b)x+3b=1 \bmod(x^2+2)$

$a(x^2+2)+(3a+b)x+3b-2a=1 \bmod(x^2+2)$

因此,$3a+b=0$ 和 $3b-2a=1 \bmod 5$。求解这两个方程,得出 $a=4$ 和 $b=3$。

$F(x)$的乘法逆元为 $F^{-1}(x)=4x+3$。

注意:找乘法逆元需要求解一组联立方程。但是得到这个问题的答案,简单的做法是只需要将每个选项 a)、b)和 c)与 F(x)相乘,看看得到的答案是否为 1。

第十章

习题一

选项 A 是正确的。

回忆 2×2 矩阵的求逆的方式,$\begin{bmatrix} a & b \\ c & d \end{bmatrix}^{-1}=\frac{1}{ad-bc}\begin{bmatrix} d & -b \\ -c & a \end{bmatrix}$. A 矩阵的行列式是 $5\times 1-3\times 1=2$,则 A 矩阵的逆矩阵是 $0.5\begin{bmatrix} 1 & -3 \\ -1 & 5 \end{bmatrix}$。

习题二

选项 C 是正确的。

$$A \times B = \begin{bmatrix} 1 & -2 & 1 \\ 2 & 1 & 3 \end{bmatrix} \times \begin{bmatrix} 2 & 1 \\ 3 & 2 \\ 1 & 1 \end{bmatrix}$$

$$= \begin{bmatrix} 1\times2+(-2)\times3+1\times1 & 1\times1+(-2)\times2+1\times1 \\ 2\times2+1\times3+3\times1 & 2\times1+1\times2+3\times1 \end{bmatrix} = \begin{bmatrix} -3 & -2 \\ 10 & 7 \end{bmatrix}$$

是一个 2×2 的矩阵。

习题三

选项 C 是正确的。

$$AA^t = \begin{bmatrix} 1 & -5 & 2 \end{bmatrix} \begin{bmatrix} 1 \\ -5 \\ 2 \end{bmatrix} = [1\times1+(-5)\times(-5)+2\times2] = [30].$$ 注意到如果我们认为 A 是笛卡尔坐标系下的向量，那么 AA^t 就是向量 A 模长的平方，$AA^t>0$ 数值恒为正数只要 A≠0，即 A 不是零向量 $0 = [0 \ 0 \ 0]$. 我们通常将一个 1×1 矩阵，如 AA^t，视作一个数并且讨论它的正负，等等。

注意，对于任意 1×n 矩阵 V，当 V≠0，VV^t 是一个恒为正数的 1×1 矩阵，V^tV 是一个 n×n 矩阵。

习题四

选项 B 是正确的。

习题五

选项 C 是正确的。

UB 是一个 1×3 向量(矩阵)，且可以看出 UB≠0，因为 U 不是零向量. 我们有 $U(BB^t)U^t = (UB)(B^tU^t) = (UB)(UB)^t > 0$，因为它是非零 1×3 向量 UB 模长的平方。

第十一章

习题一

选项 C 是正确的。

通常情况下，电影推荐系统会根据用户以前的活动和个人资料，将用户分为有限数量的相似组。然后，在一个基本的层面上，同一个群体中的人会得到类似的推荐。在某些场景中，这也可以作为一个分类问题来处理，将最合适的电影类分配给特定用户组的用户。此外，电影推荐系统可以被视为一个强化学习问题，它通过先前的推荐进行学习，并改进未来的推荐。

习题二

选项 B 是正确的。

进行聚类分析至少需要一个变量。单变量聚类分析可以借助直方图可视化。

习题三

选项 C 是正确的。

K均值聚类算法收敛于局部极小，在某些情况下，它也可能与全局极小值相对应，但并非总是如此。

习题四

选项A是正确的。

当K均值算法达到局部或全局极小值时，在两次连续迭代中它不会改变数据点对簇的分配。

习题五

选项C是正确的。

这三个条件都可用作K均值聚类中可能的终止条件。

①这种情况限制了聚类算法的运行时间，但在某些情况下，由于迭代次数不足，聚类质量会很差。

②除了局部极小值不好的情况外，这会产生一个良好的聚类，但运行时可能会非常长。

③这也保证了算法收敛到最小值。

习题六

选项A是正确的。

在给定的选项中，只有K均值聚类算法存在收敛于局部极小值的缺点。

第十二章

习题一

选项B是正确的。

许多研究观察到无论是在发达国家还是发展中国家，未来就业增长的分布都呈"U"形曲线。高技能劳力和低技能劳力的工作机会较多，而中等技能劳力的工作机会最少，并且还在继续衰减。

习题二

选项C是正确的。

第二点是错误的，因为技术革命正广泛冲击着每个国家的每个产业，发展中国家也不例外，正如我们在M—pesa(风靡非洲的移动支付)中看到的那样。

习题三

选项B是正确的。

敏捷性与以客户为中心要求企业迅速地识别出用户偏好的变化，然后对生产制造流程作适应性调整。造成这种趋势的主要因素是需求的不确定性。消费者借由信息技术能够接触到海量信息，从而要求更好、更个性化的产品和服务。

习题四

选项A是正确的。

许多企业培育了终生学习的企业文化。企业在这方面遇到的困惑是：高管和信息技术人员是否需要进行技术方面的训练；未来所必需的技能是哪些。

习题五

选项B是正确的。

第四次产业革命带来的变化之快,颠覆之广,影响之深使自上而下的框架显得不合时宜。技术的进步和信息的分散化,要求政府在决策或者是与人民互动时,不断地重新调整其方法。

第十三章

习题一

选项 B 是正确的。

B 选项中纳入了所有 LASIC 表述的积极原则。许多用户期望免费获取信息,这意味着维持低利润率,而在用户群和数据量相当大的情况下这是有可能的。

习题二

选项 A 是正确的。

监管科技指技术在监管、报告、合规等事务中的运用,其运用场景尤其指向金融产业的监管。

习题三

选项 B 是正确的。

作为社交媒体金融科技的典型,Fidor 于 2007 年在德国建立。它是世界第一家通过互联网和社交媒体经营的纯线上银行。

习题四

选项 C 是正确的。

习题五

选项 B 是正确的。

第十四章

习题一

选项 C 是正确的。

完整的大数据处理过程主要分为五个步骤:数据采集、数据存储与管理、数据处理、数据分析与可视化、数据显示。

习题二

选项 A 是正确的。

习题三

选项 B 是正确的。

应该是感知智能.

习题四

选项 A 是正确的。

教育、智慧城市、可穿戴智能设备、医疗、安全、自动驾驶等领域都有可能应用人工智能。构建计算基础设施并不是特别相关。

习题五

选项 A 是正确的。

应该是高可靠性

第十五章

习题一

选项 B 是正确的。

习题二

选项 C 是正确的。

习题三

选项 C 是正确的。

习题四

选项 B 是正确的。

选项 A 指的是工作量证明，选项 C 适用于所有使用加密哈希值来形成区块链的区块链设计。

习题五

选项 B 是正确的。

选项 A 不正确，因为目前 Ethereum 的智能合约的语言是 Solidity。

选项 C 不正确，因为 Ethereum 像比特币一样，是一个公有区块链，任何人都可以加入网络。因此，共识协议设计限制了公有区块链的吞吐量。

第十六章

习题一

选项 B 是正确的。

用户的钱包地址按以下顺序生成：私钥→公钥→钱包地址。因此，钱包地址的生成依赖于用户的私钥，但它们不能被链接。

习题二

选项 A 是正确的。

习题三

选项 B 是正确的。

哈希函数不是加密函数，因为它接受可变长度的输入并输出固定长度的哈希值，而这意味着输入的信息发生了丢失且无法恢复（因此不可能再进行"解密"）。哈希函数的主要作用是保护数据的完整性。

习题四

选项 A 是正确的。

选项 B 不正确，因为数字签名是使用签名者的私钥生成的；

选项 C 不正确，因为比特币使用基于椭圆曲线的数字签名。

习题五

选项 C 是正确的。

哈希函数只产生伪随机散列值。它消除了输入和输出之间的统计相关性，但整个过程是以确定性的方式执行的。

第十七章

习题一

选项 A 是正确的。

这种行为是恶意活动的一种形式，因为它的目的是欺骗网络。

习题二

选项 B 是正确的。

习题三

选项 A 正确。

用户身份验证影响区块链平台的吞吐量（或每秒交易数）。如果用户是可信的，那么通过投票可以更快地达成共识。也不需要等待所有节点响应，有大多数节点同意或投票决定就足够了。

习题四

选项 C 是正确的。

习题五

选项 B 是正确的。

实用拜占庭容错假设所有用户都经过身份验证。因此，大多数时候，用户不太可能对正确的状态有分歧。然而，由于交流轮数多，用户可能需要更长的时间才能达成共识。

第十八章

习题一

选项 B 是正确的。

可替代通证是同质的、可互换的、可分割的。

习题二

选项 B 是正确的。

纸钱包不能交易部分资产。纸钱包也不如硬件钱包那样受推荐。

习题三

选项 C 是正确的。

DAI 是一种以以太币为底层资产的稳定货币。Monero 和 DASH 是隐私货币。

习题四

选项 C 是正确的。

确定性钱包属于指定单一用户，主私钥应该被保密，仅用户自己知道。确定性钱包的一个例子是被比特币 BIP—32 标准定义的 HD 钱包。

习题五

选项 A 是正确的。

设计不需要考虑用户的数量,但是需要考虑用户的特征以及怎样设计合理的奖惩措施。

第十九章

习题一

选项 B 是正确的。

市值的计算方法是将流通供应量与当前价格相乘。

习题二

选项 B 是正确的。

市价订单总是以当时的市场价格执行。订单2不会发生,因为只有当加密货币的价格等于或低于目标价格时,限价购买才会执行。

习题三

选项 B 是正确的。

拉高出货并不是正式的非法行为,因为加密货币仍然是一种新兴资产,还缺乏官方监管来保护投资者。C是错误的,因为它只描述了拉高计划,而不是出货计划,即庄家清算他们的高价资产的股份。

习题四

选项 A 是正确的。

概念证明是用来测试一个项目的可行性——它是否可以工作,它将消耗多少资源,以及是否值得继续这个想法。

习题五

选项 B 是正确的。

虽然ICO的主要好处是投资者不受地域限制,并且拥有很高的资本增值潜力,但投资ICO的风险很高,绝大多数的ICO都变成了欺诈行为。只有能够确定ICO项目真实性的知识型投资者才应该投资。

习题六

选项 B 是正确的。

虽然STO的概念听起来很有希望,也很有创意,但关键的市场参与者之间存在着激励机制的不一致。监管合规要求不是阻止采用STO的障碍,因为所有发行证券的公司都必须遵守这些法律。ICO和STO筹集资金的公司的类型是不同的。